面向21世纪本科应用型经管系列教材

国际服务贸易

罗芳　韩冰　杨乐　主编

电子工业出版社
Publishing House of Electronics Industry
北京·BEIJING

内 容 简 介

本书基于服务经济学的范畴，由浅入深、简明扼要地介绍了国际服务贸易的基本概念、基础理论、服务贸易政策、服务贸易规则和服务贸易具体部门等内容，旨在培养学生国际服务贸易理论素养，帮助学生了解国际服务贸易的特点和发展趋势、掌握服务经济的思维方法、提高相关研究能力。本书是一本体系完整、结构科学、内容丰富的国际服务贸易教材。

本书既可作为高等院校本专科国际经济与贸易、国际商务等相关经济管理类专业学生的教材，也可作为国际商贸领域从业人员的参考用书。

未经许可，不得以任何方式复制或抄袭本书之部分或全部内容。
版权所有，侵权必究。

图书在版编目（CIP）数据

国际服务贸易/罗芳，韩冰，杨乐主编. —北京：电子工业出版社，2023.9
ISBN 978-7-121-46193-4

Ⅰ. ①国… Ⅱ. ①罗… ②韩… ③杨… Ⅲ. ①国际贸易－服务贸易－高等学校－教材 Ⅳ. ①F746.18

中国国家版本馆 CIP 数据核字（2023）第 155852 号

责任编辑：刘淑敏
印　　刷：三河市兴达印务有限公司
装　　订：三河市兴达印务有限公司
出版发行：电子工业出版社
　　　　　北京市海淀区万寿路 173 信箱　邮编：100036
开　　本：787×1092　1/16　印张：12　字数：307 千字
版　　次：2023 年 9 月第 1 版
印　　次：2023 年 9 月第 1 次印刷
定　　价：69.00 元

凡所购买电子工业出版社图书有缺损问题，请向购书店调换。若书店售缺，请与本社发行部联系，联系及邮购电话：（010）88254888，88258888。

质量投诉请发邮件至 zlts@phei.com.cn，盗版侵权举报请发邮件至 dbqq@phei.com.cn。
本书咨询联系方式：（010）88254199，sjb@phei.com.cn。

前言 Preface

纵观全球,服务业已成为经济发展的支柱,成为国际贸易中最具活力的组成部分。从内在发展动力来看,全球已进入服务经济时代,打开了国际服务贸易增长的新空间。全球价值链加速重构,以研发、金融、物流、营销、品牌为代表的服务环节在货物贸易中的含量持续提升,服务在全球价值链中的地位愈加凸显。从外界环境来看,新冠疫情加速了供需两端服务数字化转型,数字技术广泛渗入生产、流通、消费等环节,催生了大量经济和服务贸易新业态。产业深度融合加速,制造服务化、服务数字化与外包化进程加快。

在全球服务贸易快速发展的同时,我国服务进出口规模持续扩大,自2014年起连续八年位居全球第二。"十三五"时期,我国服务业对外开放进一步扩大,服务贸易创新发展试点从启动走向全面深化,服务贸易便利化、自由化加快推进。近两年,我国克服经济全球化遭遇逆流等不利因素影响,推动服务贸易实现平稳增长,"十三五"时期服务进出口累计达3.6万亿美元,比"十二五"时期增长29.7%。然而与货物贸易发展相比,我国服务贸易发展较为滞后,长期存在逆差,大而不强的特征比较明显。扭转这个局面使我国成为世界货物和服务贸易强国是全面建设社会主义现代化国家的一个重要目标。

经济形势的快速变化,以及世界和中国服务贸易的实践发展,对服务贸易理论研究和人才培养提出了更高要求。国际服务贸易是适应国际贸易发展形势的应用学科,旨在培养学生国际服务贸易理论素养,分析服务贸易发展的思维方法和研究能力。为此,我们结合多年在国际服务贸易教学中的实践和经验编写了本书。本书既可作为高等院校本专科国际贸易、国际商务等相关经济管理类专业学生的教材,也可作为从事国际商贸工作人员的参考用书。

本书体系完整,叙述简明扼要,内容安排合理,呈现出三个结合的特点:①概念界定与理论研究相结合。首先从服务经济学的基本范畴出发,全面详细介绍服务、服务业与服务贸易的概念;接着按照国际贸易理论的演进顺序,剖析传统贸易理论与新贸易理论在服务贸易领域的适用与拓展。②政策和实务相结合。既有不同类型服务贸易政策的内容,又有服务外包等服务贸易实务热点的内容。③总体介绍和具体分析相结合。比如,服务贸易规则既包括多边贸易体制下的贸易规则,又包括区域经济一体化下的贸易规则;服务贸易发展包括世界、主要经济体和主要服务贸易部门的发展。

本书具体章节安排:第1章介绍服务、服务业和服务贸易的定义、特征与分类等。第2章梳理服务、服务业和服务贸易的相关理论,分析服务贸易自由化和保护贸易政策,探讨发达国家和发展中国家贸易政策的选择。第3章重点研究WTO多边贸易体制下的《服务贸易总协定》和区域协议的服务贸易规则。第4章至第8章分别介绍具体服务贸易部门的相关概念和发展特征。第 9 章在介绍相关概念的基础上，聚焦世界和主要经济体服务外包的发展。本书章前设有学习目标和思政目标，章末设有本章小结和复习思考题，章内设有知识小卡片，便于学习使用。

本书由罗芳、韩冰、杨乐主编。罗芳编写第 1 章，韩冰编写第 2~3 章，韩冰、杨乐编写第 4 章，罗芳、杨乐编写第 5 章，杨乐编写第 6~7 章，罗芳、杨乐编写第 8~9 章。国际贸易专业研究生唱思琪、俞佳惠、刘泽宇对资料收集和整理等工作提供了帮助，在此表示感谢。感谢隋东旭老师对本书进行了细致的审读，感谢电子工业出版社姜淑晶编辑对本书出版的大力支持和帮助。本书得到了上海理工大学"一流本科"系列教材项目资助。

尽管编者秉持着认真负责的态度编写，仍然可能存在遗漏和欠缺之处，真挚地欢迎同行和读者予以批评和指正。

目录 Contents

第1章 导论 ………………………………1
　1.1 服务 ……………………………………1
　　1.1.1 服务的含义 …………………………1
　　1.1.2 服务的基本特征 ……………………3
　　1.1.3 服务的分类 …………………………5
　1.2 服务业 …………………………………6
　　1.2.1 服务业的概念 ………………………6
　　1.2.2 服务业与第三产业的界定 …………7
　　1.2.3 服务业的分类 ………………………8
　1.3 国际服务贸易 ………………………12
　　1.3.1 国际服务贸易概述 ………………12
　　1.3.2 国际服务贸易的特性 ……………15
　　1.3.3 国际服务贸易的分类 ……………17
　　1.3.4 国际服务贸易统计 ………………23
　本章小结 ………………………………26
　复习思考题 ……………………………27
第2章 服务贸易理论与政策 ……………28
　2.1 服务和服务业理论 …………………28
　　2.1.1 服务效用价值理论 ………………28
　　2.1.2 服务劳动价值理论 ………………30
　　2.1.3 配第-克拉克定理 …………………32
　　2.1.4 服务业发展路径学说 ……………33
　2.2 服务贸易相关理论 …………………34
　　2.2.1 服务贸易的比较优势理论 ………34
　　2.2.2 服务贸易的要素禀赋理论 ………37
　　2.2.3 服务贸易的竞争优势理论 ………38
　　2.2.4 规模报酬递增和不完全竞争下的服务贸易理论 ……42
　　2.2.5 服务外包理论 ……………………45
　2.3 服务贸易政策 ………………………46
　　2.3.1 服务贸易政策概述 ………………46
　　2.3.2 服务贸易自由化政策 ……………48
　　2.3.3 服务贸易保护政策 ………………51
　本章小结 ………………………………56
　复习思考题 ……………………………57
第3章 服务贸易规则 ……………………58
　3.1 《服务贸易总协定》 …………………58
　　3.1.1 多边贸易体制下的服务贸易谈判 …………………58
　　3.1.2 《服务贸易总协定》的框架和主要内容 ……………63
　　3.1.3 《服务贸易总协定》的意义和局限性 ………………69
　3.2 《国际服务贸易协定》 ………………70
　　3.2.1 《国际服务贸易协定》的产生 ……………………71
　　3.2.2 《国际服务贸易协定》的目标和领域 ……………71
　　3.2.3 《国际服务贸易协定》谈判的进展 ………………71
　　3.2.4 《国际服务贸易协定》的规则 ……………………72
　3.3 区域经济一体化组织的服务贸易规则 ……………………73
　　3.3.1 区域经济一体化与服务贸易规则 ………………73

3.3.2　欧盟的服务贸易规则……74
　　3.3.3　USMCA的服务贸易
　　　　　规则……77
　　3.3.4　ASEAN的服务贸易
　　　　　规则……80
　　3.3.5　RCEP的服务贸易
　　　　　规则……83
　本章小结……86
　复习思考题……87

第4章　国际运输服务贸易……88
　4.1　国际运输服务贸易概述……88
　　4.1.1　国际运输服务贸易
　　　　　的定义……88
　　4.1.2　国际运输服务贸易
　　　　　的特征……89
　4.2　国际海运服务贸易……90
　　4.2.1　国际海运服务贸易
　　　　　的含义……90
　　4.2.2　国际海运服务贸易的
　　　　　业务方式……91
　　4.2.3　国际海运服务自由化
　　　　　原则……92
　4.3　其他运输服务贸易……93
　　4.3.1　国际航空运输服务
　　　　　贸易……93
　　4.3.2　国际铁路运输服务
　　　　　贸易……96
　　4.3.3　国际管道运输服务
　　　　　贸易……97
　4.4　我国的运输服务贸易……97
　　4.4.1　我国运输业开放
　　　　　进展……97
　　4.4.2　我国运输服务贸易
　　　　　发展……98
　本章小结……100
　复习思考题……101

第5章　国际金融服务贸易……102
　5.1　国际金融服务贸易概述……102
　　5.1.1　国际金融服务贸易的
　　　　　定义和分类……102
　　5.1.2　国际金融服务贸易的
　　　　　特征……104
　　5.1.3　国际金融服务贸易的多
　　　　　边协议与自由化……105
　　5.1.4　国际金融服务贸易
　　　　　发展……106
　5.2　国际保险服务贸易……108
　　5.2.1　国际保险服务贸易的
　　　　　定义和形式……108
　　5.2.2　国际保险服务贸易
　　　　　自由化……110
　　5.2.3　国际保险服务贸易
　　　　　的发展……110
　5.3　我国金融服务贸易……111
　　5.3.1　我国金融业开放度……111
　　5.3.2　我国金融服务贸易
　　　　　发展……113
　本章小结……114
　复习思考题……115

第6章　国际旅游和教育服务贸易……116
　6.1　国际旅游服务贸易……116
　　6.1.1　旅游服务产品的定义
　　　　　与特征……116
　　6.1.2　国际旅游服务贸易的
　　　　　定义与特征……117
　　6.1.3　国际旅游服务贸易的
　　　　　作用……119
　　6.1.4　国际旅游服务贸易的
　　　　　发展……120
　6.2　国际教育服务贸易……122
　　6.2.1　教育服务产品的定义
　　　　　与特征……122
　　6.2.2　国际教育服务贸易的
　　　　　定义与特征……123
　　6.2.3　国际教育服务贸易的
　　　　　发展及其动因……125
　6.3　我国旅游服务贸易和教育
　　　服务贸易……126

6.3.1 我国旅游和教育开放进展……127
6.3.2 我国旅游服务贸易和教育服务贸易发展……130
本章小结……134
复习思考题……134

第7章 国际计算机与信息和数字服务贸易……135

7.1 计算机与信息服务贸易……135
  7.1.1 计算机与信息服务贸易的内涵和分类……136
  7.1.2 计算机与信息服务产品的特点……137
  7.1.3 WTO《信息技术协定》……137
  7.1.4 计算机与信息服务贸易的经济竞争力……139
  7.1.5 计算机与信息服务贸易的发展……140
7.2 数字服务贸易……145
  7.2.1 数字服务贸易的含义和分类……145
  7.2.2 数字服务贸易的主要特征……148
  7.2.3 数字服务贸易规则与统计……148
7.3 我国计算机与信息、数字服务贸易……151
  7.3.1 我国计算机与信息的发展……151
  7.3.2 我国数字服务贸易的特点与发展……153
本章小结……154
复习思考题……155

第8章 国际专业服务贸易……156

8.1 国际专业服务贸易概述……156
  8.1.1 国际专业服务贸易的定义和分类……157
  8.1.2 国际专业服务贸易的方式……157
8.2 国际法律服务贸易和国际咨询服务贸易……157
  8.2.1 国际法律服务贸易……157
  8.2.2 国际咨询服务贸易……161
8.3 我国的专业服务贸易……166
  8.3.1 我国专业服务开放承诺……166
  8.3.2 我国专业服务贸易发展……167
本章小结……169
复习思考题……169

第9章 国际服务外包……170

9.1 国际服务外包概述……170
  9.1.1 服务外包与国际服务外包……170
  9.1.2 国际服务外包的内容……171
  9.1.3 服务外包的类型与特征……172
  9.1.4 国际服务外包效应……175
9.2 主要经济体的服务外包……176
  9.2.1 世界服务外包总述……176
  9.2.2 美国的服务外包……177
  9.2.3 欧洲的服务外包……178
  9.2.4 日本的服务外包……178
  9.2.5 印度的服务外包……178
9.3 我国的服务外包……179
  9.3.1 我国服务外包的发展历程……179
  9.3.2 我国服务外包发展的特征……180
  9.3.3 我国发展服务外包的措施……180
本章小结……181
复习思考题……182

参考文献……183

第 1 章 导　论

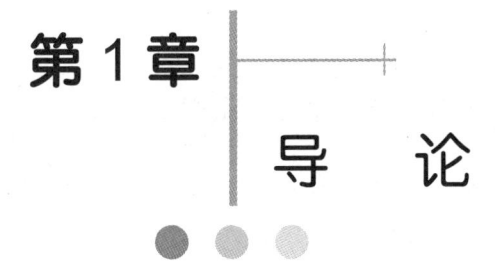

学习目标

本章从服务和服务业入手，讲述服务、服务业、国际服务贸易的基本概念、特点与分类，以及国际服务贸易的统计方法等。

要求：
- 掌握服务的含义及基本特征
- 熟悉服务业的含义和分类
- 了解国际服务贸易的概念和分类
- 掌握国际服务贸易统计方法

思政目标

2021 年商务部等 24 个部门印发《"十四五"服务贸易发展规划》（以下简称《规划》），明确了下一阶段加快服务贸易开放、扩大服务贸易国际合作的积极信号，阐述了优化服务贸易行业结构，指出要推动传统服务贸易转型升级、加快发展新兴服务贸易、培育特色服务贸易竞争优势等，以及《规划》实施过程中面临的困难。本章综合分析我国如何扩大服务业开放，如何加强国际合作，如何提高服务贸易竞争优势。

1.1　服　务

自 20 世纪 70 年代，服务日益受到关注，以服务为主体的经济行为不断深入发展。互联网大数据发展、科技革命深化、产业升级，提高了服务效率，扩大了服务外包的范围，降低了跨境交易成本，促使服务业的可贸易性增强，推动了服务业和国际服务贸易快速发展，使得国际服务贸易成为世界经贸关系中不可忽视的重要领域。

1.1.1　服务的含义

服务作为服务经济的核心概念，从服务经济思想发展史可以看出，学者们对它的认识经历了漫长的过程，最初只是注重服务的非实物形态，以区别于有形实物，后来随着对服务认识的不断深化，服务的内涵也逐步扩展。法国经济学者让-克洛德·德劳内和让·盖雷曾将服务经济思想发展划分为四个阶段：古典时期（18世纪晚期到19世纪中期）、泛服务化时期（19世纪50年代到20世纪30年代中期）、第三产业和后工业化时期（20世纪30年代中期到70年代早期）、服务型社会和新工业主义时期（20世纪70年代至今）。

英国古典经济学家亚当·斯密（Adam Smith）于1776年在《国民财富的性质和原因的研究》（简称《国富论》）中从非生产性角度对服务进行了解读，认为服务生产所使用的劳动并不"将它本身固定或实现在任何特定的物体上，这个物体在那种劳动过后仍将持续存在，随后还能够购得等量的劳动"。他把"牧师、律师、医生、文人、演员、歌手、舞蹈家"等人的劳动列入非生产劳动范畴，"像演员的对白、雄辩家的演说、音乐家的歌唱，他们这一班人的工作都是随生随灭的"。

法国古典经济学家萨伊（Say）1803年也在《政治经济学概论》一书中指出，无形产品（服务）同样是人类劳动的果实，是资本的产物。他认为，"医生、公教人员、律师、法官的劳动（这些劳动属于同一性质）所满足的需要是如此重要，以至于这些职业如果不存在，社会便不能存在"。

另一位对服务经济理论做出重要贡献的是法国古典经济学家巴斯夏（Bastiat）。他在《和谐经济论》一书中有关于服务的论述，认为服务含有转让和努力的意思，一方付出努力，另一方则是他的需要和满足，人们彼此提供服务。

马克思从政治经济学的角度指出服务同其他商品在形式上的差别：商品以实物的形式出现，服务则体现为一种活动形式；同时肯定了服务的使用价值，并可以投入市场进行交换。马克思对服务的界定："服务这个名词，一般地说，不过是指这种劳动所提供的特殊使用价值，就像其他一切商品也提供自己的特殊使用价值一样；但是，这种劳动的特殊使用价值在这里取得了'服务'这个特殊名称，是因为劳动不是作为物而是作为活动提供服务的。"这深刻地阐释了服务的本质。①

上述对服务的界定，视角均有不同，尽管指出了服务与商品交换的区别，但因当时的服务经济比较落后，限制了服务经济理论上的深入探索。特别是20世纪70年代以来，服务经济发展迅速，吸引了越来越多的学者从事服务经济领域的理论研究，日渐明晰了服务的功能和特点，对服务的概念也呈现出多层次、多角度的诠释，对服务的认识更深刻、更全面了。

第二次世界大战后最早对服务经济进行系统研究的是美国经济学家维克多·富克斯（Victor Fuchs），他在其1968年出版的经典著作《服务经济》中曾指出，"服务在生产的一刹那消失，是在消费者在场参与的情况下提供的，服务不能运输、积累和贮存，并缺少实质性"。这是从服务的"特征性"上加以定义的。

1987年出版的《新帕尔格雷夫经济学大词典》中，佩蒂特（Petit）指出：一种服务表示使用者的变形（在对个人服务的场合）或使用者的货品的变形（在服务涉及货品的场合）……所以享用服务并不含有任何可以转移的获得物，只是改变经济人或其货品的特征。

---

① 马克思，恩格斯. 马克思恩格斯全集（第26卷，第1册）. 中共中央马克思恩格斯列宁斯大林著作编译局. 北京：人民出版社，1979.

 知识小卡片

《新帕尔格雷夫经济学大词典》

《新帕尔格雷夫经济学大词典》是一部博大精深的辞书，其内容涉及范围远不限于纯经济学，还涉及政治学、社会学、哲学、历史学、心理学、文化艺术、宗教、数学、环境等学科。此书由英国剑桥大学三一学院的约翰·伊特韦尔（John Eatwell）、美国哈佛大学的默里·米尔盖特（Murray Milgate）和美国约翰·霍普金斯大学的彼得·纽曼（Peter Newman）三位经济学家主编，其英文版于1987年问世。该书历时三载，由世界34个国家900多位知名学者（其中包括十几位诺贝尔经济学奖获得者）共同编写而成。

现在被经济学家广泛采用的服务的定义出自希尔（Hill）于1977年发表的论著《论货品与服务》。他指出："一项服务生产活动是这样一种活动，即生产者的活动会改善其他一些经济单位的状况……服务生产的显著特点是，生产者不是对其商品或本人增加价值，而是对其他某一经济单位的商品或个人增加价值。"可见，希尔是从服务生产入手来解释什么是服务的，他认为服务应向某一经济单位提供，这一点是服务观念所固有的。它和商品生产形成了鲜明的对照。在商品生产中，生产者也许没有谁将获得他正在制造的商品的想法。就服务来说，实际生产过程一定要直接触及某一进行消费的经济单位，以便提供一项服务。不论提供的服务性质如何，贯穿一切种类服务生产的一个共同要素是，服务在其生产时一定要交付。这就成为它同商品生产的根本区别。另外，服务在其生产时一定要由消费者获得，这个事实意味着服务是不能由生产者堆到存货之中的。

瑞德尔（Riddle）于1986年在《服务引致的增长——服务部门在世界发展中的作用》一书中对服务下了定义："在为服务接受者带来一种变化时，服务是提供时间、地点和形态效用的经济活动。服务是靠生产者对接受者有所劳动而产生的；接受者提供一部分劳动；接受者和生产者在相互作用中产生服务。"

综上所述，对服务概念的界定并非易事，以上定义只是通过对服务特征的描述解读服务的内涵。我国学者对服务有着不同的认识，陈宪等人把服务定义为：服务是对其他经济单位的个人、商品或服务增加价值，并主要以活动形式表现的使用价值或效用。例如，邮电通信、文化教育和医疗等以活动形式表现的服务可以直接为各单位或个人增加价值和效用，而保险、再保险服务可以为金融服务、运输服务等增加价值和效用。

1.1.2 服务的基本特征

尽管在服务的实现过程中有时需要依托有形载体，但是服务相对于有形的商品而言，却具备独有的特征表现。

 知识小卡片

拉斯麦尔关于服务特征的描述

拉斯麦尔认为服务有四个特征：

①服务的卖者和买者之间的关系和产品使用的管制不确定，即在消费、使用服务时，

卖者的参与是不可或缺的；②生产和消费相互作用，即生产和消费具有同时性；③服务不能库存；④制定统一行为标准相当困难。

概括起来，服务主要有以下特征，这些特征与商品有显著的不同。

1．无形性

商品的空间形态是直观的、有形的，商品的生产、供应和消费伴随着它的空间形态而产生、转移和消失，人们通常还可以根据商品的空间形态直接判断它的价值或价格。但是，与商品不同的是，服务的空间形态基本上是不固定的、无形的，服务提供者通常无法向顾客介绍空间形态确定的服务样品。在购买服务之前，服务消费者不能感知服务；在购买服务之后，服务消费者也只能觉察到服务的结果而不是服务本身。近年来，一些无形的服务通过依托载体而变得"有形化"。例如，唱片、软盘作为服务的载体，就是"无形"的"有形化"、服务的物质化。

2．不可分离性

商品生产后进入市场体系或流通过程，便成为独立的交易对象，生产过程在时间上和空间上是相互分离的。而服务具有不可分离性，即服务的生产与消费同时进行，服务过程中服务的生产者和消费者直接发生联系，两者在时空上不能分离，缺一不可。具体地说，一般情况下，服务的生产和消费的同时性决定了离开服务的消费，服务的生产将无法进行。例如，教师的授课与学生的听课、医疗服务中的医生与患者、高铁运输旅客、家政服务等，都具有同时性。

3．不可储存性

服务的不可储存性是由服务的生产与消费的不可分离性决定的。有形商品具有可储存性，生产之后进入消费状态之前这段时间可以库存。服务则相反，一旦被生产出来，不可能处于存放状态。如果服务不被使用，则既不能给购买者带来效用，也不能给提供者带来收益。例如，剧场中、高铁上的空位不会产生服务收入，造成服务提供者劳动的浪费；医院、餐厅和银行等没有顾客光顾，则会带来巨大的经济损失。然而，随着科技的发展，无形的服务有时也可贮存——时间上的储存。例如，购买保险就可以在一段时间内消费，可以在有效期内任何时间的某些情况下消费，如要求得到赔偿。

4．异质性

服务的构成成分及质量水平时常波动，难于统一认定。同种类型的服务因服务提供者的不同，或同一服务提供者在不同时间提供服务，受各种因素影响而使其提供的服务存在差异。例如，理发师在不同的时间对不同的服务对象提供的服务不同，即具有差异性。而商品的消费效果和品质通常是均质的，同一品牌的商品只要不是假冒伪劣产品，其消费效果和品质基本上没有差异。所以，同一种服务的差异是普遍存在的，服务质量因此有很大的弹性。服务的差异性既由服务提供者的素质及水平的差异所决定，也受服务消费者本身的个性特色影响；不同素质的服务提供者会产生不同的服务效果，而同一服务提供者为不同的服务消费者服务也会产生不同的服务效果。统一的服务质量标准只能规定一般要求，难以确定特殊的、个别的需要。

综合上述服务特征，可以看到其与商品的另一个感性差别，即购买商品所能得到的品质和效果相似,是相对确定的、可以事先预期的,而购买服务所能得到的品质和效果则是不确定的、事先难预期的。与购买商品相比,购买服务更重视经验特征和信任特征。

 知识小卡片

服务的品质特征

1970 年,美国经济学家 F. 尼尔森(F. Nelson)将产品品质区分为两大类,即寻找品质和经验品质。寻找品质是指顾客在购买之前就能够确认的产品属性(如颜色、款式、手感、硬度、气味等)及产品的价格;经验品质则是指那些只有在购买之后或者在消费过程中才能体会到的产品属性,包括味道、耐用程度、满足程度等。1973 年,达比(Darby)和卡内(Karni)两人在这种商品品质二分法的基础上增加了信任品质,用于那些顾客即使在购买和消费之后也很难做出评价的属性。

尽管服务与商品在感性形态上存在显著的差别,但两者之间并不是毫无联系的。在现代市场经济体系中,服务与商品存在着一定的替代性和统一性。替代性表现在服务可以替代商品,反过来商品也可以替代服务;统一性主要体现为两者基本的一致性,即人们对服务与商品的需求都是通过货币购买来实现的。

1.1.3 服务的分类

服务的无形性和异质性等特征给其分类带来一定的困难,它不能像有形商品一样分类,只能根据不同的分类指标进行不同的分类(见图 1-1)。

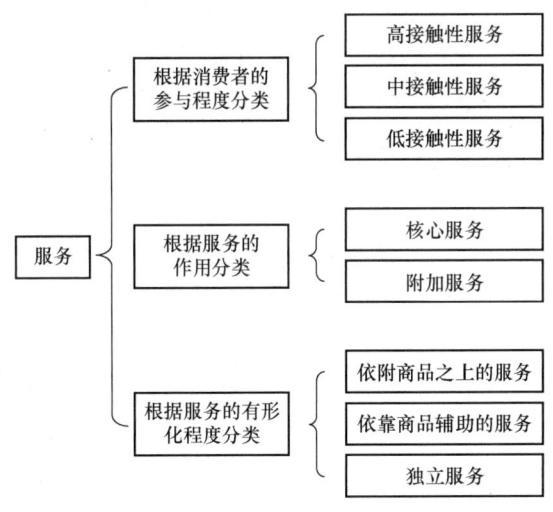

图 1-1 服务的分类

1. 根据消费者的参与程度分类

根据消费者的参与程度,可以把服务分成高接触性服务、中接触性服务、低接触性服务三种。

(1)高接触性服务。高接触性服务是指消费者必须完全参与或尽可能多地参与到服务活动中,否则该项服务无法完成,如体检等。

（2）中接触性服务。中接触性服务是指消费者只是部分地参与到服务活动中，如保险服务、银行服务、律师服务、地产中介等。

（3）低接触性服务。低接触性服务是指消费者在服务提供活动中较少参与，主要是通过机器、仪器来完成的服务，如通信服务、邮寄服务等。

2．根据服务的作用分类

根据服务的作用，可以把服务分为核心服务和附加服务两种。

（1）核心服务。核心服务是指与商品的生产和交易无关，能独立地为消费者提供主要的使用价值的服务。核心服务又可以分成面对面服务和远距离服务两种。前者需要服务提供者与服务消费者实际接触才能实现，如旅游服务；后者通常无须服务提供者与服务消费者实际接触，但需借助媒介来实现，如通信、互联网服务等。

（2）附加服务。对消费者来说，有形商品的实体本身提供核心效用，服务只是提供附加效用。附加服务是补充性服务，是伴随商品生产和交易所提供的、本身不能为消费者提供独立的使用价值的服务，是商品或者核心服务的附属价值，包括为生产各阶段提供的市场调研、产品设计服务等，以及广告运输、售后服务等。

3．根据服务的有形化程度分类

根据服务的有形化程度，可以把服务分为依附商品之上的服务、依靠商品辅助的服务、独立服务三种。

（1）依附商品之上的服务。此类服务是指消费者购买商品的同时可以获得的服务，如汽车、家用电器的维修服务等。消费者购买是为了获得商品提供的效用，而服务只是为了增加商品的效用。

（2）依靠商品辅助的服务。虽然服务是消费者购买行为所需的主要效用，但是服务活动必须依靠商品辅助才能完成，如购买唱片或者软件等物化服务。

（3）独立服务。此类服务可以单独满足消费者的需求，不需要有商品作为载体即可完成服务，如家政服务、教育服务、律师服务等。

社会的不断进步、生产力水平的逐步提高、人们需求的多样化、科技的快速发展，以及人们对服务的认识不断深化，促使服务的分类越来越细化、层次越来越丰富，服务分工日趋完善，进而推动了服务经济和服务社会的多元化发展。

1.2 服 务 业

随着经济的发展和经济结构的优化，产业结构逐步从第一产业过渡到第二产业，再过渡到第三产业，催生了服务业和服务贸易的发展。一个国家服务业水平的高低已成为该国经济发展水平高低的重要标志，所以正确认识服务业的内部结构、服务业和其他产业的关系，有助于理解服务业的发展对经济增长的作用和影响机制，以及更合理的产业升级。

1.2.1 服务业的概念

如同工业和农业是生产各种工农业产品的经济组织或企业的集合一样，服务业是生产或提供各种服务的经济部门或企业的集合。一种服务产品通常不是由单一的经济部门或企业生产或提供的，而是由一定数量的经济单位或企业共同提供的，这些经济单位或企业的集合构成了服务业。因此，服务业是一个大的产业系统，门类众多，涉及多种行业或部门。

早期的服务业只面向商品流通领域，被视为非生产性活动，不创造价值。随着分工的细化、城市的发展及生产体系的完善，服务业逐步发展成一个独立于农业和工业的产业。20 世纪后半叶，服务业包含的内容更加丰富。美国著名的竞争力研究权威学者迈克尔·波特（Michael E. Porter）非常关注服务业的发展，并给予了很高的评价。他认为，服务业才是高附加值产业，而不是制造业。1983 年，服务管理集团主席理查德·诺曼在其著作中比较了制造业和服务业的差异，如表 1-1 所示。

表 1-1 制造业和服务业的差异①

制 造 业	服 务 业
生产具体的产品	提供无形的服务
所有权随购买活动发生转移	所有权通常不发生转移
产品可再次出售	产品不可再次出售
产品可展示	产品无法有效展示（产品在购买之前不存在）
产品可储存	产品无法储存
消费在生产之后	生产和消费通常同时进行
生产、销售和消费不一定在同一地点进行	生产、销售和消费在同一地点进行
产品可运输	产品不可运输
由卖方进行产品生产	买方/客户直接参与部分生产过程
企业与客户可能有间接接触	企业与客户必须直接接触（在大部分情况下）
产品可出口	服务通常无法出口，但服务提供系统可出口

1.2.2 服务业与第三产业的界定

在经济领域，经常有人将服务业等同于第三产业，但实际上服务业与第三产业存在一定差别。为此，在对服务业进行分类之前，需要界定一下服务业与第三产业的不同，以便更好地了解服务业和第三产业的内涵。

早在 1935 年，费希尔（A. Fisher）就将经济活动分为第一产业、第二产业和第三产业。第一产业包括农业和矿业；第二产业为将原材料进行加工转化的产业；第三产业是提供"服务"的种类众多的产业，包括运输、休闲活动、教育、艺术创作和哲学等。

英国古典经济学家威廉·配第（William Petty）从劳动价值论的视角，对英、法、荷三国的国情、国力（主要是经济实力）进行了数量对比分析。1940 年，科林·克拉克（Colin Clark）在他的《经济进步的条件》一书中，以配第的研究为基础，揭示了一个现象：随着经济发展和人均国民收入水平的提高，第一产业国民收入和劳动力的相对比重逐渐下降；第二产业国民收入和劳动力的相对比重上升；经济进一步发展，第三产业比重也开始上升。这就是"配第-克拉克定理"（其定理内容将在第 2 章中具体介绍）。

对产业级次的分类有许多种，但总体来看，不外乎第一产业（农业）、第二产业（制造业）和第三产业（服务业）。在实际应用中，第三产业和服务业这两个概念有以下几点不同：

首先，界定方法不同。第三产业的界定采用的是剩余法。费希尔鉴于第一产业与第二

---

① 理查德·诺曼. 服务管理：服务企业的战略与领导（第 3 版）. 北京：中国人民大学出版社，2006.

产业无法将所有的经济活动包括在内,就把第一产业和第二产业以外的所有经济活动统称为第三产业。后来使用的第三产业概念基本上与此相同。而服务业的界定以是否提供或生产各种类型的服务为标准。所以,与第三产业相比,根据产业产品即服务来确定服务业的范围,是很明确的。

其次,划分依据不同。三次产业划分思想的出发点是经济体系的供给分类,暗含着高阶层次产业的发展单向地依赖低阶层次产业的产品的含义,即第二产业依赖第一产业提供的原料,第三产业又依赖第二产业和第一产业的产品供应。与此相反,服务业是以经济系统的需求分类为思想基础的,这种观点强调服务业同其他经济产业的相互依赖关系,而不是单向依赖关系。概言之,第三产业的概念隐含着传统经济思想的逻辑,而服务业的概念则体现着现代经济思想的智慧。

最后,结构内涵不同。第三产业概念的经济结构含义主要是相对国内经济发展而言的;服务业概念的经济结构含义则兼具国内和国际两个市场的发展,与服务贸易并存。

虽然服务业与第三产业在内容上比较接近,但实际上存在不同。但由于人们对服务内涵的理解至今没有统一认识,导致各国存在两个概念混用的现象。

1.2.3 服务业的分类

同其他产业一样,服务业可以按照一定的标准进行分类,以揭示服务业的内部结构变化。但服务业因其独有的特性,决定了它的分类方法与其他产业不同,具体表现为以下几种分类方法。

1. 按照经济功能分类

一个经济体总产品包括商品与服务两个部分。因此,需要分析这个经济体中生产这些产品的产业分类。布朗宁(Browning)和辛格曼(Singelmann)于1975年根据联合国标准产业分类的规则,将商品产业和服务产业加以分类,提出"服务业四部门"分类法:

(1)分配服务,即消费者和生产者为获得商品或供应商品而必须购买的服务,如运输、通信、商业。

(2)消费者服务,即消费者购买的服务,如家政服务、娱乐、餐饮。

(3)生产者服务,即生产者购买的围绕企业生产提供的中间服务,如金融服务、专业服务。

(4)社会服务,即为社会提供的公共服务,如教育、国防、健康。

2. 以生产为基础的分类

1)联合国标准产业分类法

联合国统计署编制了《全部经济活动的国际标准产业分类》(International Standard Industrial Classification of All Economic Activities,ISIC)。其中,2006年的第四版将产业分成了21大类,用字母A~U来表示:A 农、林、牧、渔业;B 采矿业;C 制造业;D 电力、燃气及水的生产和供应业;E 制造业;F 交通运输、仓储和邮政业;G 批发零售贸易、机动车修理;H 运输和仓储;I 住宿与食品服务;J 信息与通信;K 金融与保险;L 房地产活动;M 专业性的科技活动;N 行政和支持性活动;O 公共管理与国防、社会保障;P 教育;Q 健康与社会活动;R 艺术、娱乐;S 其他服务活动;T 有雇工的家庭活动;U 国

2）世界贸易组织的产业分类

从部门角度，世界贸易组织（World Trade Organization，WTO）在1995年将列出的服务行业划分为12个部门（并在此基础上进一步细分出155个分部门或独立的服务活动），具体如下：

（1）运输服务。运输服务是指在交通运输过程中形成的各种服务，主要包括货物运输服务、客运服务、船舶服务、附属于交通运输的各类服务等。

（2）旅游服务。旅游服务是指为旅行者提供的所有服务，包括宾馆与饭店、旅行社（旅游经纪人服务社）、导游等。

（3）建筑及相关服务。这包括一般建筑及其安装装备工作、建筑物的装饰等。

（4）通信服务。这是指社会通信活动过程中涉及的各类产品、操作及软件系统等服务，包括邮政、快递、电信、视听服务等。

（5）销售服务。这是指产品销售过程中的各种服务，包括代理服务、批发、零售等。

（6）教育服务。教育服务是指在各类、各层次上的文化教育服务。

（7）金融保险服务。这包括各种银行服务、各种类型的保险服务、证券服务等。

（8）健康与社会服务。这包括有关个体卫生健康的所有服务，主要是医院服务和各种社会卫生服务。

（9）文化娱乐及体育服务。这包括除广播、影视外的所有文化和体育服务，主要是娱乐服务、新闻机构、图书馆、档案馆、博物馆及其他文化服务，以及各种体育服务。

（10）环境服务。这包括各种污水处理服务、废物处理、卫生及相关服务、其他环境服务。

（11）商业性服务。这是指在商业活动中涉及的服务，包括专业服务、研发服务、房地产服务、租赁服务、设备维修服务和其他商业服务。

（12）其他服务。暂时没有列入上述分类的服务活动都归入其他服务。

3）我国的三次产业分类

国家统计局根据国民经济和第三产业（服务业）的发展阶段和状况，曾几次调整服务业的分类（见表1-2）。

表1-2 我国三次产业划分中的第三产业

时间	依据	第三产业
1994年	国家统计局《中国统计年鉴》	农、林、牧、渔服务业
		地质勘查、水利管理业
		交通运输、仓储及邮电通信业
		批发零售和餐饮业
		金融、保险业
		房地产业
		社会服务业
		卫生体育和社会福利业
		教育、文化艺术和广播电影电视业
		科学研究和综合技术服务业
		国家机关、政党机关和社会团体

(续表)

时　　间	依　　据	第　三　产　业
2003 年	国家统计局《三次产业划分规定》	交通运输、仓储和邮政业
		信息传输、计算机服务和软件业
		批发和零售业
		住宿和餐饮业
		金融业
		房地产业
		租赁和商务服务业
		科学研究、技术服务和地质勘查业
		水利、环境和公共设施管理业
		居民服务和其他服务业
		教育
		卫生、社会保障和社会福利业
		文化、体育和娱乐业
		公共管理和社会组织
		国际组织
2012 年	国家统计局《三次产业划分规定》	批发和零售业
		交通运输、仓储和邮政业
		住宿和餐饮业
		信息传输、软件和信息技术服务业
		金融业
		房地产业
		租赁和商务服务业
		科学研究和技术服务业
		水利、环境和公共设施管理业
2012 年	国家统计局《三次产业划分规定》	居民服务、修理和其他服务业
		教育
		卫生和社会工作
		文化、体育和娱乐业
		公共管理、社会保障和社会组织
		国际组织
		农、林、牧、渔服务业
		开采辅助活动
		金属制品、机械和设备修理业

1994 年，国家统计局在《中国统计年鉴》中首次细分行业，其中对第三产业（服务业）做了两级分类，包括：农、林、牧、渔服务业；地质勘查、水利管理业；交通运输、仓储及邮电通信业（铁路、公路、管道、水运、航空、交通运输辅助业，其他交通运输业，仓储及邮电通信业）；批发零售和餐饮业（食品饮料烟草和家庭用品批发业、能源材料和机械电子设备批发业、其他批发业、零售业、商业经纪与代理、餐饮业）；金融、保

险业；房地产业（房地产开发与经营业、房地产管理业、房地产代理与经纪业）；社会服务业（公共服务、居民服务、旅馆业、租赁服务业、旅游业、娱乐服务业、信息咨询服务业、计算机应用服务业、其他社会服务业）；卫生体育和社会福利业；教育、文化艺术和广播电影电视业（高等学校、普通中学、小学、广播、电影、电视业）；科学研究和综合技术服务业（自然科学研究、社会科学研究、综合科学研究、气象、地震、测绘、技术监督、海洋环境、环境保护、技术推广和科技交流服务业，其他服务业）；国家机关、政党机关和社会团体。这是第一级，另外还包括许多二级部门。

2003年，国家统计局根据《国民经济行业分类》颁布《三次产业划分规定》，划分范围如下：第一产业是指农、林、牧、渔业；第二产业是指采矿业，制造业，电力、燃气及水的生产和供应业，建筑业；第三产业是指除第一产业和第二产业以外的其他行业。第三产业包括：交通运输、仓储和邮政业；信息传输、计算机服务和软件业；批发和零售业；住宿和餐饮业；金融业；房地产业；租赁和商务服务业；科学研究、技术服务和地质勘查业；水利、环境和公共设施管理业；居民服务和其他服务业；教育；卫生、社会保障和社会福利业；文化、体育和娱乐业；公共管理和社会组织；国际组织。

2012年，根据国家质检总局和国家标准委颁布的《国民经济行业分类》，国家统计局再次对2003年《三次产业划分规定》进行了修订，明确规定了第三产业即服务业，是指除第一产业、第二产业以外的其他行业。第三产业包括：批发和零售业；交通运输、仓储和邮政业；住宿和餐饮业；信息传输、软件和信息技术服务业；金融业；房地产业；租赁和商务服务业；科学研究和技术服务业；水利、环境和公共设施管理业；居民服务、修理和其他服务业；教育；卫生和社会工作；文化、体育和娱乐业；公共管理、社会保障和社会组织；国际组织；农、林、牧、渔业中的农、林、牧、渔服务业；采矿业中的开采辅助活动；制造业中的金属制品、机械和设备修理业。

2018年，根据《国民经济行业分类》，国家统计局对《三次产业划分规定（2012）》中的行业类别进行了对应调整，第三产业调整情况是："农、林、牧、渔服务业"更名为"农、林、牧、渔专业及辅助性活动"；"开采辅助活动"更名为"开采专业及辅助性活动"；"装卸搬运和运输代理业"更名为"多式联运和运输代理业"，并将2011版《国民经济行业分类》的5810调出此类；"仓储业"更名为"装卸搬运和仓储业"，并将2011版《国民经济行业分类》的5810调至此类；"房地产业"内容变更，将2011版《国民经济行业分类》的7090部分内容调出新增大类"土地管理业"，将2011版《国民经济行业分类》的7090部分内容调至此类；"广播、电视、电影和影视录音制作业"更名为"广播、电视、电影和录音制作业"；"基层群众自治组织"更名为"基层群众自治组织及其他组织"。

3．服务业的其他分类方法

1）按照服务对象分类

按照服务对象来分，服务业可以分成生产性服务业和生活性服务业。生产性服务业是生产者在市场上购买的中间服务，即将本行业的服务产品用于生产性消费领域的服务部门，如广告业、会计师服务、审计服务等。生活性服务业是指消费者在市场上购买的服务，其服务产品主要用于生活性消费领域，如文化娱乐、休闲旅游、家政服务、健康产业等。但是很多服务部门的产品既服务于生产性部门，也服务于生活消费部门，如运输部门既可以运送货物，也可以运送乘客，因此不能将一个服务部门视为绝对的生产性服务业。

2）按照技术复杂程度和时间发展分类

按照技术复杂程度和时间发展来分，服务业可以分成传统服务业和现代服务业。所谓传统服务业，是指为日常生活提供各种服务的行业，如旅游、餐饮、运输业等。所谓现代服务业，是指在工业化比较发达的阶段产生的，主要依托信息技术和现代管理理念发展起来的服务业。现代服务业随着信息技术和知识经济的发展而产生，用现代化的新技术、新业态和新服务方式改造传统服务业，并向社会提供高附加值、高层次、知识型的生产服务和生活服务。现代服务业的发展基于社会进步、经济发展、社会分工的专业化等需求，特点是智力要素密集度高、产出附加值高、资源消耗少、环境污染小等。现代服务业既包括直接由信息化及其他科学技术的发展而产生的新兴服务业（如计算机和软件服务、信息咨询服务、移动通信服务等），也包括对传统服务业的技术改造和升级（如银行、保险、租赁等金融服务，会计、法律等专业服务）。

1.3 国际服务贸易

世界经济已经步入服务经济时代，随着服务全球化的深入发展，服务贸易在各国经济发展中的战略地位越来越显著，已经成为贸易战略、贸易规则和贸易利益竞争的核心，成为重塑未来全球贸易新版图和新秩序的关键因素。

1.3.1 国际服务贸易概述

传统的服务都存在储存和传送困难的特性，使得服务贸易难以进行，国际服务贸易更是如此。因科技的发展，服务的国际性、可贸易性增强，国际服务贸易已成为国际经济中的活跃部分。

1. 国际服务贸易概念的提出

国内外经济学界经过长期探索，经济合作与发展组织（Organization for Economic Co-operation and Development，OECD）于1972年首次把"服务贸易"作为一个独立的贸易概念正式在文献中提出。随着服务业在全球的迅猛发展，1986年开始的关税与贸易总协定乌拉圭回合谈判，首次将服务贸易列入谈判议题，引发了全球关注服务贸易，其结果就是于1994年4月15日产生了《服务贸易总协定》（General Agreements on Trade in Services，GATS）。至此，服务贸易已成为一个独立于货物贸易的单独领域，成为世界贸易组织多边谈判的重要组成部分。

美国等发达国家较早重视服务贸易的发展。1974年，《美国贸易法》于第301条款中提到"世界服务贸易"的概念。1989年，美国、加拿大两国签署的《美加自由贸易协定》（是1992年美国、加拿大和墨西哥正式签署的"北美自由贸易协定"的基础），成为世界上第一个在国家间贸易协议上正式明确服务贸易的法律文件。

2. 国际服务贸易的定义

人们对国际服务贸易的解读多种多样,但万变不离其宗,核心皆是基于服务的特征和跨国性质。

1) 传统解释下的国际服务贸易

服务贸易是指服务(服务产品)作为商品进行交易,以满足消费者需求的经济行为。服务贸易包括服务输出和服务输入。服务输出是出售服务;服务输入则是购入服务。

国际服务贸易是指跨越国界进行服务交易的商业行为。国际服务贸易的定义有狭义和广义之分。狭义的国际服务贸易是无形的,是指发生在国家之间的符合严格服务定义的直接服务输出与输入活动。广义的国际服务贸易既包括有形的劳动力的输出输入,也包括无形的提供者与使用者在没有实体接触情况下的交易活动(如卫星传送与传播、专利技术贸易等)。人们常指的服务贸易大多是广义的国际服务贸易。

在众多国际服务贸易的定义中,《美加自由贸易协定》及世界贸易组织关于国际服务贸易的定义具有一定的代表性。

2)《美加自由贸易协定》中关于国际服务贸易的定义

《美加自由贸易协定》对国际服务贸易的定义是:国际服务贸易是指由缔约方或者代表其他缔约方的一个人,在其境内或进入一缔约方提供所指定的一项服务。这里"指定的一项服务"包括生产、分配、销售、营销及传递一项所指定的服务及其进行的采购活动;进入或使用国内的分配系统;以商业存在形式为分配、营销、传递或促进一项指定的服务;遵照投资规定,任何为提供指定服务的投资,以及任何为提供指定服务的相关活动。这里的相关服务的"相关活动"包括:公司、分公司、代理机构、代表处和其他商业经营机构的组织、管理保养和转让活动;各类财产的接受、使用、保护及转让,以及资金的借贷。进入一缔约方提供的服务包括过境提供服务。"缔约方一个人"指的是法人或自然人。

3) 世界贸易组织关于国际服务贸易的定义

在世界贸易组织的《服务贸易总协定》中,关于国际服务贸易的定义被认为具有权威性而得到广泛接受。其定义是跨越国界进行服务交易的商业活动,并通过界定服务的提供模式来表现。模式共有四种:

模式 1:跨境交付(Cross-border Supply)。这是指服务的提供者在一成员方境内向另一成员方境内的消费者提供服务。跨境服务的两个国家(或地区)的服务提供者与服务消费者均不离开本土,一国的服务提供者通过互联网发送邮件、文件、影像等,向另一国的消费者提供服务,类似货物贸易,如法律咨询服务、工程设计服务、信息服务、远程诊断、在线教育等。

模式 2:境外消费(Consumption Abroad)。这是指服务的提供者在一成员方境内向另一成员方的消费者提供服务。境外消费是一国(或地区)成员方离开本土到他国消费,如出国旅游、出国留学、国外体检和医疗等。

模式 3:商业存在(Commercial Presence)。这是指一成员方的服务提供者在另一成员方境内设立商业机构或专业机构,通过提供服务取得收入,形成服务交易。在这种模式下,一国服务提供者通过直接投资在另一国设立机构为所在国消费者提供服务,如金融分支机构（银行等）、会计师事务所、维修服务中心等。

模式 4：自然人流动（Presence of Natural Persons）。这是指一成员方的服务提供者以自然人身份进入另一成员方境内提供服务。自然人流动是以自然人身份到他国提供服务，如建筑师到国外监督建筑工程、专家到国外讲学、劳务人员（中国的劳务人员输出到国外提供的服务）等。

3. 国际货物贸易与国际服务贸易

国际货物贸易（又称国际商品贸易）、国际服务贸易和国际技术贸易是当今国际贸易的三大形式。国际商品贸易是国际贸易最早的形式，也曾经是最主要的形式，然而随着经济全球化的广泛深入和各国服务业的发展，服务贸易已经成为国际贸易中越来越重要的贸易方式。世界贸易组织已将服务贸易纳入多边贸易体系中，这充分说明了服务部门在经济发展和经济增长、贸易和投资中的重要作用。

传统的、狭义的国际贸易，只是指国家之间商品的进口和出口。一国从他国购进商品用于国内的生产和消费的全部贸易活动称为进口，而一国向他国输出本国商品的全部贸易活动称为出口。在现代，广义的国际贸易除包括实物商品的国际交换外，还包括服务和技术的国际交换，即在国际运输、保险、金融、旅游、技术等方面相互提供的服务。

长期以来，人们将贸易看作一种物品转移活动。虽然服务业作为一个传统的产业部门已经有数千年的发展史，但是"服务贸易"这一概念的提出相对于古老的货物贸易而言，则是一件并不遥远的事情。而且长期以来服务业被认为只是经济发展的结果，认为服务部门不能带动经济增长。目前这种思想已经发生重大改变，人们越来越认识到在经济发展过程中服务部门的产出是关键性的投入性要素之一。R. 谢尔普（R. Shelp）指出，"农业、采掘业和制造业是经济发展的'砖块'，而服务业是把它们黏合起来的'灰泥'"。由于人们已经认识到了服务部门对经济增长的重要性，也由于各国政府对这个部门的明显干预，所以这个问题引起了世界国际服务贸易各国的广泛重视。

在 1986 年 9 月发起的乌拉圭回合多边贸易谈判之前，服务贸易只是在发达国家的有限范围内展开的，还谈不上作为国际贸易的普遍问题引起人们的高度关注。直至世界贸易组织成立后，服务贸易问题才真正引起了世界各国的普遍重视。

 知识小卡片

货物贸易与服务贸易

《华尔街日报》曾刊载过一个"鼠标现象"案例，说明在鼠标生产链中既体现了自主创新价值的利益分配问题，同时体现了货物贸易与国际服务贸易的关系。

一个"罗技"牌鼠标从品牌研发、生产、销售到最终进入消费者手中，实现交换价值 40 美元。仔细分析后发现，零部件供应商获得的 14 美元和装配厂获得的 3 美元，在整个商品的价值链中是由制造环节创造的，体现为货物贸易；而罗技公司拥有的品牌和研发获得的 8 美元及美国批发零售商获得的 15 美元，则是在服务领域产生的，体现为国际服务贸易。

国际货物贸易与国际服务贸易共同构成国际贸易，货物贸易离不开服务贸易，货物贸易的生产、运输、支付等环节必然有服务贸易蕴含其中。从发展历史来看，货物贸易与服务贸易呈正相关关系。纵观世界，货物贸易强国通常也是服务贸易大国。虽然国际货物贸易历史悠久，但近年来现代高科技的发展使得国际货物贸易越来越依靠国际服务贸易的发展，国际服务贸易日益成为世界贸易的制高点。

1.3.2 国际服务贸易的特性

与国际货物贸易相比，国际服务贸易的特性如下。

1．国际服务贸易标的具有无形性

国际服务贸易的交易标的是服务产品，服务最突出的特点就是具有无形性，看不见、摸不着，这决定了国际服务贸易同样表现出无形性特征。随着科技的进步和互联网的广泛应用，一些无形的服务有了物质载体，如光盘、电子图书等，使该服务产品的运输和储存成为可能，便于贸易的完成。

2．国际服务贸易过程具有同步性

服务活动多数不能储存，服务产品的生产、转让和消费都是同时完成的，也就是说，服务价值的形成和使用价值的创造过程，与服务价值的实现和使用价值的让渡过程，以及服务使用价值的消费过程，往往是在同一时间和地点完成的。服务提供的过程同步于服务消费的过程，导致大多数国际服务贸易的服务输入和服务输出过程同步完成。

3．国际服务贸易过程具有国际性

在国际服务贸易中，交易双方即服务的提供者和服务的消费者具有不同国籍，所以只有通过商业存在和自然人流动实现服务产品的跨国境流动，才能实现使用价值。

4．国际服务贸易保护具有隐蔽性

因服务贸易对象的特殊性，各国的服务贸易较少显示在海关进出口统计中，而多反映在国际收支表中，因此关税壁垒通常不起作用，只能采取非关税壁垒的形式进行保护。既然无法通过统一的国际标准或关税进行限制，对国际服务贸易的限制经常只能采用市场准入和国内立法的形式，这种限制措施将涉及许多部门和行业。其中任何改变都会涉及诸多政治、经济、国家主权等问题，缺乏透明度，隐蔽性较强，影响国际服务贸易的顺利进行。

5．国际服务贸易管理具有复杂性

国际服务贸易涉及的法律要比货物贸易复杂。国家对服务贸易的管理，不仅要对服务产品及载体——"物"进行管理，而且要对服务的提供者与消费者——"人"进行管理，因此国际服务贸易不仅受到合同法、公平交易等法律的约束，而且涉及专利法、商标法、高新技术出口管制措施。由于服务的生产和消费是同时进行的，这就意味着消费者会参与到生产中，这使得两者之间的关系变得复杂起来，消费者不仅会影响服务产品的质量，而且会影响服务产品的价格。同时，服务具有异质性，导致服务的质量标准具有不确定性，增大了对国际服务贸易管理的难度。

6. 国际服务贸易市场具有高度垄断性

在国际服务贸易中，因服务市场所提供的服务产品受到经济发展水平、文化背景、区位因素等多方面影响，导致发达国家和发展中国家的国际服务贸易发展不平衡，在网络服务、航空运输、金融、教育等关系输入国主权、安全等领域的问题上，少数发达国家具有更强的垄断优势。据《关税及贸易总协定》统计，全球服务贸易壁垒多达两千种，大大超过商品贸易。国际服务贸易市场的这种高度垄断性，短期内不可能消失，自由化过程阻力大且漫长。

图 1-2、图 1-3 和图 1-4 为 2021 年世界服务贸易前十位国家的服务贸易进出口规模水平，从中可以看到，除新兴国家中国和印度外，位列服务贸易前十的国家都是发达国家，占当前全世界服务贸易的比重达到 50%，而且该比重呈现出不断扩大的趋势，具有高度垄断性。

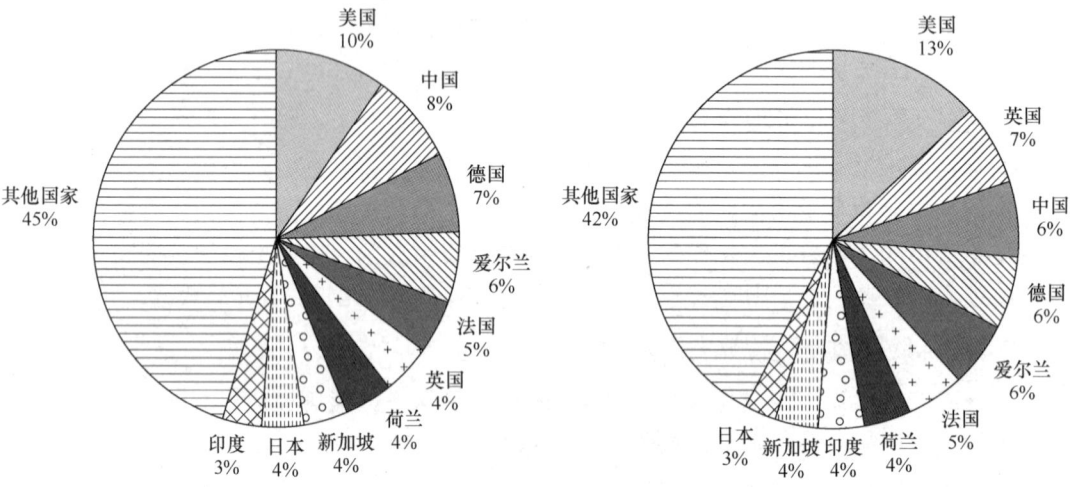

图 1-2 2021 年世界前十位国际服务贸易进口份额
数据来源：根据 WTO 数据库整理所得

图 1-3 2021 年世界前十位国际服务贸易出口份额
数据来源：根据 WTO 数据库整理所得

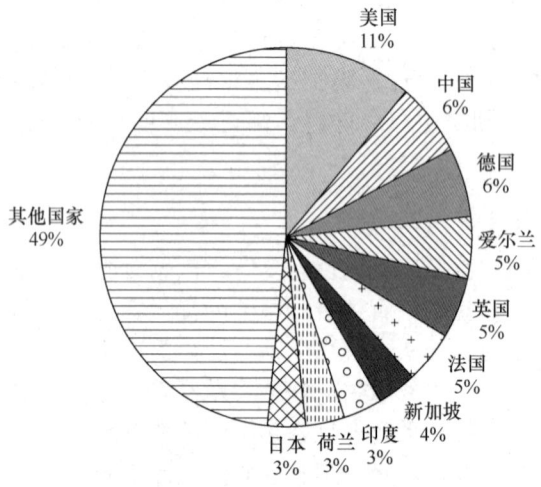

图 1-4 2021 年世界前十位国际服务贸易进出口份额
数据来源：根据 WTO 数据库整理所得

1.3.3 国际服务贸易的分类

由于国际服务贸易的多样性和复杂性，目前尚未形成一个统一的分类标准。许多经济学家和国际经济组织为了分析方便和研究需要，从各自选择的角度对国际服务贸易进行了划分，下面对有代表性和影响力的分类及其标准加以扼要阐述。

1. 世界贸易组织对国际服务贸易的分类

依照世界贸易组织服务部门分类（MTN.GNS/W/120）方法，服务贸易可分为 12 大部门：①商务服务；②通信服务；③建筑和相关的工程服务；④分销服务；⑤教育服务；⑥环境服务；⑦金融服务；⑧与健康相关的服务和社会服务（除专业服务中所列以外）；⑨旅游和与旅游相关的服务；⑩娱乐、文化和体育服务；⑪运输服务；⑫其他地方没有包括的服务。每个部门还有子部门，如表 1-3 所示。

表 1-3 世界贸易组织有关服务贸易分类

大 部 门	子 部 门
商务服务	专业服务
	计算机及相关服务
	研究和开发服务
	房地产服务
	无操作人员的租赁服务（干租服务）
	其他商业服务
通信服务	邮政服务
	速递服务
	电信服务
	视听服务
	其他
建筑和相关的工程服务	建筑物的总体建筑工作
	民用工程的总体建筑工作
	安装和组装工作
	建筑物的装修工作
	其他
分销服务	佣金代理服务
	批发销售服务
	零售服务
	特许经营服务
	其他
教育服务	初级教育服务
	中等教育服务
	高等教育服务
	成人教育服务
	其他教育服务

(续表)

大 部 门	子 部 门
环境服务	排污服务
	废物处理服务
	卫生及类似服务
	其他
金融服务	所有保险和与其相关的服务
	银行和其他金融服务（不含保险）
	其他
与健康相关的服务和社会服务（除专业服务中所列以外）	医院服务
	其他人类健康服务
	社会服务
	其他
旅游和与旅游相关的服务	饭店和餐饮服务（包括外卖服务）
	旅行社和旅游经营者服务
	导游服务
	其他
娱乐、文化和体育服务	文娱服务（除视听服务以外）
	新闻社服务
	图书馆、档案馆、博物馆和其他文化服务
	体育和其他娱乐服务
	其他
运输服务	海洋运输服务
	内水运输服务
	航空运输服务
	航天运输服务
	铁路运输服务
	公路运输服务
	管道运输服务
	所有运输方式的辅助服务
	其他运输服务
其他地方没有包括的服务	

2．国际货币基金组织对国际服务贸易的分类

国际货币基金组织（International Monetary Fund，IMF）按照国际收支统计将服务贸易分为以下四类。

1）民间服务

民间服务或称商业性服务，指1977年国际货币基金组织编制的《国际收支手册》中的货运、客运、港口服务、旅游、所有权收益和其他民间服务等。进一步分类如下：

（1）货运：运费、货物保险费及其他费用。

（2）客运：旅客运费及有关费用。

（3）港口服务：船公司及其雇员在港口的商品和服务的花费及租用费。
（4）旅游：在境外停留不到一年的旅游者对商品和服务的花费（不包括运费）。
（5）劳务收入：本国居民的工资和薪水。
（6）所有权收益：版权和许可证收益。
（7）其他民间服务：通信、广告、非货物保险、经纪人、管理、租赁、出版、维修、商业、职业和技术服务。

我们一般把劳务收入、所有权收益、其他民间服务统称其他民间服务和收益。

2）投资收益

投资收益，指国与国之间因资本的借贷或投资等所产生的利息、股息、利润的汇出或汇回所产生的收入与支出。

3）其他政府服务和收益

其他政府服务和收益，指不列入上述各项的涉及政府的服务和收益。

4）不偿还的转移

不偿还的转移，指单方面的（或片面的）、无对等的收支，即意味着资金在国际间移动后，并不产生归还或偿还的问题，因而又称单方面转移。一般指单方面的汇款、年金、赠予等。根据单方面转移的不同接受对象，单方面转移又分为私人转移与政府转移两大类。政府转移主要指政府间的无偿经济技术或军事援助、战争赔款、外债的自愿减免、政府对国际机构缴纳的行政费用，以及赠予等收入与支出。综上所述，无论国际服务贸易的定义与分类从何种角度出发，国际服务贸易都存在着人员、资本、信息的不同形式的跨国界移动，或在一定形式下存在于商品跨国界移动中。

3．国际服务贸易的其他分类

国际服务贸易可基于不同的分类标准进行划分，以下介绍七种传统的分类。

1）以"移动"为标准的分类

斯特恩（R. M. Stern）在1987年所著的《国际贸易》一书中，将国际服务贸易按服务是否在提供者与使用者之间移动分为以下四类：

（1）分离式服务。这是指服务提供者与使用者在国与国之间不需要移动而实现的服务。运输服务是分离式服务的典型例子。例如，民用航空运输服务，一家航空公司可以为另一国家的居民提供服务，但并不需要将这家航空公司搬到国外去，也不必要求顾客到这家航空公司所在国去接受服务。

（2）需要者所在地服务。这是指服务的提供者转移后产生的服务，一般要求服务的提供者与服务的使用者在地理上毗邻、接近。银行、金融、保险服务是这类服务的典型代表。例如，一外国银行要想竞争中国的小额银行业务市场份额，它就必须在中国开设分支机构，这就要求国与国之间存在资本和劳动力的移动，也是一种投资形式。

（3）提供者所在地服务。这是指服务的提供者在本国国内为外籍居民和法人提供的服务，一般要求服务消费者跨国界接受服务。国际旅游、教育、医疗属于这一类服务贸易。例如，外国游客到中国游览接受中国旅行服务，或者中国游客到法国的巴黎、美国的纽约接受当地的旅行服务；此时，服务提供者并不跨越国界向服务消费者出口服务，对服务提供者而言也不存在生产要素的移动。

（4）流动式服务。这是指服务的消费者和生产者相互移动所接受和提供的服务。它要求服务的提供者和消费者存在不同程度的资本和劳动力等生产要素的移动，服务的提供者进行对外直接投资，并利用分支机构向第三国的居民或企业提供服务，如设在意大利的一家美国旅游公司在意大利为德国游客提供服务。流动式服务要求服务的消费者和提供者存在不同程度的资本和劳动力等生产要素的移动。

这种分类方法以"移动"作为划分国际服务贸易类型的核心，其本质涉及资本和劳动力等生产要素在不同国家间的移动问题。不过这种服务分类存在着难以准确、彻底地将服务贸易进行划分的缺陷，如上述在各国间相互开设分支机构提供的旅游服务就很难加以划分。

2）以行业为标准的分类

依据国民经济各部门的特点，经济学家以服务行业各部门的活动为中心，将服务贸易分为七大类：

（1）银行和金融服务。银行和金融服务是服务贸易中较重要的部门，其具体范围包括：①零售银行业服务，如储蓄、贷款、银行咨询服务等；②企业金融服务，如金融管理、财务、会计、审计、追加资本与投资管理等；③与保险有关的金融服务；④银行间服务，如货币市场交易、清算和结算业务等；⑤国际金融服务，如外汇贸易等。

（2）保险服务。保险服务的职能是为保险单持有者提供特定时期内对特定风险的防范及其相关的服务，如风险分析、损害预测咨询和投资程序。保险服务贸易既包括非确定的保险者，也包括常设保险公司的国际交换。目前，保险服务贸易主要体现在常设保险公司的业务上。

（3）国际旅游和旅行服务。旅游服务贸易指为国内外的旅行者提供旅游服务。国际旅游服务贸易主要指为国外旅行者提供旅游服务，包括个人的旅游活动，也包括旅游企业的活动。国际旅游服务贸易的范围涉及旅行社和各种旅游设施，以及客运、餐饮供应、住宿等，它与建筑工程承包、保险和数据处理等服务有直接联系，与国际空运的联系极其密切，在国际服务贸易中的比重较大。

（4）空运和港口运输服务。空运与港口运输服务是一种历史悠久的服务贸易项目，一般的货物由班轮、集装箱货轮、定程或定期租轮运输，特殊的商品通过航空、邮购、陆上运输。港口服务与空运服务密不可分，包括港口货物装卸及搬运服务。

（5）建筑和工程服务。这类服务包括基础设施、工程项目建设、维修和运营过程的服务。其中还涉及包括农业工程和矿业工程的基础设施与仪器仪表的生产和服务、专业咨询服务和与劳动力移动有关的服务。这类服务贸易一般要受到各国国内开业权的限制，并与经济波动、政策和各国产业政策、投资规划等引起的波动有密切关系。政府部门是这类服务的主要雇主，这类服务一般涉及政府的基础设施与公共部门投资项目。

（6）专业（职业）服务。这类服务主要包括律师、医生、会计师、艺术家等自由职业的从业人员提供的服务，以及在工程、咨询和广告业中的专业技术服务。国际专业（职业）服务贸易的层次性较强，在不同层次交易水平也不同。目前主要有以下层次：①由个人承担的专业服务；②由国际专业服务企业承担的专业服务；③作为国际多边集团经营的一部分专业服务；④发达国家雇用发展中国家的企业承包工程项目的专业服务。

（7）信息、计算机与通信服务。这类服务涉及三种主要方式：①信息服务。这一服务包括数据搜集服务、建立数据库和数据接口服务，并通过数据接口在电信网络中进行数据信息的传输等。②计算机服务。这一服务如数据处理服务，服务提供者使用自己的计算机设备满足用户的数据处理要求，并向服务消费者提供通用软件包和专用软件等。③电信服务。这一服务包括基础电信服务（如电报、电话、电传等），以及综合业务数据网提供的智能化的电信服务等。电信服务的质量和水平受电信基础设施的影响。发达国家的这类服务占有绝对优势。

上述分类方法以"行业"为核心，其本质涉及输出业务的范围和供求双方业务的深度与广度。各国生产要素在海外活动的收益和范围体现在各国出口的各种服务中，所以提供的服务范围越广泛，服务分得越细，供应方的收益也越大。从这种角度分析，采用这类分类方法是比较合适的。

3）以生产过程为标准的分类

生产过程可分为生产前、生产中和生产后三个阶段。在此基础上，根据服务与生产过程之间的内在联系，也可形成三个不同阶段的服务行为，即服务贸易分为生产前服务、生产中服务和生产后服务。

（1）生产前服务。生产前服务主要涉及市场调研和可行性研究等。这类服务在生产过程开始前完成，对生产规模及制造过程均有重要影响。

（2）生产中服务。生产中服务主要指在产品生产或制造过程中为生产过程的顺利进行提供的服务，如企业内部质量管理、软件开发、人力资源管理、生产过程之间的各种服务等。

（3）生产后服务。这种服务是联结生产者与消费者之间的服务，如广告、营销服务、包装与运输服务等。通过这种服务，企业与市场进行接触，便于研究产品是否适销、设计是否需要改进、包装是否满足消费者需求等。

这种以"生产"为核心划分的国际服务贸易，其本质涉及应用高新技术提高生产力的问题，并为产品的生产者进行生产前和生产后的服务协调提供重要依据。

4）以服务对象为标准的分类

按服务对象是生产者还是消费者，服务贸易可分为生产者服务和消费者服务。如果服务能够像一般商品那样被区分为资本品和消费品的话，那么生产者服务无疑对应着作为资本品的服务，消费者服务则对应着作为消费品的服务。

（1）生产者服务。这是指作为货物商品和其他服务生产过程的投入品的服务。它是市场化的非最终消费服务，即作为其他产品或服务生产的中间投入的服务。在我国，生产者服务又被称为"面向生产的服务"或"生产性服务"。在外延上，生产者服务是指相关的具体生产性服务产业与贸易。生产者服务业是直接或间接为生产过程提供中间服务的服务性产业，它涉及信息收集、处理、交换的相互传递、管理等活动，其服务对象主要是商务组织和管理机构，其范围主要包括仓储、物流、中介、广告和市场研究、信息咨询、法律、会展、税务、审计、房地产业、科学研究与综合技术服务、劳动力培训、工程和产品维修及售后服务等。

（2）消费者服务。这是指市场化的最终消费服务，即作为最终产品或服务生产的最终消费的服务。对于以服务最终消费反映的消费者服务来说，在外延上，消费者服务是指相关的具体消费性服务产业与贸易。在我国，消费者服务又被称为"面向消费者的服务"。消费性服务业是直接或间接为消费者提供最终服务的服务性产业，如商贸服务业、旅游业、餐饮业、市政公用事业、社区服务业、房地产等都属于消费性服务业。

5）以要素密集度为标准的分类

沿袭商品贸易中所密集使用某种生产要素的特点，有的经济学家按照服务贸易中对资本、技术、劳动力投入要素的密集程度，将服务贸易分为以下三类：

（1）资本密集型服务。这类服务包括空运、通信、工程建设服务等。

（2）技术与知识密集型服务。这类服务包括银行、金融、法律、会计、审计、信息服务等。

（3）劳动密集型服务。这类服务包括旅游、建筑、维修、消费服务等。

这种分类以"生产要素密集程度"为核心，涉及产品或服务竞争中的生产要素，尤其是当代高科技的发展和应用问题。发达国家资本雄厚、科技水平高、研究与开发能力强，它们主要从事资本密集型和技术、知识密集型服务贸易，如金融、银行、保险、信息、工程建设、技术咨询等。这类服务附加值高、产出大。相反，发展中国家资本短缺、技术开发能力差，常从事劳动密集型服务贸易，如旅游、建筑业及劳务输出等。这类服务附加值低、产出小。这种服务贸易分类方法从生产要素的充分合理使用及各国以生产要素为中心的竞争力进行分析，是有一定价值的。不过，现代科技的发展与资本要素的结合更加密切，在商品和服务中对要素的密集程度的分类并不十分严格，也很难加以准确无误地区别，更不可能制定一个划分标准。

6）以商品为标准的分类

关税与贸易总协定乌拉圭回合服务贸易谈判期间，谈判小组曾经提出依据服务在商品中的属性进行服务贸易分类，据此服务贸易分为以下四类：

（1）以商品形式存在的服务。这类服务以商品或实物形式体现，如电影、电视、音响、书籍、计算机及专用数据处理与传输装置等。

（2）对商品实物具有补充作用的服务。这类服务对商品价值的实现具有补充、辅助功能，如商品储运、财务管理、广告宣传等。

（3）对商品实物形态具有替代功能的服务。这类服务伴随有形商品的移动，但又不是一般的商品贸易，不像商品贸易实现了商品所有权的转移，只是向服务消费者提供服务，如技术贸易中的特许经营、设备和金融租赁及设备的维修等。

（4）具有商品属性却与其他商品无关联的服务。这类服务具有商品属性，其销售并不需要其他商品补充就能实现，如通信、数据处理、旅游、旅馆和饭店服务等。

这种分类将服务与商品属性联系起来加以分析，理论上承认"服务"与"商品"一样，既存在使用价值，也存在价值，与商品一样能为社会生产力的进步做出贡献。服务的特殊性就在于它有不同于商品的"无形性"，但是这种"无形性"也可以在一定形式下以商品形式体现。

7）以是否伴随有形商品贸易为标准的分类

按照服务贸易是否伴随有形商品贸易的发生，国际服务贸易可分为国际追加服务贸易和国际核心服务贸易。

（1）国际追加服务贸易。国际追加服务贸易指服务是伴随商品实体出口而进行的贸易。对消费者而言，商品实体本身是其购买和消费的核心效用，服务则是提供或满足某种追加的效用。在科技革命对世界经济的影响不断加深和渗透的情况下，这种追加服务对消费者消费行为的影响，特别是所需核心效用的选择是具有深远影响的。

在追加服务中，相对较为重要的是国际交通、运输和国际邮电通信。它们对于各国社会分工、改善工业布局与产业结构调整、克服静态比较劣势、促进经济发展是一个重要因素。特别是不断采用现今的科学技术，促使交通运输和邮电通信发生了巨大的变化，缩短了经济活动的时空距离，消除了许多障碍，为全球经济的日益增长发挥着重要作用，也成为国际服务贸易的重要内容。

（2）国际核心服务贸易。国际核心服务贸易指与有形商品的生产和贸易无关，只是作为消费者单独所购买的、能为消费者提供核心效用的一种服务贸易。国际核心服务根据消费者与服务提供者距离的远近可分为：①面对面服务。这是指服务供给者与消费者双方实际接触才能实现的服务。实际接触方式可以是供给者流向消费者，可以是消费者流向供给者，或是供给者与消费者双方的双向流动。②远距离服务。这种服务不需要服务供给者与消费者实际接触，一般通过一定的载体即可实现跨国界服务。

1.3.4　国际服务贸易统计

国际服务贸易统计是对国际服务贸易的总体和各部门规模、国别规模及进出口流向、发展现状和趋势进行的定量描述。国际服务贸易统计因其自身所具有的异于货物贸易的特征，以及各国不同的服务贸易发展水平和统计制度，使得国际上对服务贸易统计的技术性问题相对滞后，既缺乏统一的服务贸易统计体系，也缺乏对已有统计数据的系统收集和整理，影响了各国政府与企业对其评价和比较，全球统一的国际服务贸易统计体系一时难以建立。《国际服务贸易统计手册》（Manual on Statistics of International Trade in Services，MSITS）是由联合国、欧共体、国际货币基金组织、经济合作与发展组织、联合国贸易和发展会议、世界贸易组织六大国际组织于 2002 年共同编写的，旨在针对国际服务贸易统计的指导性手册。自此，世界各国以该手册为基准，开展或加强服务贸易统计数据的采集与发布。美国、欧盟等已较为成功地开展了服务贸易统计。

为配合公认的国际统计标准的修订工作，特别是《国际收支与国际投资寸头手册》（第六版）、《2008 年国民账户体系》、修订后的《经合组织外国直接投资基准定义》（2008 年第四版）及旅游统计系统对公认的国际统计标准的修订，对《国际服务贸易统计手册》进行了修订并达成了《2010 年手册》。

《国际服务贸易统计手册》中，国际服务贸易统计的基本原则是，总体上遵循《服务贸易总协定》关于国际服务贸易的定义，以跨境交付、境外消费、商业存在和自然人流动四种提供方式作为统计的主体范围；具体操作上，沿两条主线进行统计：一条是居民和非居民间的服务贸易，即国际收支（Balance of Payments，BOP）项下统计的服务；另一条是通过外国附属机构实现的服务贸易。一般来说，跨境交付、境外消费和自然人流动的贸易额通过 BOP 统计反映出来，而商业存在通过外国附属机构服务贸易统计反映出来。

1. BOP 服务贸易统计

国际服务贸易 BOP 统计的依据是国际货币基金组织的《国际收支手册》(Balance of Payments Manual，BPM)。国际收支统计反映的是一国对外贸易和资本流动状况。由于国际收支统计由来已久，方法较成熟，与大多数国家的统计体系相匹配，所以成为世界公认的标准化的国际贸易统计体系。是否跨越国境是交易是否纳入国际收支统计的基本原则，国际服务贸易 BOP 统计只是居民与非居民间的服务性交易，主要反映跨境服务，就是将与服务贸易中有关过境的贸易实际交易数据进行重新汇总、整理和记录，从而形成一套针对国际服务贸易的专项统计。专家们按照该组织从 1993 年开始启用的《国际收支平衡表手册》(第五版)(BPM5)分类统计体系对服务贸易进行了专门统计，各国目前的服务贸易统计体系主要就是根据 BPM5 所做的分类设立的，因此它也是唯一可以提供各国间比较研究数据的分类。已列入国际通行统计范围的服务贸易部门包括以下 11 个组成部分：①运输服务；②旅游服务；③通信服务；④建筑服务；⑤保险服务；⑥金融服务；⑦计算机和信息服务；⑧特许权使用和许可费用；⑨其他商业服务；⑩个人、文化和娱乐服务；⑪别处未包括的政府服务。

BOP 统计申报具有自身独有的数据资源优势，为服务贸易相关分析提供了依据。但是，BOP 统计也存在明显的不足。该体系不仅与各国现有统计项目完全吻合的情况很少，而且 BOP 统计描绘的服务贸易与《服务贸易总协定》界定的服务贸易范围还存在较大差异，未反映当前世界服务贸易中的商业存在。因为商业存在形式的服务贸易双方均是法律意义上的同一国居民（当外国附属机构在东道国注册时），按照 BOP 统计的跨境原则，商业存在无法纳入国际服务贸易的范畴，所以实际上国际服务贸易 BOP 统计不能完整反映一国对外服务贸易的总体情况。2009 年更名并出版的《国际收支和国际投资头寸手册》(第六版)(Balance of Payments and International Investment Position Manual，BPM6)的重要变化有：①来料加工在第五版按照进出口分别记录在货物贸易下，而第六版按工缴费净额记录在服务贸易下；②部门中文名称变化，"旅游"改为"旅行"（包括商务旅行和私人旅行），"建筑"改为"建设"。[①]

2. FAT 服务贸易统计

在《国际服务贸易统计手册》中，外国附属机构的国内销售额包含在国际服务贸易中。但是由于外国附属机构是东道国中的居民实体，因此外国附属机构在东道国的销售额未被记录在国际收支账户中，这些销售额只与居民和非居民之间的交易有关。作为 BOP 统计的补充——外国附属机构统计应运而生。外国附属机构贸易（Foreign Affiliate Trade，FAT）统计反映了外国附属机构在东道国发生的服务交易情况，包括与投资母国之间的交易、与东道国居民之间的交易、与其他第三国之间的交易，核心是其中的非跨境服务交易。设计外国附属机构服务贸易（Foreign Affiliate Trade in Services，FATS）的目的就是获得这样的信息，以便对全球化的方方面面做出评估。FATS 分为内向和外向两个方面：别国在东道国的附属机构的服务交易称为内向 FATS，东道国在别国的附属机构的服务交易称为外向 FATS。

对任何一国来说，直接投资都是双向的，既有外国在本国的直接投资，也有本国在外

[①] 国家外汇管理局.《国际收支和国际投资头寸手册》(第六版)实施系列宣传之二——国际收支统计表式及数据变化解读.

国的直接投资。这种投资的双向流动反映在统计上，便形成了 FAT 的内向统计和外向统计（见图 1-5）。就报告国而言，记录外国附属机构在本国的交易情况的统计，称为内向 FAT 统计；记录本国在国外投资形成的附属机构在投资东道国的交易情况的统计，称为外向 FAT 统计。

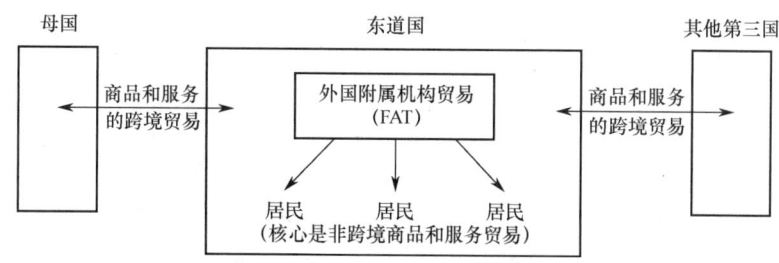

图 1-5 FAT 的内向统计与外向统计

世界各国的服务贸易统计中，尽管西方国家正在积极推行 FATS 统计体系，但目前全球仅有二十几个国家涉及 FATS 统计，并且只有美国和日本各项指标齐全。从美国的 BOP 与 FATS 的统计数据来看，在出口方面，BOP 的统计数据超过 FATS，这说明跨境出口的服务多于通过外国附属机构出口的服务；相反，进口方面的数据低于 FATS，这说明相对而言在服务进口方面，外国附属机构发挥了更为重要的作用。虽然 BOP 着重反映跨境服务贸易的交易情况，FATS 重点反映商业存在的经营情况，但是两者的统计原则和范围不同，内容上存在交叉重叠之处，因此不能将两者的简单相加作为过渡到 GATS 体系的便捷方式。

由于 BOP 统计体系相对重视服务贸易完成后的资金流，同时其对服务贸易出口与进口的界定较为直观，所以目前大多数国家和国际经济组织公布的国际服务贸易统计数据基本来源于 BOP 统计。目前国际货币基金组织与世界贸易组织这两大国际经济组织对服务贸易的统计数据也都来源于各国的 BOP 统计，但两者提供的数据并不完全相同。其区别主要在于，国际货币基金组织的统计包括政府服务，而世界贸易组织的统计不包括政府内容。

3. 我国服务贸易统计

随着服务贸易的快速发展和形式的多样化，我国已经成为服务贸易大国，对国际服务贸易进行准确统计势在必行。我国一直在积极建立并逐步完善国际服务贸易统计制度，2007 年 11 月发布《国际服务贸易统计制度》，2008 年 1 月 1 日实施，2010 年修订印发新的《国际服务贸易统计制度》（以下简称《统计制度》），力图使我国服务贸易统计标准国际化、统计范围全面化和统计方法综合化。《统计制度》规定，中国的服务贸易统计遵循联合国等国际组织编发的《国际服务贸易统计手册》和世界贸易组织的《服务贸易总协定》的有关标准，并与联合国《国民经济核算体系》（1993 SNA）的有关标准相衔接；中国的服务贸易统计主要包括服务进出口统计、外国附属机构服务贸易统计和自然人流动统计三个方面；服务贸易统计数据采集的方法包括全数调查、抽样调查、重点调查、典型调查和科学测算，并充分利用行政记录等资料。

2010 年、2012 年、2014 年，为了建立符合国际规范的服务贸易统计体系，科学、有效地开展服务贸易统计工作，并为国家制定服务贸易政策提供数据信息服务，促进服务贸易的健康发展，商务部、国家统计局结合我国服务贸易发展的实际情况和特点，对《统计制度》进行了几次修订和补充。2016年12月20日，商务部与国家统计局联合印发了《国际服务贸易统计监测制度》（以下简称《制度》）。《制度》旨在完善国际服务贸易统计监测、运行和分析体系，将国际服务贸易统计监测工作与国际标准对接。《制度》结合我国服务贸易发展的新情况、新特点，按照全面提升统计监测的准确性、细分性、时效性和权威性的原则，对2014年9月印发的《制度》进行了修订，形成了新版《制度》。《制度》涵盖了世界贸易组织对服务贸易定义的四种模式，并呈现出以下四个新特点：一是统一部署，落实创新发展试点工作。二是对接国际，完善现有服务进出口类别。三是精简表格，最大限度减少报表数量。四是互联互通，优化和提升部门间数据共享的质量和水平。《制度》的制定有助于服务贸易统计工作更加全面、准确、及时地反映我国服务贸易的发展状况，为各级政府部门制定服务贸易行业政策和发展规划、加强宏观管理提供决策参考。

与此同时，还要积极推进国际服务贸易统计中BOP体系与FATS的调整和修正，逐步完善我国国际服务贸易统计，使之符合国际规范的服务贸易统计体系，科学、有效地开展服务贸易统计工作，并为国家制定服务贸易政策提供数据信息服务，促进服务贸易的健康发展。

本章小结

1. 对服务概念的探讨是随着服务业的发展及其在国民经济中的地位不断上升而逐渐展开的。经济学家通过对服务特征的描述解读服务的内涵。与商品相比，服务的显著特征有：①无形性；②不可分离性；③不可储存性；④异质性。

2. 服务业是生产或提供各种服务的经济部门或企业的集合。服务业涉及多种行业或部门，一种服务产品通常不是由单一的经济部门或企业生产或提供的，而是由一定数量的经济单位或企业共同提供的，这些经济单位或企业的集合构成服务业。

3. 世界贸易组织的《服务贸易总协定》中，关于国际服务贸易的定义被认为具有权威性而得到广泛接受。其定义是跨越国界进行服务交易的商业活动，并通过界定服务的提供模式来表现，共包括四种模式。模式1 跨境交付（Cross-border Supply）；模式2 境外消费（Consumption Abroad）；模式3 商业存在（Commercial Presence）；模式4 自然人流动（Presence of Natural Persons）。

4. 与国际货物贸易相比，国际服务贸易的特点如下：①国际服务贸易标的具有无形性；②国际服务贸易过程具有同步性；③国际服务贸易过程具有国际性；④国际服务贸易保护具有隐蔽性；⑤国际服务贸易管理具有复杂性；⑥国际服务贸易市场具有高度垄断性。

5. 按是否伴随有形商品贸易为标准，国际服务贸易分为：①国际追加服务贸易，指伴随商品实体出口而进行的贸易，围绕商品的核心效用而衍生；②国际核心服务贸易，指与有形商品的生产和贸易无关，作为消费者单独所购买的、能为消费者提供核心效用的一种服务，在国际服务贸易市场上是市场需求和供给的核心对象。

6. 《国际服务贸易统计手册》中，国际服务贸易统计的基本原则是：总体上遵循《服务贸易总协定》关于国际服务贸易的定义，以跨境交付、境外消费、商业存在和自然人流动四种提供方式作为统计的主体范围；具体操作上，沿两条主线进行统计：一条是居民和非居民间的服务贸易，即国际收支项下统计的服务；另一条是通过外国附属机构实现的服务贸易。一般来说，跨境交付、境外消费和自然人流动的贸易额通过 BOP 统计反映出来，而商业存在通过外国附属机构服务贸易统计反映出来。

7．我国一直在积极建立并逐步完善国际服务贸易统计制度，2007 年 11 月发布《国际服务贸易统计制度》，2008 年 1 月 1 日实施，2010 年修订印发新的《国际服务贸易统计制度》，力图使我国国际服务贸易统计标准国际化、统计范围全面化和统计方法综合化。

 复习思考题

1．什么是服务？服务具有哪些特征？
2．服务业如何分类？服务业与第三产业有何异同？
3．什么是国际服务贸易？国际服务贸易有哪些特征？
4．根据 GATS，国际服务贸易可分为哪些模式？请举例。
5．当前国际服务贸易统计遵循的原则和具体体系是什么？
6．我国服务贸易统计制度的具体内容有哪些？

第 2 章 服务贸易理论与政策

学习目标

本章梳理服务、服务业和服务贸易相关理论的内容与发展，分析服务贸易政策演变，阐述服务贸易的自由化和保护政策的内涵，介绍服务贸易政策工具种类及衡量方法。

要求：
- 掌握服务效用价值、价值和使用价值
- 掌握比较优势理论在国际服务贸易中的适用
- 掌握要素禀赋理论在国际服务贸易中的演化
- 掌握服务贸易竞争优势的形成
- 熟悉规模经济和不完全竞争条件下的服务贸易分析
- 了解服务贸易政策的演变和影响因素
- 掌握服务贸易壁垒衡量方法、政策工具比较分析和选择

思政目标

服务贸易经过半个多世纪的快速发展，有了变革和创新的需要。创新发展服务贸易，应从结构、模式、政策体系、发展机制，以及数字贸易等多方面推动与完善。对于商务部《"十四五"对外贸易高质量发展规划》提出的创新发展服务贸易的重要任务和重点举措，用本章所学相关服务经济理论分析促进中国服务贸易高质量创新发展应制定的政策与措施。

2.1 服务和服务业理论

在世界范围内，各国经济的服务流量占国民经济价值流量的比重日益增加，把服务和服务业排除在经济学理论体系和价值论逻辑之外的传统观念已不符合现代经济发展的现实。经济学家正以肯定服务的客观效用价值或使用价值为起点，研究服务价值的形成和服务业发展的规律。

2.1.1 服务效用价值理论

随着服务市场化和服务业在国民经济中地位的提升，效用价值理论中有关服务价值的

阐述得以提出和不断补充。

1. 效用及服务效用价值理论概述

效用价值理论由卡尔·门格尔（Carl Menger）、威廉姆·斯坦利·杰文斯（William Stanley Jevons）和里昂·瓦尔拉斯（Leon Walras）于 1871—1874 年提出，后由弗里德里希·冯·维塞尔（Friedrich von Wieser）和欧根·冯·庞巴维克（Eugen von Böhm-Bawerk）继承并加以发展。效用价值理论是西方经济理论中价值论的主流。

效用是人的劳动所创造的福利。效用可以使财富增加，财富是累积起来的效用。效用可以储存起来以供将来之用，其期限可能超过所有者和受益人的寿命。服务的生产活动和商品的生产活动一样，也可以为人们创造财富，带来福利和效用。西方经济学家认为，只有从创造效用角度才能把服务劳动的成果列入社会财富，才能把服务经济归入国民经济大系统。服务效用价值理论的主要内容包括服务效用价值的内涵和组成。

> **知识小卡片**
>
> **效用的表现形式**
>
> 效用的表现形式有一个历史的演变过程。在缺乏文字和书写工具的漫长历史岁月里，从一个时期到另一个时期，从一代到另一代，传递效用的唯一方法是采取有形的形式。因此，效用的概念很自然地就同实物产品的所有权相联系。随着文字的出现，以及记录和传播思想的工具的发明与运用，工具本身也变成了一种财富，如图书、光盘等，它们带给人们的效用已大大超过其自身的物质价值。因此，在现代经济社会中，服务的生产活动和商品的生产活动一样，都可以为人们创造财富，带来效用。

2. 服务效用价值理论中有关服务价值的理解

服务效用价值可以从两个方面理解：①服务如同商品创造效用。服务的效用是指由劳动创造出来的服务，用于满足人们某种需要的福利成果。②服务创造效用。如果该效用可以用价格表示出来并在市场上出售，便会产生价值，这就是服务的效用价值（市场价值）。

在服务效用价值概念理解上，我们应注意到服务所产生的总效用与其市场价值之间的关系并不是十分确定的。如果效用被看作所有生产活动的最终目标，那么总效用就可以被看作市场价值与有效的外部经济的组合效用，即已支付和未支付的效用。例如，知道通过某一景区的道路，可能对某个旅行者具有特殊的效用（走近路可以节省时间或体力），但并不产生市场价值。一块面包对一个饥肠辘辘的人是有效用的，其效用具有市场价值。

3. 服务效用价值理论中有关服务价值构成的阐述

服务的效用价值由服务生产要素（包括知识）价值及在不同的经济体制和社会环境中服务所发挥的功能效用两个部分组成。

1) 服务生产要素价值

从构成要素看，在一般情况下，服务中的人力资本、劳动和实物资本三者所占的比重是不同的，其决定了服务的效用，进而决定了服务在市场中的价值。服务生产中所使用的诸多要素的特殊结构，不仅依赖这些要素的可利用性及价值，而且取决于所提供服务的性质。

进入服务生产的诸要素本身也有有形和无形之分。非熟练劳动和实物资本是有形的,其在某一市场上的可利用性是可以比较精确地加以测定并受到传统供求规律支配的。人力资本则不能这样容易地加以测定,但它起着越来越大的作用。

因此,从性质上看,一些服务属于人力资本密集型,另一些服务属于实物资本密集型,还有其他一些服务属于劳动密集型,而不同要素密集型的服务其效用价值是不同的。

2) 服务的功能效用

服务的功能效用既可以传递到其他服务上,也可以传递到有形的商品上,正如服务既可以是中间的也可以是最终的一样。服务的功能如果用来增强商品的供应,就是中间的;服务的功能如果有助于消费者从所购买的商品或其他服务中获得效用,就是最终的。服务既可以同其他商品或服务互补,又可以替代它们。服务的功能从本质上看是同其他商品互补的,因为没有服务,它们传递到这些商品上的效用便不存在。例如,若没有短信这一业务,则用手机发送短信所创造的效用就不存在。因此,在不同的经济体制和社会环境中,服务所发挥的不同功能效用构成了服务的效用价值。

2.1.2 服务劳动价值理论

服务劳动价值理论是在马克思劳动价值理论的基础上,通过分析服务价值的创造过程,所建立的劳动价值理论在服务领域的新体系。它结合现代服务业的特点,诠释了服务商品是使用价值和价值的统一,并将价格影响因素研究延伸至国际服务贸易领域。

1. 关于服务劳动是否创造价值的争论

服务业的迅速发展向人们提出了疑问:是否只有生产性劳动才创造价值?大多数古典经济学家如亚当·斯密均认为只有生产性劳动才创造价值,非生产性劳动(服务劳动)是不创造价值的。而马克思劳动价值理论认为创造价值的劳动有两个条件:一是创造出使用价值;二是用于交换,不论其是实物形式的还是非实物形式的。因此,三大产业的所有劳动,无论是工业劳动,还是服务业劳动,只要它们能创造出用于交换的使用价值,就同时创造了价值;而且不仅应该承认工农业创造价值,商业、运输业、通信业等服务业也创造价值。服务有价值,且该价值是由生产服务的劳动所创造的。

2. 服务劳动价值理论的基本内容

服务劳动价值理论认为,服务产品若是为了交换而生产,它作为用于交换的劳动产品就是商品,也就具有使用价值和价值。

1) 服务商品的使用价值

与有形商品一样,服务商品也有其使用价值,即具有满足人们某种需要的效用。这种使用价值是非实物的使用价值,但它同实物的使用价值一样,是构成社会财富的重要内容。首先,服务商品作为生存资料,满足了人们衣、食、住、行等基本需求;其次,服务商品作为发展资料,主要是为了满足提高人类素质的需要;最后,服务商品可以作为一种享受资料。只要使用价值具有能满足交换对方某种需求的有用属性,使产品交换顺利完成,它就可以并且实际上也充当了交换价值的承担者。当服务商品可以充当交换价值的物质承担者时，它就具有和实物商品一样的特性。

> **知识小卡片**
>
> **服务使用价值的特殊功能**
>
> 服务商品的使用价值还具有一些特殊功能。首先，服务商品具有节约社会劳动时间的功能；其次，服务商品的使用价值具有提高社会劳动生产率的功能；再次，服务商品的使用价值可以加强各部门、各地区间的经济联系；最后，许多服务商品的使用价值并不随消费活动的终止而完结。

2）服务商品的价值

服务商品的价值问题主要涉及两个方面：价值实体和价值量。服务商品的价值实体包括服务劳动的凝结性、服务劳动的社会性和服务劳动的抽象等同性。它的质的规定性就是凝结在服务商品的非实物使用价值上的，得到社会表现的抽象劳动。既然服务的价值是服务提供者的劳动力消耗的单纯凝结，那么它当然是服务业劳动者创造的，并非从任何别的领域转移或"再分配"过来的。

服务商品的特殊性，使得服务商品的价值量决定分为两种情况：重复性服务商品的价值量决定和创新型服务商品的价值量决定。重复性服务商品主要是指需要不断重复生产才能满足人们需要的商品。服务过程中生产者与接受服务的消费者是有差别的，服务劳动过程中生产资料的装备水平也是有差别的，两种差别使得不同生产者生产此类服务的商品价值量可能不同。因而重复性服务商品的价值量是由生产此类商品所消耗的社会必要劳动时间所决定的。创新型服务商品主要是指创新的商品，它具有可扩散性、不可重复性和共享性，如科研服务。其价值是由最先生产出此类商品所耗费的个别劳动时间所决定的。

3. 服务劳动价值理论在国际服务贸易中的应用

服务在一国服务业中的生产和消费形成了国内价值，而后通过国际流通和交换具有了国际价值形态。国际价值是形成国际市场价格的基础，并制约着国际市场价格的长期变化。国际价值又是国际市场价格变动的轴心，同传统的实物商品一样，供求关系、市场结构、经济周期及国内管制等都会使得服务商品的国际市场价格背离国际价值。

1）供求关系

商品供求关系是引起国际市场价格变化的直接的基本因素。两者的变动既可以是同方向的，也可以是反方向的。当供给量大幅增长而需求不变时，国际市场价格便会下跌；当供给量大幅减少而需求不变时，国际市场价格就会上涨。同实物商品一样，服务商品的供给量与需求量均会对自身的价格变动有不同程度的反应。

2）市场结构

市场结构多表现为垄断或竞争。垄断与竞争均会对服务商品的国际市场价格产生影响。垄断对国际市场价格的影响，取决于垄断组织在服务商品提供中所占的市场份额，以及对科技发明、专利许可的控制程度等，同时垄断组织的规模大小和市场条件也会影响服务商品的国际价格。市场垄断程度越高，垄断组织操控市场价格的力量就越强。

在当代世界市场上，虽然垄断资本占据主导地位，并对服务商品国际市场价格的形成和变动产生重大影响，但垄断并不能替代竞争，更不能消除竞争，反而在一定程度上使竞争更为激烈。国际服务商品市场的竞争与货物商品市场一样，供求关系的变化影响价格，价格的变化反过来对供求产生影响。

3）经济周期

发达的市场经济国家的再生产具有明显的周期性。经济运行是周期性进行的，每一个周期通常由危机、萧条、复苏和高涨四个阶段构成。服务商品的国际市场价格随着经济周期的变化而变化。随着经济全球化的发展，国际市场的联系程度不断提高，经济运行的周期性会对更多国家、更多商品和服务产生影响。

4）国内管制

各国政府对本国服务业的保护通常无法采取关税壁垒的形式，只能在市场准入方面予以限制或进入市场后不给予国民待遇等非关税壁垒形式，这种保护常以国内立法的形式加以实施。服务贸易主要经济体所采取的政策措施，不可避免地会对国际市场及国际市场价格产生影响。

2.1.3 配第-克拉克定理

经济学家通过研究单个国家的经济发展历程和目前不同发展水平国家的现状，注意到了经济发展同产业结构变动之间的关系。其中较为充分地概括和介绍这一经济学现象的是配第-克拉克定理。

1. 定理的提出

17世纪，西方经济学家威廉·配第（William Petty）发现，随着经济的不断发展，产业中心逐渐由有形财物的生产转向无形的服务性生产。威廉·配第根据当时英国的实际情况明确指出，工业往往比农业、商业往往比工业的利润多得多，因此劳动力必然由农转工，而后再由工转商。

英国经济学家科林·克拉克（Colin Clack）于1940年出版了《经济进步的条件》一书，计量和比较了不同收入水平下就业人口在三次产业中分布结构的变动趋势。克拉克认为他的发现只是印证了配第的观点，因此其所揭示和阐述的经济发展规律被称为"配第-克拉克定理"。

> **知识小卡片**
>
> **产业结构变动阶段**
>
> 英国经济学家费希尔（A. Fisher）在《安全与进步的冲突》一书中将产业结构的变动划分为三个阶段，并指出了每个阶段的不同特点。第一阶段：农业在国民经济中处于主导地位，无论是从产值还是从就业人数上看，农业都是社会第一大产业。这个阶段漫长而悠久。第二阶段：开始于英国的工业革命，以工业生产大规模发展为标志，纺织、钢铁和其他制造业的商品生产迅速崛起，为就业和投资提供了广泛的机会。目前很多国家处于这一阶段。第三阶段：开始于20世纪初期，主要特征是旅游、娱乐、文化、艺术、卫生、保健、教育、科研等原来处于落后地位行业的从业人数和国民收入迅速增加。这些行业被统称为服务业。

2. 定理的基本内容

该定理把人类的全部经济活动分为第一产业（农业）、第二产业（制造业、建筑业）和第三产业（广义的服务业）。配第-克拉克定理揭示了劳动力在三次产业中分布结构的演变规律，指出了劳动力分布结构变化的动因是产业之间相对收入的差异。

经过经济大样本观察，配第与克拉克两位经济学家先后发现不同产业间相对收入的差异，会促使劳动力向能够获得更高收入的部门移动。随着人均国民收入水平的提高，劳动力首先由农业向制造业移动；当人均国民收入水平进一步提高时，劳动力便向服务业移动。这种移动通常在制造业就业比例接近40%时稳定下来，而服务业的劳动比例在不断增长。

3. 定理的补充和论证

配第-克拉克定理存在一些不足之处：一是选择的国家和地区的数量不够多，数据处理比较简单，因而其典型性和普遍性还不够；二是仅仅使用了单一的劳动力指标，这并不能完全揭示纷繁复杂的产业结构变化的总趋势。正因为如此，后来的经济学家便从理论上对该定理做了进一步的补充和论证。

美国经济学家、统计学家西蒙·史密斯·库兹涅茨（Simon Smith Kuznets）运用丰富的数据资料进一步证明了克拉克所提出的理论。他指出，如果对世界不同国家的各种数据加以分析就不难发现，随着人均国民收入水平的提高，农业的劳动力比例会不断下降，而且前者越高，后者就越低，而商业和其他服务业的劳动力比例将不断地、有规律地增长。

法国经济学家阿尔弗雷德·素维（Alfred Sauvy）也进行了相似的分析。他在1966年出版的《一般人口理论》一书中指出，劳动力依次从农业转向工业、再从工业转向服务业，这是一个逐步深化的过程。第一次是脱离自然界；第二次是脱离原材料；第三次是一部分人从原有的服务业务部门脱离出来，形成各类新兴服务部门，向另一部分人提供服务。每一次带有升级含义的转移都相应地增加了收益。在某种意义上可以认为，劳动力在三次产业之间的依次转移，是一种社会地位的升级。总之，技术进步和社会发展要求劳动力从农业转向工业，再转向服务业。

2.1.4 服务业发展路径学说

配第-克拉克定理和服务业发展路径学说是服务业发展的基础理论。与配第-克拉克定理关注产业结构变动不同，服务业发展路径学说关注的是服务业自身发展的过程。服务业发展路径学说认为，在服务业（包括消费者服务业和生产者服务业）的发展过程中，都存在着一个规律性的趋势，即由"内在化"向"外在化"演进，或由"非市场化"向"市场化"演进。该演进的趋势是专业分工逐步细化、市场经济逐步深化的必然结果。这一过程推动了服务业的独立化，扩大了服务业的规模和容量，并加快了服务业的国际化进程。

1. 生产者服务的市场化发展

生产者服务的市场化发展是在诸多促进因素和掣肘因素的共同作用下展开的。促进因素包括：①企业活动日趋复杂化，导致对员工的监督日益困难。对经理人员来说，更方便、更廉价的办法是同外部供应者谈判，而不是同员工订约来保证其以最低费用获得所需的服务投入。②专业化的加强和技术诀窍的变动率，使得在市场购买某些种类的专门技能比在厂商内部生产更有利。③信息和交通费用的下降，导致服务的市场交易费用下降，这样一来就相应地降低了厂商同员工订立固定合约的利益。④非工资费用趋于增加，导致在外边购买服务比在内部生产（提供）更合算。

上面提及的是促进生产者服务市场化发展的因素。然而，所有事物的发展都是诸多因素共同作用的结果。制约生产者服务市场化发展的因素主要包括以下几个方面：①在许多行业中，产品、工艺与销售革新的步伐，随着信息技术及其他最新技术的利用而加快。这种革新要求在商业上或技术上保守秘密。这样通过内部提供而不从外部购买，就比较容易做到。②计算机与有关电子设备的最新发展，提高了管理者的工作能力，降低了管理成本。③不断扩大的厂商规模与交通运输的低廉费用相结合，使得保持内部扩大的职业专业化成为可能。

生产者服务的市场化，是在上述各种因素所形成的合力的作用下发展的。总体上看，经济的发展越来越强调人力资本和知识资本的作用，以及日益增长的迂回性和专业化分工，因此生产者服务的市场化是不断向前推进的。从单个企业的角度看，如果由企业内部提供服务所产生的净成本大于从市场购买的净成本，则倾向于市场化；反之，则倾向于内部化。

2. 家庭服务（消费者服务）的市场化发展

家庭服务（消费者服务）需求主要取决于家庭可支配收入、服务的价格和家庭妇女的社会工作参与率。随着社会发展和人类进步，以上三个因素中的第三个越来越重要。

一个家庭所消费的由市场提供的服务与由家庭提供的服务的比率是这一家庭的妇女肯在市场工作而不在家庭工作所花时间的比率的递增函数。同时，对市场工作偏好的变化、妇女就业观念的变化、工资率的上升及用工资率表示的市场服务价格的降低，都将导致妇女工作参与率的提高；这反过来又会促进市场服务取代家庭服务，也就是促进了家庭服务（消费者服务）由内在化向市场化转变。

2.2　服务贸易相关理论

与全球服务贸易迅速发展的现状相比，服务贸易的理论发展则显得相当滞后，尚未形成系统的理论体系。建立相对完整的服务贸易理论体系存在两种选择：一种是依据国际服务贸易的实践和特点，借鉴相关学科领域的研究成果，发展出相对独立的服务贸易理论；另一种是将传统的货物贸易理论加以延伸，扩展到服务贸易领域，用相应的逻辑和概念来阐述服务贸易，从而实现货物贸易和服务贸易两大领域的理论对接。从服务贸易理论的实际发展来看，理论界更多地倾向第二种选择。这不仅是因为第一种选择存在实际的困难，更重要的是因为服务贸易理论无法与传统的商品理论彻底决裂，其结果是不由自主地又回到了第二种选择上。

2.2.1　服务贸易的比较优势理论

1871年，大卫·李嘉图（David Ricardo）提出比较优势理论后，这一理论不断得以充实和完善，成为研究国际贸易问题的逻辑起点。但对于传统的比较优势理论是否适用于服务贸易领域，学术界的观点是不一致的。概括起来，对比较优势理论的适用性观点主要有以下三种。

1. 适用论

适用论的观点认为比较优势理论是普遍有效的，尽管服务和商品间有显著区别，但服务产品生产也存在生产率的差异，各国要素禀赋不同也会导致各国服务产品生产成本的差异，从而导致价格差异和贸易的发生。比较优势理论合乎逻辑地适用于服务贸易。其代表人物有辛德利（B. Hindley）、史密斯（A. Smith）、萨皮尔（A. Sapir）、卢茨（E. Lutz）、劳尔（S. Hall）等。

> **知识小卡片**
>
> **比较优势理论在服务贸易领域的适用性**
>
> 辛德利（B. Hindley）和史密斯（A. Smith）详细分析了影响比较优势理论在服务贸易领域适用性的三个方面：①政府出于各种目的，对服务业施行特别管理和市场干预；②各国对服务业外国直接投资的种种顾虑及由此引发的限制政策；③政府出于保护幼稚工业的需要，拒绝开放国内服务市场。他们认为，在理论上，源于这三个方面而出现的管制措施并非政府所必然采取的，因为这些看起来理所当然的措施未必是最优的，也没有理由认为它们是影响比较优势理论适用性的主要障碍。相反，在理论或经验分析中，没必要在概念上严格区分商品和服务。
>
> 在比较优势适用于服务贸易的前提下，沿用传统比较优势理论的假设，世界上只有两个国家（A和B）和两种服务商品（X和Y），服务的相对价值取决于它们的相对劳动投入量，生产成本不变，各国存在技术水平差异但技术水平都给定，经济在充分条件下运行，生产要素市场和服务商品市场是完全竞争市场且政府不干预经济。
>
> 从表2-1中可以看出，B国在生产服务商品X和服务商品Y上都具有绝对优势。但是A国生产服务商品X的劳动生产率是B国的1/2，A国生产服务商品Y的劳动生产率是B国的1/8。A国在生产服务商品X上具有比较优势，同时B国在生产服务商品Y上具有比较优势。
>
> 表2-1 两国服务商品生产
>
> | 项 目 | 国 家 | |
> | --- | --- | --- |
> | | A国 | B国 |
> | 生产一单位X所需要的劳动时间/h | 2 | 1 |
> | 生产一单位Y所需要的劳动时间/h | 4 | 0.5 |
>
> 从表2-2中可以看出，分工后，A国生产3个单位X，B国生产3个单位Y，世界通过分工获利。
>
> 表2-2 两国服务商品分工
>
> | 服 务 | 国 家 | |
> | --- | --- | --- |
> | | A国 | B国 |
> | X | 3 | — |
> | Y | — | 3 |

假设国际市场上 X 与 Y 的交换比例为 1：1（0.5<1<2），当 A 国全部生产 X 而 B 国全部生产 Y 时，两国就可以通过国际贸易获利（见表 2-3）。

表 2-3　两国服务商品交换

服　务	国家	
	A 国	B 国
X	2	1
Y	1	2

2. 不适用论

不适用论观点认为服务贸易与商品贸易源于不同的概念范畴，应有不同的理论渊源。代表人物有 R.迪克、H.迪克、桑普森、菲克特库等。

具体来说，不适用论的主要理由包括：第一，传统的国际贸易理论有严格的假设条件，包括两国之间要素不能流动、需求偏好相似、完全竞争市场等，但这些假设条件不符合服务贸易的实际情况，因为许多服务贸易要依靠要素流动才可以实现。第二，服务产品及服务贸易具有的一些独特性质无法用货物贸易理论解释。比如，在传统的货物贸易理论中，两国货物的价格差是贸易产生的重要动因之一；但在服务贸易中，两国服务的价格差很难成为贸易动因，即使克服人员跨境流动的种种困难，消费者也不可能跨境购买他国某些便宜的服务产品。此外，服务贸易比较优势难以获得长期的独占性，而且具有很大的不确定性。

3. 修正与发展论

大多数国际经济学家认为比较优势理论基本适用于服务贸易，服务贸易领域内同样存在着比较优势的合理内核，但传统比较优势理论中的某些假设是不适用于服务贸易的，同时不能对服务贸易的某些特征进行很好的解释，这就需要对比较优势理论进行修正与拓展。

1）假设修正与拓展

国际服务贸易的特殊性使其前提假设与传统比较优势理论不同，只有对这些前提假设进行修正和拓展，才能使比较优势理论适用于国际服务贸易。经修正和拓展后的国际服务贸易前提假设有：

（1）生产要素范围广泛，不仅包括劳动力、资本、土地和企业家才能，还包括地理位置、气候条件、电信网络、高科技人才和高校研究中心等。

（2）生产要素能够跨国流动。

（3）服务商品市场和生产要素市场不完全竞争，且存在规模经济。

（4）国家政策和运输成本对国际服务贸易具有重要影响。

（5）技术水平不是外生给定的，而是内生变量，不但影响着国际服务贸易，反过来也受国际服务贸易的影响。

2）比较优势修正与拓展

（1）国际服务贸易的比较利益是动态的。传统国际货物贸易的比较利益是静态的，而国际服务贸易的高速增长，特别是出口的高速增长会给一国经济带来重要的动态利益。国际服务贸易的出口扩大克服了国内市场的狭小性，可以获得规模经济效益，这一方面可以提高利润率，另一方面也会提高国际竞争能力；出口扩大还会加强经济部门之间的相互联系，带动相关部门的发展，促进国内统一市场的形成。服务贸易的发展还会吸引外国资本的流入，解决国内投资不足的难题，而且会促进先进技术和管理知识的传播，这些都会对一国经济产生长久、持续和动态的影响。

（2）国际服务贸易成本由供给和需求双方共同决定。传统的货物贸易理论重点强调的是供给方的生产成本优势，国际服务贸易不但取决于服务要素的生产成本，而且更强调需求因素所导致的成本增量或消费者的选择性，如运输成本、信息成本、消费者收入及其偏好、服务质量和购买环境等都构成了服务贸易条件。当服务贸易的生产函数和主要要素投入相结合时，国际服务贸易将依赖需求因素而非供给因素。对于服务贸易问题，不但要从资源禀赋角度进行分析，更需要从服务贸易流向、相关市场结构及需求特征角度进行探讨。

（3）服务贸易比较优势依赖关联产业。传统的货物贸易理论主要着眼于对行业自身比较优势的分析，而国际服务贸易比较优势的形成和确定，除受行业自身比较优势的影响外，很大程度上还依赖相关产业的支持。这主要分为两个层次：服务业内部各产业的相互支持；第一产业和第二产业对服务业的支持。这两个层次对服务业的影响也不是孤立的，往往在交叉中产生重叠影响。而且在现代社会中，每个产业划分和界定的标准也产生了很大的变化，很难明确地说哪一个产业就是原来意义上的第几产业。这些情况对产业竞争优势的形成和确立产生了重要影响，在对原有模型进行改造和补充的过程中，有助于进一步了解国际服务贸易的比较优势。

2.2.2 服务贸易的要素禀赋理论

要找到与货物商品统一的衡量服务比较优势的理论和方法很不容易。更多坚持传统贸易理论适用于服务贸易的学者把目光投向了要素禀赋理论，因为该理论基于产品生产的要素特征，认为货物和服务没有本质区别。学者们从各个角度对要素禀赋理论进行了修正和扩展，借以解释服务贸易的基础和动因，比较有影响力的模型有伯格斯模型和萨格瑞模型。

1. 伯格斯模型

1990 年，伯格斯（Burgess）将服务和技术差异因素引入传统模型，用于分析国际服务贸易。他以主流贸易理论中的 H-O-S 模型为基础，对其做了简单的修正，得到了诠释服务贸易理论的一般模型，即伯格斯模型。该模型说明了服务提供者的服务技术差异是如何形成比较优势，从而决定服务贸易格局的。

模型的基本假定为，市场完全竞争；规模报酬不变；用资本和劳动力两种要素生产两种产品和一种服务；服务部门的产出作为中间投入参与最终产品的生产，且服务部门使用的要素可用于产品生产部门。

伯格斯认为，如果具有服务技术优势的国家同时也是资本丰富的国家，且资本丰富就可提高资本密集型产品的比较优势，这样如果服务部门密集使用劳动，且服务被密集使用于劳动密集型产品的生产中，那么服务技术优势将增强劳动密集型产品的比较优势；如果相对要素存量差别是比较优势和服务贸易的决定性因素，且服务技术优势可无偿转让给外国，那么外国劳动密集型产品的生产将会增加，资本密集型产品的生产将会减少，服务技术出口国的贸易条件将会得到改善。因此，服务技术的出口未必会损害服务出口国的比较优势；相反，由于服务是作为中间产品参与国际贸易的，所以服务贸易自由化可能会损害服务进口国的利益。

2．萨格瑞模型

1989年，萨格瑞（Sagari）也将技术差异因素引入 H-O-S 模型，分析了国际金融服务贸易，在一定程度上克服了该理论假定技术要素无差别且相对不变所带来的局限性，使修正后的模型更加符合国际服务贸易的基本特征。另外，萨格瑞用最小二乘法分析了1977年44个国家的相关数据，进一步证明了"技术差异和熟练劳动是各国金融服务贸易比较优势的来源"这一命题。

此后，克莱维（Kravis）、巴格瓦蒂（Bhagwatti）等人通过两要素一般均衡模型解释了服务价格的国际差异，以分析服务贸易发生的基础，结果认为各国要素禀赋不同导致的服务价格差异可能是服务贸易产生的坚实基础之一。

3．其他模型

巴格瓦蒂服务价格差异模型是两个国家（高收入国家和低收入国家）、两种贸易品和非贸易品（服务）、两种生产要素（资本、劳动力）的一般均衡模型。分析工具是等产量线和工资-租金价格线。巴格瓦蒂服务价格差异模型解释了发达国家在金融、工程咨询、信息处理等资本密集型服务上价格较低，而某些发展中国家在工程承包等劳动密集型服务上价格较低的原因。

与巴格瓦蒂采用的两要素一般均衡模型分析不同，法尔维（Falvey）等人采用计量模型，将国家间的服务价格和实际收入的差异表示为要素禀赋、贸易差额、人口和贸易品价格差异的函数解释国际服务价格差异。计量结果表明：①国家间服务价格收入与人均实际收入呈正相关关系。②假设其他因素不变，农业耕地、矿藏、资本、较大的贸易赤字和较高的贸易价格（由于贸易政策的影响）将倾向于提高国内服务价格和人均实际收入；相反，较多的人口和劳动力禀赋倾向于提高人均实际收入，但会降低对服务的净需求，从而降低国内服务价格。③非熟练劳动力的增加将降低服务价格，而熟练劳动力的增加可能降低也可能提高服务价格；但对有技能的劳动力进行价格补贴，无论是熟练劳动力还是非熟练劳动力都将降低服务价格。

2.2.3 服务贸易的竞争优势理论

从比较优势到竞争优势，既是产业也是贸易寻求优化升级的动力和结果。关于现代竞争优势理论的研究始于1985年世界经济论坛组织的达沃斯年会，1986年初步形成相对独立的体系。20世纪90年代，随着国际竞争转移到以经济为核心的综合国力的较量上，各国对国际竞争力和国家竞争优势的关注也日益高涨。1990年，迈克尔·波特（Michael E. Porter）《国家竞争优势》一书的出版，将竞争优势理论和国际贸易理论结合到一起考虑，为研究服务贸易提供了新的方向。

> **知识小卡片**
>
> **迈克尔·波特的"竞争优势三部曲"**
>
> 20世纪中叶以后，尤其是80年代以后，迈克尔·波特的"竞争优势三部曲"把国家

竞争优势理论推上了竞争优势理论的主导地位。他在 1980 年的《竞争战略》（Competitive Strategy）一书中主要谈的是产业结构调整及产业间如何选择最有力的竞争地位。1985 年的《竞争优势》（Competitive Advantage）一书提出了一个可以了解企业竞争优势来源的架构，并讨论了如何提升企业的竞争优势。1990 年的《国家竞争优势》（The Competitive Advantage of Nations）一书力图解释在现代全球化经济下一国经济持续繁荣的原因。

1. 服务贸易竞争优势的内涵

长期以来，指导国际分工、诠释国际贸易的基本理论是比较优势理论，其核心是各国按照自己的比较优势和要素禀赋进行国际贸易分工。但有比较优势并不一定有竞争优势。竞争优势是指一个国家在世界市场竞争中实际显现的优势，是国家生产力水平的标志之一。服务贸易竞争优势是指一个国家在市场竞争的环境和条件下，与世界上其他国家相比，服务贸易领域所能创造增加值和国民财富的持续增长与发展的系统能力和水平。

服务贸易竞争优势体现为一国服务贸易在国际市场上的竞争力。服务贸易竞争力包括国际服务贸易产业竞争力、国际服务贸易企业竞争力和国际服务贸易产品竞争力三个层次的内容。

2. 服务贸易竞争优势的形成

基于服务产品和服务贸易的特征，依循服务贸易的竞争优势理论，可见提升国际服务贸易竞争力不仅要深入研究服务产品与服务贸易的特殊性，遵循相关规律，而且要分析具体竞争环境、基础和条件，从企业、产业、国家等层面综合施力，才能达到促进国际服务贸易更快、更好发展的目标。根据波特的国家竞争优势理论框架，服务贸易竞争优势的形成可以从六个方面加以说明：资源与才能要素；需求条件；关联和辅助性产业；企业战略、结构和竞争企业；机遇；政府。

1）资源与才能要素

服务贸易所涉及的相关资源和生产要素形成服务贸易竞争优势的基础。这些资源和要素不仅涉及面广，而且类型和特质也各不相同。对于服务贸易而言，不仅要充分利用相关资源和生产要素提供高品质的服务产品，而且要持续夯实服务产业，使服务贸易具有从初期比较优势向动态竞争优势转化的潜力和动力。在当今服务贸易竞争日趋激烈、改革创新日新月异的背景下，关注制约和影响服务贸易发展的高级要素显得至关重要。服务贸易强国拥有高新科技、高素质人才，恰恰体现出服务贸易依赖人才的特点。因此，如果想通过生产要素建立持久的优势，就必须发展高级和专业生产要素，因为它们的可获得性与发展程度决定了竞争优势的水平。

2）需求条件

服务产品生产与消费的同时性要求企业不仅考虑服务生产和供给的条件和状况，还要高度重视需要和消费的条件及状况，如此才能更好地顺应服务产品及服务贸易的特征要求，推动服务贸易市场的健康发展。事实上，需求条件被纳入生产和贸易的过程也恰恰是服务贸易竞争优势形成的重要方面。特别是国内需求的发展，直接影响着服务产业的壮大、服务消费人群的增多、服务市场规模效益的获得，以及服务新业态的创新。满足个性化、多样化、规模化的需求无疑是促进服务产品品质提升、品牌培育及服务贸易繁荣发展的重要动力。

3）关联和辅助性产业

服务贸易所涉行业不仅庞杂，而且有其独特的作用和地位。在当下产业融合的背景下，服务业内部及其与其他产业的融合创新力度不断加大，不仅通过渗透、提升等机制推动了服务新业态的发展，增强了服务产品竞争力，而且促进了服务贸易整体创新发展的良性态势的形成。不仅如此，在全球价值链的背景下，服务贸易竞争力高度依赖分工中各产业、各部门、各环节的高度配合和合作，这也成为服务贸易竞争优势形成的重要方面。

4）企业战略、结构和竞争企业

服务贸易企业是服务贸易的主体。服务企业战略、结构的构建，以及国内竞争的激烈程度，使处于产业竞争中的企业竞争形成优势或劣势。对竞争优势影响最大的是国内竞争的激烈程度、竞争对手的素质和潜在竞争对手。良好的竞争环境使产业保持生机并构成持续改进和创新的压力，也会促使企业寻找国际市场，以支持其扩大的规模和研发投资，从而形成独特的服务贸易竞争优势。

5）机遇

服务贸易竞争优势的形成也离不开重要机遇。机遇有外部的发展，也有内部的变革；既有科技的创新发展、市场的开拓扩大，也有政策的变化、企业的改革。机遇可遇不可求，善于及时利用机遇并使之转化为优势的企业可以形成自身的竞争优势。

6）政府

政府具有多重身份，它既是服务的消费者，又是各种标准、政策法规的制定者，还是商业活动的管理者，因而对竞争优势的决定因素有极其重大的影响。作为消费者，政府能够引导服务的创新和优势的培育；作为标准和政策的制定者，政府能够更快、更好地扶持企业的发展，加快竞争优势的形成；作为商业活动的管理者，政府能够更好维护服务市场的高效竞争，提供贸易平台和渠道，不断提高本国服务贸易的国际竞争地位和优势。

3. 服务贸易竞争优势的特点

与国际商品贸易和国际投资的竞争优势相比，服务贸易竞争优势的形成有着其自身的特点：①形成知名度的竞争因素在服务竞争优势理论中占重要地位；②从服务产品中反映出来的文化特色要比从商品中反映出来的文化特色更多地影响服务贸易竞争力；③人的因素对服务贸易竞争力起的作用很大；④提供服务过程的规范性相比商品的销售过程更能影响服务贸易竞争力。

4. 服务贸易竞争优势的衡量

一国服务贸易竞争力如何，需要建立评价体系，对竞争力大小进行衡量和综合评价。目前，国际服务贸易竞争力的衡量指标主要有以下六个，在评判服务贸易国际竞争力时应综合使用，并对各指数反映出来的差异进行具体分析。

1）国际市场占有率

国际市场占有率等于一国某服务的出口额与该服务世界出口总额之比。这一指标测度的是一国出口的绝对量，在一定程度上反映了一国在贸易出口方面的地位和竞争能力。其计算公式为

$$国际市场占有率 = \frac{该国某服务出口额}{世界某服务出口总额} \times 100\%$$

2）出口贡献率

出口贡献率等于一国某服务的出口额占该国出口总额的比例。指标值越大，表示该服务贸易对总体贸易的贡献越大。其计算公式为

$$出口贡献率 = \frac{该国某服务出口额}{该国某服务出口总额} \times 100\%$$

3）贸易竞争力指数

贸易竞争力（Trade Competitiveness，TC）指数，又称比较优势（Comparative Advantage，CA）指数、可比净出口（Normalized Trade Balance，NTB）指数或贸易专业化指数，是对一国（地区）贸易国际竞争力分析时较常使用的测度指标。它表示一国进出口贸易的差额占其进出口贸易总额的比重，常用于测定一国某一产业的国际竞争力。其计算公式为

$$TC指数 = \frac{X_{ij} - M_{ij}}{X_{ij} + M_{ij}} \times 100\%$$

式中，X_{ij}代表i国j类产业或产品出口额；M_{ij}代表i国j类产业或产品进口额。该指标作为贸易总额的相对值，剔除了经济膨胀、通货膨胀等宏观方面的影响，即无论进出口绝对量是多少，它均在±1之间变化。同时，该指数也排除了因国家大小不同而使得国际间数据的不可比较性。该指数值越接近于 1，表示竞争力越大；等于 1 表示该产业只出口不进口；该指数值越接近于-1，表示竞争力越薄弱；等于-1 表示该产业只进口不出口；但指数值在 0 附近时，意义不明确。

4）显示性比较优势指数

显示性比较优势（Revealed Comparative Advantage，RCA）指数由美国经济学家巴拉萨（Balassa）创立，以"非中性程度"（Degree of Non-neutrality）表征一国的出口结构。其计算公式为

$$RCA_{ij}指数 = \frac{X_{ij}}{X_i} \div \frac{X_{wj}}{X_w}$$

式中，X_{ij}代表i国j类产业或产品出口额，X_i代表i国所有产业或产品的出口额；X_{wj}代表世界j类产业或产品出口额，X_j代表世界所有产业或产品的出口总额。如果 RCA 指数>2.5，表明该国j类产业或产品具有极强的国际竞争力；如果 RCA 指数在 2.5～1.25，表明该国j类产业或产品具有很强的国际竞争力；如果 RCA 指数在 1.25～0.8，表明该国j类产业或产品具有较强的国际竞争力；倘若 RCA 指数<0.8，则表明该国j类产业或产品的国际竞争力较弱。

5）相对贸易优势指数

相对贸易优势（Relative Trade Advantage，RTA）指数由沃尔拉斯（Vollrath）和斯科特（Scott）提出，即从出口的比较优势中减去该产业进口的比较优势，从而得到该国该产业的真正竞争优势。其计算公式为

$$\text{RTA指数} = \text{RCA} - \frac{M_{ij}}{M_i} \div \frac{M_{wj}}{M_w}$$

式中，M_{ij} 代表 i 国 j 类产业或产品进口额，M_i 代表 i 国所有产业或产品的进口额；M_{wj} 代表世界 j 类产业或产品进口额，M_w 代表世界所有产业或产品的进口总额。一个产业可能既有出口又有进口，而 RCA 指数只考虑了一个产业出口所占的相对比例，并没有考虑该产业进口的影响。如果一国服务贸易的 RTA 指数大于 0，说明该国服务贸易具有比较优势；若 RTA 指数小于 0，则说明该国服务贸易不具有比较优势。该指数越高，代表该国服务贸易国际竞争力越强；反之，该指数越低，代表该国服务贸易国际竞争力越弱。

6）净出口显示性比较优势指数

为了反映进口对出口竞争力的影响，1989 年巴拉萨又提出了净出口显示性比较优势（Net Export Revealed Comparative Advantage，NRCA）指数，用一国某一产业出口在总出口中的比例与该国该产业进口在总进口中的比例之差来表示该产业的贸易竞争优势。其公式为

$$\text{NRCA指数} = \frac{X_{ij}}{X_i} - \frac{M_{ij}}{M_i}$$

NRCA 指数值大于 0 表示存在竞争优势，指数值小于 0 表示存在竞争劣势，指数值等于 0 表示贸易自我平衡。净出口显示性比较优势指数剔除了产业内贸易或分工的影响，反映了进口和出口两个方面的影响，因此用该指数判断产业国际竞争力要比其他指数更能真实地反映进出口情况。该指数值越高，代表国际竞争力越强；该指数值越低，代表国际竞争力越弱。由于受贸易障碍的影响，该指标反映的贸易过程中的比较优势可能与真实的比较优势存在一定偏差。

2.2.4 规模报酬递增和不完全竞争下的服务贸易理论

现实经济中大量存在的是"不完全竞争"（主要是垄断竞争）和"规模经济"（规模报酬递增）。与规模经济和不完全竞争相联系的产品差异，可以更好地解释增长迅速的工业国之间的水平贸易和相同产业间的产业内贸易，这种状况在国际服务贸易领域尤为明显。为了和传统比较优势理论相区别，通常把基于规模经济和不完全竞争条件下的服务贸易理论称为"新服务贸易理论"。关于规模经济和不完全竞争条件下的服务贸易的代表性理论有琼斯（R. Jones）和克尔茨考斯基（H. Kierzkowski）的生产区段和服务链理论、马库森（James R. Markusen）的理论及弗兰科斯（Francois）的理论。

> **知识小卡片**
>
> **新贸易理论**
>
> 20 世纪 70 年代末，以保罗·克鲁格曼（Paul R. Krugman）为代表的学者们发现，国家之间即使没有成本差异，规模经济也会引发贸易，而且每个消费者都可以从享受产品多样化和由成本降低带来的低价格中获得好处。他们在以往研究的基础上，创建了一系列以不完全竞争市场结构为基础的贸易模型，被称为"新贸易理论"。

1. 生产区段和服务链理论

琼斯和克尔茨考斯基提出生产区段和服务链理论，探讨了企业产出水平的提高、收益的增加和要素分工的益处，以及三者如何促使企业转向通过服务链连接各个分散生产区段的新型生产方式。科技进步和规模经济引发了生产过程的分散化；生产过程分散在不同的地点，形成了不同生产区段组合的生产方式，同时产生了由一系列协调、管理、运输和金融服务所组成的服务链连接各个分散的生产区段，并且当生产过程逐渐分散到由不同国家的生产确定合作生产时，对国际服务链的需求就会明显上升，从而诱发国际服务贸易。

1）生产过程中的分散化

对于任何分散水平，生产区段生产成本都是固定成本和边际成本的结合，即各生产区段通过各服务链对较大固定成本的连接，使得平均成本随着产量的增加而降低。而且，当一项新的分散技术导致更高的分散水平时，平均成本下降的速度将会更快。

图 2-1 描述了生产过程的分散化。图 2-1（a）为单区段生产，服务投入仅为生产区段的内部协调和连接厂商与消费者的服务活动（运输和销售等）。图 2-1（b）和图 2-1（c）为两区段和多区段生产，区段间通过服务链连接，增加服务投入。图 2-1（d）描述了同一生产工序或环节，也可有多个生产区段组合和多个服务链连接。

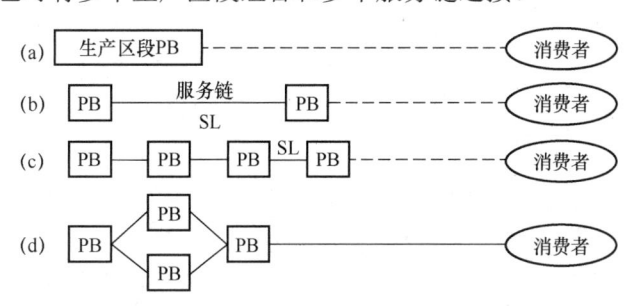

图 2-1　生产过程的分散化

生产扩张、社会分工与专业化程度日益加深，加速了生产区段的分离。在图 2-2 中，aa' 为单区段生产成本，cc' 为多区段生产成本。假设生产的分散化改变了固定成本和变动成本之间的比例，而且生产区段增加需投入大量的固定成本，但可以导致较低的边际成本，图中的 ba 为因生产区段增多而增加的固定成本，同时 aa' 比 bb' 陡峭。生产区段间连接的服务链成本与生产规模基本无关，cc' 与 bb' 平行，cb 为区段间的服务链成本。含有服务链的边际成本应低于相对集中生产（aa'）的边际成本，否则厂商将不愿意采用分散生产的方式。aa' 和 cc' 相交于 d 点，表明当产出水平低于 Q_d 时，企业选择单区段生产，反之选择多区段生产。

2）国际贸易中的服务链

假设世界市场的交易对象是中间产品和服务而非最终产品，一国将出口其具有比较优势的产品，那么在规模收益递增的情况下，企业为了降低生产成本，会将生产分布至全球以寻找最优的区位因素。图 2-3 中，H 线表示两个生产区段均在国内时的固定成本和可变成本，H' 是增加了服务链的成本。若国内和国外各有一个生产区段成本较低，则国内和国外组合生

产后的成本由 M 表示。假设固定成本仍与 H 线相同，但连接国内和国外生产区段的国际服务链成本大于两个区段都在国内时的服务成本，即 $ca>ba$，那么最优化的成本-产出曲线为 beM。当产量水平大于 h 时，采取国内和国外相互结合的分散方式进行生产。

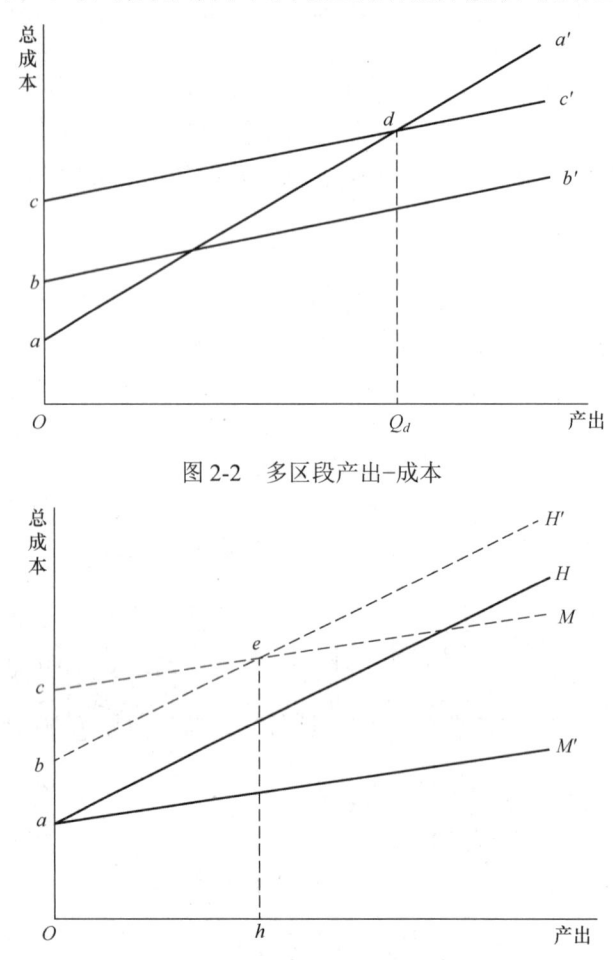

图 2-2　多区段产出-成本

图 2-3　跨国多区段生产产出-成本

2．服务专业化和分工理论

马库森和弗兰科斯分别从服务部门内部专业化和外部专业化角度研究了国际服务贸易。

马库森以埃塞尔的研究为基础，发展了差异性中间要素贸易的模型。马库森认为规模报酬递增是资本密集型中间产品的生产和知识密集型生产者服务的共性，而许多中间产品又呈现差异化与国内要素互补的特征。在包括高度熟练劳动的生产者贸易中，相对于初始的固定成本，实际提供服务的边际服务成本很低，这是服务贸易具有的与 H-O 传统贸易不同的成本特征，而这一特征在相当大的程度上推动了专业化程度的提高和国际分工的发展。因此，马库森的主要结论是生产者服务贸易优于单纯的最终产品贸易。

与马库森提出的服务部门内部专业化（内部积聚）模型不同，弗兰科斯强调服务在协调和联结各专业化中间生产过程（外部积聚）中的作用。

弗兰科斯通过一个具有张伯伦垄断竞争特征的产品差异模型（一个部门、两个国家），讨论了生产者服务与由于专业化而实现的报酬递增之间的关系，以及生产者服务贸易对货物生产的影响。

弗兰科斯认为服务部门的专业化导致了规模经济效应的出现，专业化应用于生产过程的程度依赖每个厂商的生产规模，而生产规模又受到市场规模的限制。服务贸易自由化导致服务产品种类增多、生产规模扩大，使服务进口国向更专业化的生产方向发展，服务出口国或向专业化或向非专业化生产方向发展，并使与要素总收益相联系的制成品价格下降。随着本国厂商数量的减少，外国厂商数量逐渐增加，留存下来的本国厂商的规模较贸易自由化前增大。

2.2.5 服务外包理论

制造外包出现的时间较服务外包长；相较制造外包，研究服务外包的文献较少。经济学家借鉴制造外包理论，结合服务外包特征，从经济学和社会学视角展开对服务外包的研究。

1. 交易费用理论

最早提出"交易费用"概念的人是科斯（Coase）。他通过"松动交易费用为零"的前提假设，开创了交易费用理论研究的先河。科斯认为，市场和企业是资源配置的两种可相互替代的手段，它们之间的不同表现是，在市场上，资源的配置是由价格来调节的；而在企业内，相同的工作则由层级关系中的权威来完成。二者之间的选择依据是市场定价的成本与企业内部官僚组织成本之间的平衡关系。也就是说，企业的边界由市场交易成本和企业内部化成本的均衡点决定。通过签订长期的合同，企业就可以避免寻找伙伴、谈判等费用，进而降低交易费用。

经济活动的交易过程总是有成本的，任何交易行为方式的出现都可以在节约交易成本这个意义上进行探讨。跨国公司的业务外包是一种新兴的交易方式，所以可以运用交易成本理论进行分析。从交易成本理论出发，可以进一步分析服务外包的兴起。当企业规模发展到一定水平后，随着规模的继续扩大，企业生产成本上升，运行效率下降。随着组织的交易在空间分布上和个体差异上的复杂程度的增加，组织的成本和由错误造成的损失将增加。同时，市场上通过价格机制进行交易的成本将相差很大，在企业内组织这些交易的成本同样如此，并且考虑到企业内部组织这些交易的成本可能超过市场上进行这些交易的成本或其他企业进行这些交易的成本，企业将选择外包以避免成本进一步增加。

通过将相关业务交由外部机构负责，企业只需支付一定的费用，就可充分利用伙伴企业的资产、人力资源等专用性资产。采用外包可以有效避免交易中的盲目性，减少信息搜寻成本，节约交易中的谈判、监督、执行成本，避免机会主义行为带来的损失，有利于提高双方对不确定性环境的应变能力，降低由市场不确定性带来的风险。

> 知识小卡片
>
> **交易费用理论**
>
> 交易费用理论又名交易成本理论，是由诺贝尔经济学奖得主科斯于 1937 年提出来的。他在《企业的性质》一文中提出交易成本是"通过价格机制组织生产的、最明显的成

本,就是所有发现相对价格的成本""市场上发生的每一笔交易的谈判和签约的费用"及"利用价格机制存在的其他方面的成本"。

2. 委托代理理论

阿尔钦和德梅塞茨（Alchain & Demesets）认为,现代经济环境下,生产分工趋势初现。企业为了追求更高收益,就需要把某些任务授权给专业部门来承担,以提高效率。专业化生产过程中,知识和信息的分散不可避免。为了规避因信息不对称及利益冲突所带来的效率低的风险,设计适当的委托代理程序和协调与激励机制就变得非常重要。艾森哈特（Eisenhardt）认为,在代理关系的选择中,行为契约（如层级干预、内包）和结构契约（如市场干预、外包）间的选择,取决于代理费用。之后,他又探讨了代理费用构成要素与外包合同之间的关系,认为外包关系越是不确定、需要规避的风险越高、事先界定代理人行为的程度越低、结果的可测性越差,则代理费用越高。在此基础上,托马斯（Thomas）等人提出,外包就是在产品服务的供需双方,即代理人与委托人之间建立起最为有效的合同安排。

3. 不完全契约关系理论

不完全契约关系理论是由格罗斯曼和哈特（Grossman & Hart）、哈特和莫尔（Hart & Moore）等共同创立的,因而这一理论又被称为 GHM（格罗斯曼–哈特–莫尔）理论或 GHM 模型。国内学者一般把他们的理论称为"不完全合约理论"或"不完全契约关系理论"。不完全契约关系理论的基本观点认为,作为通过合理设计的长期合同所确定的合作方式,服务外包是一种有效的规制结构,可以在获得纵向一体化效益的同时避免纵向一体化的负面影响。

2.3 服务贸易政策

随着服务贸易在对外经济交往中占据越来越重要的地位,各国都十分重视本国对外服务贸易政策措施的制定,使得服务贸易政策成了各国对外经贸政策的重要组成部分。与传统的货物贸易政策相比,各国政府有关服务贸易的政策措施涉及的领域要广泛得多,也更为错综复杂。

2.3.1 服务贸易政策概述

1. 服务贸易政策的概念

服务贸易政策是一国在一定时期内对服务的进出口贸易所实行的政策,是一国对外贸易政策及经济政策的重要组成部分。它与各个历史阶段的经济发展特征相适应。

与货物贸易类似,服务贸易领域也存在自由和保护两种基本观点,反映在政策层面上主要表现为自由贸易政策和保护贸易政策两个方面。然而,由于服务贸易与货物贸易的标的不同,服务贸易领域的自由与保护也有着自身的特殊性,在实际操作中比货物贸易更复杂。

> 知识小卡片
>
> **贸易政策的基本要素**
>
> 贸易政策的基本要素包括政策主体、政策客体、政策目标、政策内容、政策手段或工具。政策主体是指政策行为者，即政策的制定者和实施者，一般来说，主要是各国的政府。政策客体是指贸易政策所规划、指导、调整的贸易活动，以及从事贸易活动的企业、机构或个人。政策目标是指制定和调整政策内容的依据。确定贸易政策目标本身是一件复杂的事情，既存在多元政策目标之间的协调问题，又存在目标与手段的搭配、组合等问题。政策内容是指实行什么政策，同时反映了贸易政策的倾向、性质、种类、结构等。政策手段或工具是指为了实现既定的政策目标而实施政策内容所采取的对外贸易管理措施，如关税措施、非关税措施、汇率措施、利率措施、税收措施等，也包括建立某种贸易制度。

2．服务贸易政策的目标

服务贸易政策目标不是单一目标，而是效益目标、结构目标、国别目标、市场目标和其他目标的综合。服务贸易政策的制定与实施，应提高服务贸易效益、优化服务贸易结构、加强与世界其他国家的服务贸易和经济合作，实现国内服务市场与国际服务市场的衔接，推动本国经济的发展。

3．服务贸易政策的类型

服务贸易政策包括自由贸易政策和保护贸易政策两种，但各国在实际制定贸易政策时，往往是自由贸易政策和保护贸易政策相结合。因此，服务贸易政策具体又可分为积极开放型政策、保守开放型政策、限制开放型政策。

采取积极开放型政策的主要是在服务业、服务贸易发展和竞争中具有比较优势或竞争优势的国家，其主张服务贸易自由化，有向外拓展市场的倾向。

采取保守开放型政策的主要是在服务业、服务贸易发展和竞争中初步具有国际竞争力的国家，其希望进一步提升国际竞争力，最终参与国际市场竞争。

采取限制开放型政策的主要是在服务业、服务贸易发展和竞争中不具备优势的国家，出于对国家经济利益等各方面的考虑，在国际谈判中把开放服务贸易作为一种筹码。

4．服务贸易政策演变的影响因素

服务贸易政策的演变与服务贸易的产生和发展是分不开的。同时，服务业作为服务贸易的产业基础，其在各国经济中地位的变化对服务贸易政策的制定也有着不可忽视的影响。此外，科技创新发展、经济全球化、区域经济一体化等趋势，以及地区、国家间的发展差异和不平衡都成为影响服务贸易政策演变的重要因素。这些因素具体可归纳为：①世界产业结构的变迁推动服务贸易政策变革；②世界货物贸易的发展促进服务贸易政策的调整；③世界科技的创新发展丰富服务贸易政策的内涵；④经济全球化和区域化发展助力服务贸易政策的协调；⑤地区、国家间的发展差异和不平衡影响服务贸易政策的制定。

5．服务贸易政策的演变

服务贸易政策受服务贸易发展影响，显示出不同的贸易自由或保护倾向。早期的国际服务贸易规模较小，对整个经济影响有限，其地位也难以与货物贸易相比，因而即便没有刻意去追求服务贸易自由化，各国对服务贸易的限制也不多。同时，服务贸易所涉行业部门主要集中在几个传统服务贸易领域。在全部服务贸易收入中，传统服务贸易占绝对优势地位，如运输服务和侨汇等相关金融服务占了收入的一半以上，而像电信、计算机软件、信息服务、知识产权等服务基本上都是后来才出现的。因此，服务贸易相关政策内容相对简单，在全球范围内基本上采取的是服务贸易自由化政策。

20世纪50年代，世界各国都在谋求和平与发展，世界经济也进入了快速发展期。货物输出的增加，对服务及其相关要素提出了新的要求，客观上需要资金、人员、技术等在国与国之间流动。在此阶段，发达国家总体上对服务贸易的限制较少；而发展中国家由于自身经济发展进程的制约及在服务贸易领域竞争力薄弱的状况，对服务贸易采取回避或限制的态度。由于发展中国家的服务贸易在世界服务贸易中并不占重要地位，其服务贸易政策倾向对国际服务贸易的影响并不大。

20世纪60年代以后，尤其是70年代以来，世界经济迅速发展，各国日益重视服务外汇收入。同时，基于对国家安全、领土完整、民族文化与信仰、社会稳定等非经济因素的考虑，各国开始对服务贸易给予重视，制定了各种干预政策，其中许多措施对服务贸易起到了限制作用。此后很长的一段时间内，各国对服务贸易基本上是各行其是，服务贸易自由化进程严重滞后于货物贸易。

20世纪80年代以后，现代服务业部门纷纷出现，服务贸易得到迅速发展。而相比发达国家，发展中国家的服务业总体发展较慢，且主要集中在传统服务行业，因此对服务贸易的保护依然严格。然而在贸易谈判的进程中，服务贸易被纳入谈判的议题。特别是在世界贸易组织多边贸易体制和《服务贸易总协定》的引领下，服务贸易政策总体上进入了各国推动、自由化主导的发展阶段。

21世纪初，在WTO启动的新一轮谈判——多哈回合谈判议题未取得进展，多边体制下的服务贸易自由化受阻；但区域性和双边服务贸易协议或安排发展迅速，推动了服务贸易自由化的发展。

2.3.2 服务贸易自由化政策

服务贸易政策分为自由化政策和保护政策。在经济全球化的推动下，服务贸易自由化政策逐渐成为各国的倾向和选择。通过对服务贸易自由化政策的理论分析，证明服务贸易自由化可提升服务贸易国的福利。

1. 服务贸易自由化政策的理论基础

福利分析是国际贸易纯理论的一项重要内容。服务贸易自由化的福利分析是国际服务贸易自由化政策的经济学分析基础和理论基础。服务贸易自由化是指在对外贸易中，一国政府通过立法和国际协议，对服务和与服务有关的人、资本、货物或信息等在国家间的流动，逐渐减少政府的行政干预，放松对外贸易管制的过程。经济福利是指在对一个经济体生产的所有货物和服务的消费中获得福利。基于商品贸易的传统国际贸易理论认为，自由贸易在理想状态下能够带来经济福利的增加。服务贸易自由化的福利影响要比商品贸易自由化更加复杂。下面以信息服务贸易为例，展开服务贸易自由化福利分析。

以H-O模型为基础，并假设在信息贸易中要素在国内和国际市场上均可流动。A国在信息产品 X 上具有比较优势，而 B 国在信息服务 Y 上具有比较优势。

如图 2-4 所示，自由贸易时，A 国将面对比封闭状态下国内更高的相对价格，生产均衡点将转移到 Q_A。与封闭状态下相比，X 的生产增加，Y 的生产减少。通过 Q_A 点的国际相对价格线 P_W 与社会无差异线相切的 C_A 点为消费均衡点。对于新的均衡，图中 A 国的贸易三角形为 $\triangle Q_A O_A C_A$，其中线段 $O_A Q_A$ 表示 X 的出口量，线段 $O_A C_A$ 表示 Y 的进口量。对于 B 国来说，自由贸易时，它将面对比封闭状态下国内更低的相对价格，因此其生产均衡点转移至 Q_B 点，而消费均衡点为图中的切点 C_B。这时，B 国的贸易三角形为 $\triangle Q_B O_B C_B$，其中 Y 的出口量为 $O_B Q_B$，X 的进口量为 $O_B C_B$。

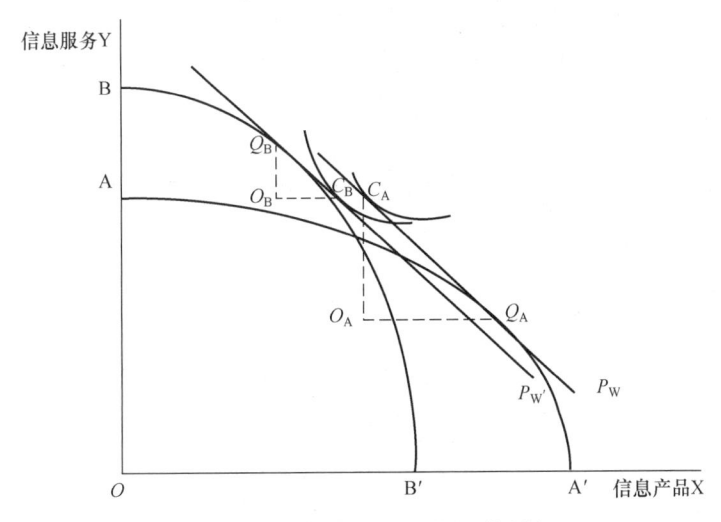

图 2-4 服务贸易自由化的福利分析

贸易自由化后，A 国和 B 国的消费点均位于两国信息生产可能性曲线之外。根据社会无差异曲线特点，可以看出贸易自由化使得两国的福利水平均有了显著的提高。

2. 服务贸易自由化政策的效应

服务贸易自由化政策的不同选择在很大程度上会对贸易国带来不同的经济效应，这种效应既有正效应也有负效应，并且对发达国家和发展中国家的影响不同。在经济全球化的背景和趋势下，各国在多边贸易体制下的合作和努力不仅推动了服务贸易自由化向更高水平发展，而且在最大程度上降低了服务贸易自由化带来的负效应，使各国能在贸易中实现多赢和共益。

1）服务贸易自由化政策的正效应

（1）经济增长效应。服务贸易自由化减少了政府的行政干预，放松了贸易管制，降低了贸易壁垒，因而不仅推动了人、资本、信息等要素在国际间的流动，而且促进了服务生产的国际专业分工，拓宽了海外市场，使相关要素资源得到了更高效的配置。同时，服务贸易自由化还能改变厂商经营的市场条件，促进创新和技术变革，激励服务贸易企业"走出去"，加速对外直接投资，并且能够拉动服务消费，成为服务贸易自由化经济增长效应的重要来源。

（2）规模经济效应。伴随服务贸易自由化，国际服务贸易领域的规模经济效应更加明显了。第一，服务贸易自由化不断拓展服务产品的国际市场空间（不仅有实体空间，还有虚拟空间；不仅涉及线上空间，还涉及线下空间），并且使国内市场和国际市场连为一体，突破了地理空间乃至时间的限制。可以说，贸易自由化加上科技的发展使服务贸易市场空间空前扩大，为规模经济效应的实现创造了极为有利的条件。第二，服务贸易自由化进一步消除壁垒，促进消费，从需求层面为规模经济效应的实现提供了可能，由此可从生产规模化、产品多样化中获得更多服务贸易利益。

（3）竞争促进效应。服务贸易自由化在降低甚至消除贸易壁垒的过程中使服务企业直接暴露在竞争的环境中，生存压力迫使其更加努力地提高劳动生产率，更广泛地参与国际市场竞争，从而进一步降低生产成本，提高利润水平。不仅如此，在国际竞争环境中，企业将更加主动地改善经营管理，加快技术进步和科技创新，加强市场开拓，强化企业竞争观念、市场观念和人才观念，更加重视人才和人力资本投入，推动服务部门专业化程度的提高，促使服务部门技术标准化和服务综合化程度提高，提升厂商甚至贸易国的竞争力。

（4）学习效应。服务贸易自由化在拓宽市场、带来更多市场机遇的同时，也促使服务企业学习和引进国外先进的技术、经验和管理方法，同时推动优胜劣汰机制的形成，强化学习动机，有助于国内服务业学习效应的发挥。

2）服务贸易自由化政策的负效应

（1）危害国家安全效应。服务贸易自由化进程中一个最为敏感的问题就是国家安全问题。国家安全涉及五种基本的国家利益，即政治利益、经济利益、军事利益、外交利益和文化利益。服务贸易比商品贸易更多地涉及国家安全问题。

发达国家的服务贸易自由化主要从以下几个方面影响国家安全：①可能削弱、动摇或威胁国家现有的技术领先优势，提高竞争对手的竞争实力；②可能潜在地威胁国家的战略利益，特别是潜在地威胁国家的长远军事利益；③可能造成高技术的扩散而给国家安全造成潜在威胁；④可能危及本国所在的国际政治与经济联盟的长远利益。

发展中国家在进口现代服务的同时，要考虑进口服务带来的各种可能危及国家安全的负面影响：①使发展中国家丧失其对经济政策的自主选择权；②将进一步加深发展中国家对发达国家的经济依赖，使其几乎丧失执行符合本国利益的国内政策的空间；③使发达国家金融机构凭借其在金融服务和国际货币发行领域的优势，削弱发展中国家政府在金融货币管理领域发挥积极的管理作用；④由于发展中国家与发达国家在商品与服务生产率上的差距日益扩大，服务贸易自由化将永远使发展中国家在服务领域依赖发达国家，并使发展中国家的服务业国际化程度缩小；⑤发展中国家一旦放弃服务贸易的控制权，它们的新兴服务业（如银行、保险、电信、航运和航空等）将直接暴露于发达国家厂商的激烈竞争中；⑥从多方面影响国内就业；⑦信息服务跨国流动不仅会导致依赖，而且可能损害国家主权；⑧损害发展中国家的国家利益和消费者利益。

（2）阻碍产业发展效应。对于发展中国家，由于过度开放及缺乏应有的风险应对措施和竞争能力，不仅不会有助于服务业的成长，反而可能会打击其发育不成熟的幼稚服务业，不利于保护本国的民族服务业，从而导致社会福利的损失和产业发展的损害，动摇国家经济独立的基础。

（3）恶化国际收支效应。服务贸易自由化可能导致发展中国家进口服务替代国内服务的局面。服务的大量进口将使发展中国家外汇外流，不利于国际收支平衡目标的实现，也将弱化发展中国家的总体经济目标,从而形成国际收支的负担加重甚至恶化的负效应。

3. 服务贸易自由化政策的选择

正如上文所述,无论是发达国家还是发展中国家,服务贸易自由化都是一把双刃剑。它既可能借助对外开放提升国家竞争力,维护国家安全,也可能危及国家的主权和安全。因此,在推动服务贸易自由化的过程中,各国应基于本国所处的不同发展阶段,选择不同的政策。

1) 发达国家的政策选择

在服务贸易自由化的过程中,发达国家是积极政策的倡导者和推动者。为了能够更大范围地拓宽服务贸易市场,对于同等发达的国家和地区,它们在政策上提出互相开放本国、本地区服务市场;对于发展中国家和地区,则以开放本国商品市场为条件要求发展中国家对其开放本国服务市场,这就是所谓的服务贸易补偿论。同时,发达国家还以维护国家安全和竞争优势为由,强调对本国服务出口采取管制措施。

2) 发展中国家的政策选择

在经济全球化的趋势和背景下,发展中国家不能置身事外。它们既不能选择传统的保护战略,在封闭经济状态下获得社会经济的全面发展;也不能无视自身在服务贸易领域竞争力弱、差距大的现实而采取完全自由化战略,由此放大服务贸易自由化的负效应,对自身发展造成障碍和伤害。因而,发展中国家通常采取混合型、逐步自由化的服务贸易发展战略,分阶段开放本国服务市场:①逐步放松对国内服务市场的管制;②逐步放开本国货物贸易市场;③逐步放开本国服务产品市场;④逐步放开本国服务要素市场;⑤逐步实现服务贸易自由化。

2.3.3 服务贸易保护政策

虽然服务贸易自由化能够给有关国家带来上述好处,然而在现实经济中,服务的国际贸易和商品的国际贸易相比存在着更多的阻碍,服务业也成了各国国内受保护程度最高的行业。同时,服务贸易不同于货物贸易的特殊性使得其必须以国内立法等各种非关税壁垒作为贸易保护的主要形式。

1. 服务贸易保护政策的成因

一国采取服务贸易保护政策的成因有五个。第一是维护本国经济的独立性。在一国之中,许多服务业部门(如交通运输、通信、电力、金融等)都属于一国经济的关键部门,一旦这些部门为外国所控制,一国经济的独立性就会受到极大威胁,甚至导致所谓"依附经济"的产生。

第二是保护本国政治和文化的独立性。这是服务贸易保护主义不同于货物贸易保护主义的一个很重要的方面。有一些服务部门,如教育、新闻、娱乐、影视、音像制品等,虽然并非国民经济的命脉,却属于意识形态领域,任何国家的政府都希望保持本国在政治、文化上的独立性,限制外国文化的大量进入,因此对这些部门也进行保护或设置市场进入障碍,防止为外国资本所控制。

第三是维持国际收支平衡。国际收支平衡反映一国对外经济关系的利益及稳定性,加强对金融市场的国家干预可以维护国内的金融秩序。在东南亚金融危机之后，这一点成为许多国家限制金融服务贸易的理由。

第四是保护国内幼稚服务部门。发展中国家的银行、保险业及发达国家的新兴服务行业均属于保护倾向较高的行业。发展中国家主要担心来自发达国家的冲击会阻碍民族服务业的发展，发达国家则担心来自集团内部的竞争会导致本国优势的丧失。

第五是保护本国消费者利益。为了防止外国企业在本国市场上垄断价格，对本国消费者给予不公平待遇，可以对外国企业在本国的活动实施各种强制性的检查和监督措施。

2．服务贸易壁垒

1）服务贸易壁垒的定义与特点

所谓服务贸易壁垒，一般是指一国政府对外国服务生产者或提供者的服务提供或销售所设置的有障碍作用的政策措施，即凡直接或间接地使外国服务生产者或提供者增加生产或销售成本的政策措施，都有可能被外国服务厂商认为是贸易壁垒。服务贸易壁垒包括影响进口和出口两个方面的政策措施。与货物贸易壁垒相比，服务贸易壁垒具有以下特点：

（1）目的多样性。各国或地区政府对进口服务的控制（管制）有时并不是仅仅针对进口服务的，往往也是为了达到某种国内的政治、经济目标。例如，对外汇的管制主要是为了实现或达到国际收支平衡及控制通货膨胀，对人员移动的管制主要是为了控制移民的进入。

（2）规范对象不同。服务贸易壁垒通常不仅适用于服务本身，也适用于服务提供者。对服务提供者的规定可直接影响服务贸易。

（3）涉及面广。与货物贸易限制措施通常仅针对货物本身的数量、价格和质量不同，服务贸易壁垒涉及服务贸易的方方面面，从服务提供者到服务产品本身，从投资开业到具体经营，从行业要求到企业个案，服务贸易壁垒种类多样，这使得对这些措施的规范存在较大难度。

（4）非关税壁垒的形式。与货物贸易不同，海关机构仅能观察到服务提供者出入关境的行为，无法监管服务的进出口行为；服务贸易也只有在生产并消费后才能确认价值和数量。因此，适用于货物贸易进出口的关税、装船前检验等边境措施无法使用。服务贸易壁垒通常以类似于非关税壁垒的禁止、数量限制及政府规章的形式来实现。

2）国际服务贸易壁垒的种类

国际服务贸易壁垒一般有两种分类：一种是把服务贸易模式与影响服务提供和消费的壁垒结合起来分类，另一种是按照乌拉圭回合达成的《服务贸易总协定》具体义务承诺表分类。

（1）按服务贸易模式分类。按服务贸易模式可将服务贸易壁垒分为产品移动壁垒、资本移动壁垒、人员移动壁垒和开业权壁垒。①产品移动壁垒。产品移动壁垒指政府针对服务产品的数量、价格、质量乃至知识产权保护等方面设定限制措施，包括数量限制、当地成分、政府补贴、政府采购、歧视性技术标准、税收制度及落后的知识产权和保护体系等。②资本移动壁垒。资本移动壁垒指外汇管制、投资收益汇出等限制性措施。外汇管制主要指政府对外汇在本国境内持有、流通、兑换及外汇的出入境采取的各种控制措施。投资收益汇出的限制包括限制外国服务厂商将利润、版税、管理费汇回母国或限制外国资本抽调回母国等。③人员移动壁垒。人员移动壁垒包括移民限制和烦琐的出入境手续等。各种形式的人员跨国移动限制都可能对国际服务贸易产生严重的负面影响。对劳动力流动的任何限制都可能使外国服务提供商无法及时雇用合格的工作人员。消费者本国的护照申请管理和外国的签证管制均有可能耗费大量物力、财力，导致境外消费的需求减弱。④开业权壁垒。开业权壁垒指外国投资者设立机构，在机构位置、出资比例和形式、人员构成等方面受到的限制措施。东道国对外国服务提供企业开业权的限制构成了国际服务贸易发展的最大障碍。

> 知识小卡片

世界主要服务行业贸易壁垒

行业	主要壁垒
航空业	国家垄断和补贴问题
银行与保险业	开业权和国民待遇问题
工程建筑业	开业权、移民限制和国民待遇问题
咨询服务业	许多国家对设在本国的外国咨询机构都要求参与权
教育服务业	移民限制、歧视外国文凭
电信和信息服务业	国家垄断和控制
医疗服务业	歧视外国医生开业资格和对外国医疗设备进口设立技术障碍
旅游业	出入境限制、外汇管制等

（2）按《服务贸易总协定》具体义务承诺表分类。按《服务贸易总协定》具体义务承诺表分类，服务贸易壁垒可分为两大类：①市场准入措施壁垒，指那些限制或禁止外国企业进入国内市场，从而抑制市场竞争的措施；②国民待遇壁垒，指有利于本国企业但歧视外国企业的措施，包括两类：一类是为国内生产者提供成本优势；另一类是增加外国生产者进入本国市场的成本。

3. 服务贸易保护程度的衡量

服务贸易保护程度的衡量，就是对一项或一揽子保护政策的水平、影响及有效性的定量评估。服务贸易政策保护程度的衡量方法有频度测量、价差测量和量差测量，衡量指标有名义保护率、有效保护率和生产者补贴等值。

1）衡量方法

（1）频度测量。霍克曼（Hoekman）最早采用频数方法衡量服务贸易壁垒的规模。霍克曼于1995年根据《服务贸易总协定》具体义务承诺表，将承诺分为三类并赋予权重，即开放/约束因子。如果承诺对特定服务部门的特定提供模式不做任何限制，分值为1；如果对特定服务部门的特定提供模式做出具体的限制，分值为0.5；如果未对特定服务部门的特定提供模式做出任何承诺，分值为0。根据这些因子，可以计算三类覆盖率指标，即霍克曼指标：第一类为平均数，即一国在《服务贸易总协定》具体义务承诺表中所做承诺与最大可能承诺数的比率；第二类为平均覆盖率，即经开放/约束因子加权后的所有部门/模式与最大可能承诺数的比率；第三类为无限制承诺比重，即没有限制的承诺占最大可能承诺数的比重。

> **知识小卡片**
>
> **霍克曼指标**
>
> 三个霍克曼指标（平均数 X、平均覆盖率 Y、无限制承诺比重 Z）的计算公式如下：
>
> $$X = \frac{\sum(\alpha_i + \beta_j)}{T}, \quad Y = \frac{\alpha_i \times 1 + \beta_j \times 0.5 + \gamma_t \times 0}{T}, \quad Z = \frac{\alpha_i}{T}$$
>
> 其中，α_i 代表没有限制的部门承诺数，β_j 代表有限制的部门承诺数，γ_t 代表不做承诺的部门承诺数，T 为部门承诺总数。指标 X 是一种整体自由化水平的测量，它既包含无限制部门，又包含有限制部门，两者一视同仁，因此代表的是一国承诺的广度。指标 Y 和指标 Z 则代表一国承诺开放的深度。其中，指标 Y 考虑了限制的程度，对不同限制程度赋予不同的权重值，限制越少，权重越大；指标 Z 是无限制承诺的占比，故反映的是一国服务市场完全开放的水平。霍克曼指标衡量的是对外开放水平，指标值越高说明服务贸易自由化水平越高，即服务贸易壁垒水平越低。

（2）价差测量。估计服务贸易壁垒的价格方法源自国内和国外价格差，即价格楔子。迪尔多夫和斯登（Deardorff & Stern，1998）认为，如果有足够的价格数据，通过比较进口商品的国内价格和国外价格，将能够构建价格方法。价格方法的基本思想是，假设国内外服务价格差异不是由沉没成本和现有企业对潜在进入者的阻碍战略导致的，而是由政府施加的壁垒导致的，则国内外价格的百分比差异与关税是可比的。价格楔子可以借助计量模型进行量化，或将量化的措施结合需求和供给弹性转换为关税等值。

（3）量差测量。测量服务贸易壁垒的数量方法来源于标准的国际贸易模型。其基本思想是，根据贸易模型中贸易的决定因素建立计量模型，用模型估计残差或各种虚拟变量度量壁垒规模。现有文献在使用该测量方法时的主要步骤为：①以特定服务产品的数量为因变量，根据具体的贸易理论，确定若干自变量和模型；②通过回归拟合，估算出没有服务贸易壁垒时的数量；③用实际数量和估测的数量间的差额表示服务贸易壁垒，再利用特定市场的价格需求弹性，推导出价格变化百分比，从而得到最终的关税等量。

2）衡量指标

（1）名义保护率（Nominal Rate of Protection，NRP）。世界银行将名义保护率定义为：由于保护引起的国内市场价格超过国际市场价格的部分与国际市场价格的百分比。用公式表示为

$$NRP = \frac{国内市场价格 - 国际市场价格}{国际市场价格} \times 100\%$$

如果一国对某种商品仅采用边境管制措施，NRP 在评估贸易政策对产出水平的影响方面是灵敏的。然而，服务价格的差异往往难以用关税手段进行保护，这就限制了 NRP 在衡量服务贸易保护程度方面的作用。

> **知识小卡片**
>
> **NRP 计算**
>
> 如一国政府可通过提高国内信息网络上网费用达到限制外国信息服务进口，保护本国

进口替代信息服务厂商的目的。假定国内市场网络费率为每千字节 1 分，国际市场网络费率为每千字节 0.20 分，那么该国信息服务市场的名义保护率为

$$NRP = \frac{1-0.20}{0.20} \times 100\% = 4\%$$

（2）有效保护率（Effective Rate of Protection，ERP）。有效保护率是指包括一国工业的投入品进入与最终品进口在内的整个工业结构的保护程度。假如这一结构性保护的结果为正，那么其关税保护是有效的；反之，则是无效的。有效保护率就是用来衡量投入和产出政策对价值增值的共同影响的指标。用公式表示为

$$ERP = \frac{国内加工增值 - 国外加工增值}{国外加工增值} \times 100\%$$

由于有关服务业投入–产出的资料难以获得，ERP 在服务贸易领域的运用也不现实。

（3）生产者补贴等值（Producer Subsidy Equivalent，PSE）。生产者补贴等值是测算关税与非关税壁垒和其他相关的政策变量的保护程度的一种衡量指标。它是所有政府政策（包括财政支持、税收和补贴等）的货币估价，考察的是政府各种政策的总体效应。用公式表示为

$$PSE = \frac{政府总价值转移}{服务的总价值} = \frac{Q \times (P_d - P_w \times X) + D + I}{Q \times P_d + D}$$

式中，Q 是提供服务的数量，P_d 是以国内货币表示的服务价格，P_w 是以世界货币表示的服务价格，X 是汇率换算系数，D 是直接政府支付，I 是通过投入补贴、市场支持、汇率扭曲等政策给予服务提供者的间接转移。

4．服务贸易保护政策的比较与选择

1）关税、补贴和配额

在国际货物贸易领域中，关税能给政府带来收入，出口补贴却要增加政府的支出。另外，从时间角度看，每一届政府的任期都是有限的，因此政府总是更乐意选择可以增加政府即期收益的关税政策，把只能在将来才会有收益的出口补贴政策置于其政策篮子的底层。关税一般优于进口配额。如果一国要使用进口配额政策，那么为了减少这一保护政策的经济扭曲程度，就应当坚定不移地实施进口许可证的拍卖制度，以防止寻租行为的发生。

在国际服务贸易领域，情况有些不同。从服务进口国角度看，作为一种扩大进口竞争产业产出规模的手段，对服务业产出的补贴一般优于关税。一般认为，在服务领域为本国厂商提供成本优势的政策将优于外国厂商面对成本劣势的政策。关于关税与配额的关系，尽管评估各种数量限制措施非常困难，依然可以找出决定其社会成本的两个主要变量，即租金目标和受影响产业的竞争态势。如果国内厂商获取配额租金，且所有受影响的市场是完全竞争的，那么关税和配额在静态和效率意义上相同；如果配额租金流向外国厂商，那么与关税相比，配额在进口竞争产业中的成本则是十分高昂的。

综上所述，从经济成本角度衡量，使进口竞争产业的产出规模扩大的政策选择次序应该是，对产出的补贴>关税≥配额。

2）进口限制、开业障碍和管制

（1）进口限制。对于进口限制，目前尚难找到限制国际服务贸易的典型案例，但在实

际经济中存在大量这样的事实。如果政策目标是使本国进口竞争产业的规模大于没有实施任何政策时的规模,那么成本最低的方法就是给国内服务生产者以补贴。美国政府对本国服务提供商提供的各种行业性补贴或政策性补贴,使其服务厂商具备强大的成本竞争优势,这足以说明补贴可以很好地达到限制服务进口的目的。出于对部门利益的考虑,与执行对本国厂商直接补贴的政策相比,许多财政部门更愿意看到政府执行对外国厂商和本国消费者征税的政策,然而这又不利于本国总体福利的提高,因此在征税与补贴之间,选择后者更有利于本国服务厂商的竞争。

(2) 开业障碍。开业权常涉及政治上的敏感问题,但从经济角度看,则是一种简单的服务销售的进口选择方式。通过开业实体,服务生产者将服务进口问题转变为服务销售问题。如果要达到支持本国进口竞争产业的政策目标,最优方式是对这些产业进行补贴,次优方式是对在当地开业或通过贸易提供服务的外国服务提供者征税,从而抑制外国服务提供者的竞争效率(这类措施往往不会给政府带来财政收益)。与货物贸易领域不同,对开业权的禁令和数量限制,无论从经济效率角度还是从财政收益角度,都将难以长期维持下去。

(3) 管制。政府管制能够使国内服务消费者获得公平的经济利益,或在一定程度上保护消费者利益免受国内服务厂商低质量服务的侵害。理论和实践都表明,这种原本为了保护本国服务消费者(改善了消费者的逆向选择境况)、限制本国服务提供者道德风险的措施,客观上对外国服务提供者的竞争起到了抑制作用。因此,政府必须明确,选择管制目标不仅基于服务消费者的利益,也基于服务提供者的利益。

在上述三者之间,使进口竞争产业产出规模扩大的政策选择顺序是,管制≥进口限制≥开业障碍。

本章小结

1. 与有形商品一样,服务商品也有其使用价值,具有满足人们某种需要的效用。服务商品的价值实体包括服务劳动的凝结性、服务劳动的社会性和服务劳动的抽象等同性。它的质的规定性是凝结在服务商品的非实物使用价值上的,得到社会表现的抽象劳动。

2. 国际价值是形成国际市场价格的基础,并制约着国际市场价格的长期变化。国际价值又是国际市场价格变动的轴心。同传统的实物商品一样,供求关系、市场结构、经济周期及国内管制等都会使得服务商品国际市场价格背离国际价值。

3. 配第-克拉克定理的内容:随着人均国民收入水平的提高,劳动力首先由农业向制造业移动;当人均国民收入水平进一步提高时,劳动力便向服务业移动。这种移动通常在制造业就业比例接近40%时稳定下来,服务业劳动比例不断增长。

4. 在服务业尤其是消费者服务业和生产者服务业的发展过程中,存在着一个规律性的趋势,即由"内在化"向"外在化"演进,或由"非市场化"向"市场化"演进。

5. 服务贸易比较优势的特殊性体现:传统的国际贸易理论有严格的假设条件,但这些假设条件不符合服务贸易的实际情况;服务产品及服务贸易具有的一些独特性质无法用货物贸易理论来解释;服务贸易比较优势难以获得长期的独占性,而且具有很大的不确定性。

6. 比较优势理论在服务贸易领域的修正与发展更多地体现为服务贸易的要素禀赋理论。国际价格差异模型通过两要素一般均衡模型解释服务价格的国际差异，以分析服务贸易发生的基础，认为各国要素禀赋不同导致的服务价格差异可能是服务贸易产生的坚实基础之一。

7. 服务贸易的竞争优势理论将服务贸易给予厂商或国家竞争优势的基本要素分解为六个：服务技术要素、服务资源要素、服务管理要素、服务市场要素、服务资本（投资）要素、服务产品要素。

8. 关于规模经济和不完全竞争条件下的服务贸易的代表性理论有琼斯和克尔茨考斯基的生产区段和服务链理论、马库森的服务部门内部专业化（内部积聚）理论和弗兰科斯的外部专业化（强调服务在协调和联结各专业化中间生产过程中的外部积聚作用）理论。

9. 服务贸易政策是一国在一定时期内对服务的进出口贸易所实行的政策，是一国对外贸易政策及经济政策的重要组成部分。它与各个历史阶段的经济发展特征相适应。

10. 服务贸易壁垒一般是指一国政府对外国服务生产者或者提供者的服务提供或者销售所设置的有障碍作用的政策措施，即凡直接或间接地使外国服务生产者或提供者增加生产或销售成本的政策措施，都有可能被外国服务厂商认为是贸易壁垒。

11. 贸易政策保护程度的衡量，就是对一项或一揽子政策的水平、影响及有效性的数量评估。服务贸易保护程度的衡量指标主要有三种：名义保护率、有效保护率和生产者补贴等值。

复习思考题

1. 影响服务商品国际市场价格的因素有哪些？
2. 服务贸易比较优势的特殊性有哪些？
3. 运用国际价格差异模型解释劳动密集型服务产品价格差异。
4. 国际服务贸易竞争优势理论六大因素是如何影响一国服务贸易竞争优势的？
5. 运用国际服务贸易链理论解释企业跨国分区段生产的原因。
6. 发达国家和发展中国家服务贸易自由化的政策取向有哪些不同？
7. 结合中国入世承诺表中分销部门的规定测算该部门的保护水平。

第 3 章　服务贸易规则

学习目标

本章回顾多边贸易体制下的服务贸易谈判，总结 GATS 框架特征和服务贸易规则，以及欧洲、北美、亚洲等地区的区域经济一体化组织的服务贸易规则。

要求：
- 掌握 GATS 的基本规则
- 理解 GATS 的评述
- 熟悉 TISA 谈判进展
- 了解 EU、USMCA、ASEAN、RCEP 产生的背景及谈判历程
- 掌握 EU、USMCA、ASEAN、RCEP 服务贸易规则发展

思政目标

作为当今世界最大的制度型开放平台，《区域全面经济伙伴关系协定》生效以来，蕴含巨大的市场潜力，给广大进出口企业和消费者带来实惠，为区域服务贸易发展提供了新契机。本章以 RCEP 为例，分析中国在服务贸易领域中对多边和区域合作的贡献与成就。

3.1 《服务贸易总协定》

《服务贸易总协定》（General Agreement on Trade in Services，GATS）是在以 WTO 为核心的多边贸易体制下出台的第一个国际服务贸易的框架性法律文件，旨在使世界服务业市场的开放和国际服务贸易在透明和渐进自由化的条件下发展。WTO 关于服务贸易的多边规则体现在 GATS 中。

3.1.1　多边贸易体制下的服务贸易谈判

虽然自 19 世纪以来有关服务贸易的某些专门协议就已开始出现，但直至第二次世界大战后很长一段时期，有关国际服务贸易的一般性协议仍不存在。这种状况同当代国际服务贸易地位的不断提高趋势是很不相称的。直至 20 世纪 90 年代，经过《关税与贸易总协定》

(General Agreement on Tariffs and Trade，GATT）各缔约方的努力，在"乌拉圭回合"（GATT 第 8 轮谈判）开启了多边贸易体制下有关服务贸易议题的谈判，并达成第一个有关国际服务贸易的多边框架性法律文件——GATS。此后，WTO 继续开展 GATS 生效后的谈判，并于"多哈回合"中启动新一轮服务贸易谈判，谈判成果构成了多边贸易体制下的服务贸易规则。

1. "乌拉圭回合"和《服务贸易总协定》的产生

美国在经历了 1978—1982 年的经济危机后，经济增长缓慢，在国际货物贸易中赤字日增，而在服务贸易领域却占据明显优势，连年顺差。作为最大的服务贸易出口国，美国急切地希望打开其他国家的服务贸易市场。因此，在 1982 年 11 月 GATT "东京回合"（第 7 轮）的谈判行将结束、各缔约方准备讨论下一轮谈判议程时，美国代表率先要求将国际服务贸易列入下一轮谈判（第 8 轮）的谈判议题。

对于美国的提案，欧洲共同体起初持疑虑态度，但经过调查发现其服务贸易总出口量要高于美国，转而坚决支持美国。日本虽然是服务贸易的最大进口国，服务贸易呈逆差态势，但由于在国际贸易整体上呈现顺差，加之为调和与美国之间日益尖锐的贸易摩擦，也始终支持美国的提案。其他发达国家尽管有各自的考虑，但也一致赞成美国的提案。

发展中国家对服务贸易自由化由坚决抵制转向逐步接受。发展中国家担心在国际服务贸易自由化中得不到多少利益，甚至服务贸易自由化会导致一些重要的服务部门为发达国家企业所控制，或是被发达国家的服务完全冲垮。但一些新兴的发展中国家和地区某些服务业已经取得了相当的优势，这些国家希望通过谈判扩大本国优势服务的出口。同时，发展中国家也认识到如果不积极地参与国际服务贸易谈判，将会形成由发达国家制定服务贸易规则的局面，自身利益将会受到更大的损害。许多发展中国家基于以上考量或迫于发达国家的压力，也先后表示愿意参加服务贸易谈判。因此，国际服务贸易问题最终还是被列入了 1986 年 9 月开始的"乌拉圭回合"的贸易谈判中。

"乌拉圭回合"谈判正式开始之后，各成员方就服务贸易问题展开了广泛的讨论。由于服务贸易的特殊性，因而谈判远比前几轮关于国际商品贸易的谈判更为艰难，争论更为激烈，尤其是发展中国家和发达国家之间在服务贸易自由化的许多方面都存在严重的分歧。

发达国家由于在国际服务贸易中占有绝对优势，因而主张积极扩大服务贸易自由化的程度；尤其是美国，由于在服务贸易方面有巨额的顺差，故态度更为积极。而发展中国家总体来说对服务贸易自由化持消极态度，它们要求充分考虑发展中国家的特殊性，在制定服务贸易协议时给予更优惠的待遇。在自由化的领域方面，发展中国家要求发达国家开放劳工与建筑承包市场，允许其劳工自由进入发达国家的劳动力市场。而发达国家虽然承认发展中国家在劳动力流动方面的要求是合理的，表示愿意在一定程度上开放本国的劳动力市场；但作为回报，发达国家则要求发展中国家开放其金融、通信等服务部门，而这些部门在发展中国家经济中占有举足轻重的地位，并且发展中国家在这些部门又远远无力和发达国家相竞争，故发展中国家不愿意开放这些部门，要求国际社会允许它们给予这些部门以特殊的保护。

在 1990 年 12 月的布鲁塞尔部长级会议上，服务贸易谈判组修订了《服务贸易总协定多边框架协议草案》文本。1991年6月28日，服务谈判组达成《关于最初承担义务谈判准则》的协议，对初步承诺的时间进行了安排。到1991年11月，大多数国家仍没有提交其承诺表。经过进一步谈判，1991年12月GATT总干事提交了一份《实施乌拉圭回合多边贸易谈判成果的最终方案（草案）》，即著名的《邓克尔方案》，形成了GATS草案。经过各方继续谈判，协议草案根据各方的要求又进行了修改。最后，各谈判方终于在1994年4月15日于摩洛哥马拉喀什正式签署了GATS，于1995年1月1日生效。

2.《服务贸易总协定》的后续谈判

在1994年4月结束的"乌拉圭回合"谈判中，各成员方对国际服务贸易的谈判成果仅仅是初步的。从1995年1月开始，在服务贸易理事会的指导下，各成员方同意在两个方面进行服务贸易谈判：一是在多个领域改善市场准入，包括海运服务、金融服务、基础电信服务、自然人流动等领域；二是通过在保障措施、补贴和政府采购等方面的谈判，以及对国内管制约束实施解释，来完善框架协议。

1）改善市场准入谈判

（1）海运服务谈判。在"乌拉圭回合"谈判之后，根据《海运服务贸易谈判部长级决议》和《海运服务谈判补充决议》，海运服务谈判组成立，成员方在1994年4月至1996年6月进行了一系列谈判，其目标是就国际海运、海运辅助服务、港口设施使用、在约定期间取消限制等问题达成协议。谈判原定于1996年6月结束，但由于各成员之间分歧较大，最终未能达成协议。

（2）金融服务谈判。"乌拉圭回合"谈判结束时，金融服务贸易的谈判尚未结束，因此该领域的谈判在WTO协定生效后继续进行。金融服务贸易又进行了两轮谈判。

第一轮谈判从"乌拉圭回合"谈判结束或不久开始到1995年7月底结束。在该轮谈判中，有43个成员方将其在"乌拉圭回合"谈判中做出的承诺进行了改进，共有82个成员方（欧盟15国为一方）提出了关于金融服务市场开放的承诺表。

第二轮谈判自1997年4月开始到1997年12月13日结束。在该轮谈判中，各成员方达成《GATS第五议定书：金融服务》，同时又有27个成员方做出关于金融服务市场开放的承诺，使得《GATS第五议定书：金融服务》影响的国家和地区扩大到102个。

（3）基础电信服务谈判。"乌拉圭回合"谈判中，基础电信服务领域各成员方最终没能做出任何承诺。"乌拉圭回合"谈判后，关于基础电信服务的谈判得以恢复。回顾整个谈判历程，大致分为两个阶段：

第一阶段从1994年5月到1996年4月。先后有53个成员方参加了基础电信谈判小组主持的该阶段的谈判，基础电信协议文本基本达成一致，并暂时冻结各方对电信市场准入的承诺。

第二阶段从1996年6月到1997年2月15日。在该阶段，基础电信小组取代基础电信谈判小组并修改了参加谈判的规则，WTO所有成员方全部参与谈判并共同行动，达成了《GATS第四议定书：基础电信》。该协议的成员方达到72个，其电信市场约占全球电信市场的93%以上。

（4）有关自然人流动的谈判。在"乌拉圭回合"具体义务承诺表中，作为第四种服务贸易提供模式的自然人流动主要限于两种类型：一是作为主要职员的内部调动，如与东道国商业存在相关联的管理和技术人员的流动；二是商务访问者的流动，但作为短期访问者一般不被东道国以薪金雇用。在 WTO 成立后的六个月又进行了有关自然人流动的谈判，以实现承诺的改进，便于独立的访问者在没有商业存在的前提下能够在境外工作，并于 1995 年 7 月达成了《GATS 第三议定书：自然人流动》。

2) 完善框架协议谈判

完善框架协议是 WTO 新多边贸易体制下的重要工作。GATS 规则工作组组织了服务贸易中有关紧急保障、补贴和政府采购三个领域的谈判。

(1) 服务业紧急保障问题。各方对于保障条款的确立争议颇多，具体表现在两个方面：一是关于保障措施的作用问题。持肯定态度的成员方认为制定保障条款将会激励有关各方特别是一些发展中国家成员方做出更积极、更务实的服务贸易自由化承诺。持否定态度的成员方则认为保障条款将为贸易保护主义提供契机和借口，将导致承诺的可变性和贸易政策的不可变性。二是关于保障措施的实施条件。发展中国家成员方要求对以下两种情况加以具体界定：①因履行 GATS 所规定的开放义务而导致服务进口的大量增加，结果国内有关服务提供者要求采取保障行为以补救 GATS 第 14 条规定的损害；②政府为了达到某些政策目标，采取的维护国内服务业生存的行动，即对国内服务业保持最低控制的政府行为。

(2) 服务业补贴问题。各方关于服务业补贴问题，同样聚焦于两个方面，即服务业补贴的实施和约束。对于服务业补贴的实施，以美国、欧盟为代表的发达国家成员方要求取消所有对别国的服务贸易利益造成严重损害或损害威胁的补贴措施，而一些发展中国家成员方要求"维持现状""逐步退回"。对于服务业补贴的约束，发展中国家成员方主张以较大的灵活性来使用补贴，提高其国内服务供应能力；发达国家成员方则强调服务业补贴的复杂性，特别反映在补贴的界定和补贴值的衡量方面，从而使得服务业补贴的约束问题变得极为困难。

(3) 政府采购问题。GATS 第 13 条第 1 款规定：本协定第 2 条（最惠国待遇）、第 16 条（市场准入）、第 17 条（国民待遇）的规定，不适用于作为政治目的为政府服务机构采购使用的法律、法规和规程，且购买该项服务不是为了商业转销或提供服务用作商业销售。GATS 规则审议工作组讨论以下问题：GATS 的现有规则（如第 3 条的透明度）如何适用于尚未具体化的政府服务采购程序；政府服务采购自由化将会产生何种影响。GATS 框架下有关政府采购的承诺可依据第 18 条"附加承担义务"的规定进行谈判。

3. "多哈回合"新一轮服务贸易谈判

根据 GATS 的规定，各成员方就服务贸易的谈判应不迟于 5 年内进行。2001 年 1 月，WTO 正式发起新一轮服务贸易谈判，对谈判目标、谈判范围、谈判方式和程序三个方面展开磋商，并于同年 3 月通过了《服务贸易谈判的准则和程序》(Guidelines and Procedures for the Negotiations on Trade in Services)。"多哈回合"服务贸易谈判的内容主要包括规则制定谈判和市场准入谈判，涉及服务贸易自由化评估、发展中国家成员特殊和差别待遇等问题。

> 知识小卡片
>
> **《服务贸易谈判的准则和程序》**
>
> 其内容包括：①谈判的目的和原则。这部分内容包括逐步自由化，提高发展中国家成员方的参与度，给予单个发展中国家成员方一定程度上的谈判弹性，对 LDCs 给予特殊考虑，

不改变 GATS 的结构和原则。②谈判范围。所有服务部门和提供模式，对 MFN 豁免情况进行谈判。③谈判的方式和程序。要价—出价双边或诸边谈判模式，对自主自由化给予奖励，对服务贸易状况进行评估，对发展中国家的小型服务提供者的需要给予一定考虑。

1）提交要价—出价（2002—2005 年）

《多哈部长宣言》确认 2001 年 3 月通过的《服务贸易谈判的准则和程序》，并将服务纳入多哈发展议程的更广泛框架之中；同时为服务贸易谈判制定了具体的时间表，要求各成员方于 2002 年 6 月 30 日提交最初要价，于 2003 年 3 月 31 日提交最初出价，设想所有谈判不迟于 2005 年 1 月 1 日结束。

服务贸易特别会议主席在 2005 年 5 月报告说，基于初始和修订出价的谈判没有取得应有的进展。截至 2008 年，共提交了 71 份初始要价和 31 份修订要价（欧盟为一份）。

2005 年 12 月，WTO 第四届部长宣言重申了服务谈判的主要原则和目标，并呼吁成员方根据该宣言及其附件 C 所列的目标、方法和时间表加强谈判，以期扩大承诺部门的覆盖范围。《多哈部长宣言》还规定，不期望最不发达国家在多哈回合中做出新的承诺。

2）诸边谈判（2006—2008 年）

要价—出价谈判也可以在诸边谈判的基础上进行，2006 年初根据涉及具体贸易部门的 22 项集体请求进行了两轮诸边谈判。诸边谈判及其他双边会议的结果预计将反映在第二轮修订提议中。但多哈发展议程下的所有谈判由于农业和非农业市场准入陷入僵局，该谈判被暂停。

服务贸易理事会特别会议于 2008 年 5 月 26 日发表了服务业谈判报告，对谈判进展予以总结并指出服务业谈判所必需的要素。报告随附服务协议草案，希望在经成员方进一步讨论后通过。

3）2008 年后的讨论

在 2008 年 7 月未能完成农业和非农业市场准入模式之后，服务业谈判进展有限。2011 年 4 月，服务贸易理事会主席向贸易谈判委员会提交了一份关于服务贸易谈判在以下四个领域取得的成就和目标：市场准入、国内法规、GATS 规则、最不发达国家特殊待遇模式。

在 2017 年 12 月的布宜诺斯艾利斯会议上，由 59 个世界贸易组织成员组成的集团发表了关于服务业国内监管的联合声明。签署国重申致力于推动关于国内法规的谈判，并争取在第十二届部长级会议之前完成纪律谈判。

自布宜诺斯艾利斯会议以来，服务贸易理事会特别会议的议题便集中于成员方就市场准入问题的探索性讨论上。成员方于 2019 年 4 月就旅游服务、于 2019 年 9 月就环境服务交换了意见。

2021 年 12 月，世界贸易组织 67 个成员方共同发表了《关于完成服务贸易国内规制谈判的宣言》，确认服务贸易国内规制联合声明倡议谈判顺利完成，宣布达成《服务贸易国内规制参考文件》。此次谈判取得如下成果：在总则部分，规则体现发展导向，规定给予发展中国家成员方最长 7 年的实施过渡期；规则还强调了参加方的监管权力，明确了各方有权对其境内服务提供进行管理和制定新法规等。在具体规则要求部分，提出了服务贸易相关措施应符合客观和透明的标准、程序公正与合理要求，且不在男女间构成性别歧视等。在金融服务规则方面,考虑到金融服务的特殊性,为金融相关的许可、资质的申请与审批提供了适度的灵活监管空间。

3.1.2 《服务贸易总协定》的框架和主要内容

作为多边贸易体制下服务贸易谈判的成果,广义的《服务贸易总协定》框架由五大部分组成(见表 3-1):第一部分是正文;第二部分是附件;第三部分是 WTO 成员方具体义务承诺表;第四部分是"乌拉圭回合"部长级会议决定;第五部分是 1994 年后 GATS 议定书。GATS 主要内容包括正文、附件和 WTO 成员方具体义务承诺表。

表 3-1 广义的《服务贸易总协定》框架

第一部分:正文		
序言		
第 1 部分为内容及适用范围	第 2 部分为一般责任与纪律	第 3 部分为具体承诺
第 4 部分为逐步自由化	第 5 部分为机构条款	第 6 部分为最后条款
第二部分:附件		
第 2 条(最惠国待遇)豁免的附件	提供服务的自然人流动的附件	空运服务的附件
金融服务的附件	金融服务的附件二	海运服务的附件
电信服务的附件	基础电信服务的附件	
第三部分:WTO 成员方具体义务承诺表		
第四部分:"乌拉圭回合"部长级会议决定		
GATS 机构安排的决定	GATS 争端处理的决定	服务贸易与环境的决定
自然人流动谈判的决定	金融服务的决定	海运服务谈判的决定
基础电信谈判的决定	专家服务的决定	
第五部分:1994 年后 GATS 议定书		
GATS 第二议定书:金融服务	GATS 第三议定书:自然人流动	GATS 第四议定书:基础电信
GATS 第五议定书:金融服务		

1. 正文

《服务贸易总协定》正文包括 6 个部分 29 个条款,明确了多边贸易体制下服务贸易的各项原则,以及适用于所有成员方的基本权利和义务,具体内容概括如下。

1)最惠国待遇原则

GATS 第 2 条规定,任何成员给予其他国家的服务和服务提供者的待遇,应立即并无条件地给予所有的协定成员。这就是著名的最惠国待遇(Most-Favoured-Nation Treatment,MFN)原则。它原本是 GATT 的基本原则之一,现沿用于 GATS 中。但不同的是,在 GATT 中,该待遇仅给予商品,不给予商品的提供者;而在 GATS 中,MFN 原则不仅适用于服务,同样适用于服务的提供者。另一个重要的不同是,在 GATT 中,MFN 原则为承诺义务,而不像在 GATS 中为一般义务。

2)国民待遇原则

GATS 第 17 条第 1 款规定,根据本协定其他有关条款的规定并从一个适当的时间开始,在相同的环境下,任何成员给予其他成员的服务及服务提供者在所有法律规章、行政管理、决定等方面的待遇应不低于其给予本国服务及服务提供者的待遇。这就是所谓的国民待遇（National Treatment）原则。该条款要求各成员的政府对其他成员的服务及服务提供者不采取任何歧视措施，但也不给予任何优惠，而是给予同本国服务和服务提供者平等的待遇。国民待遇原则同最惠国待遇原则一样，也是 GATT 的基本原则之一。

知识小卡片

GATS 与 GATT 中的国民待遇的不同

①GATS 中的国民待遇原则是承诺义务，而 GATT 中的国民待遇原则为一般义务，这与最惠国待遇原则的情形正好相反。②同最惠国待遇原则一样，GATS 中的国民待遇原则既适用于服务本身，也适用于服务的提供者；而 GATT 中的国民待遇原则仅适用于所交易的商品，而不适用于商品的提供者。③GATS 中的国民待遇原则注重的是政府政策的实际实施效果，而 GATT 中的国民待遇原则只考虑形式上是否存在对外国商品的歧视。造成这一差异的主要原因是相对于商品贸易而言，服务贸易更为复杂。由于外国服务和服务提供者同本国服务和服务提供者相比具有不同的特点，因而同样的服务政策对于二者所造成的影响可能会有很大的不同，从而导致对外国服务和服务提供者实际上的不公平待遇。

3）透明度原则

GATS 第 3 条规定，除非在紧急情况下，成员各方必须将影响其国际服务贸易的所有有关法律、法规、行政命令，以及所有其他的决定、规则、习惯做法，无论是由中央政府或地方政府做出的，还是由非政府的但有权制定规章的机构做出的，都应最晚在它们生效之前予以公布。任何成员也必须公布其签字参加的所有有关的或影响服务贸易的其他国际条约。协定第 5 条（经济一体化）也规定，任何成员若参与了某项区域性的但可能影响服务贸易的合作协议，都应立即通知本协定的全体成员，使它们能够了解该地区性协议的内容；并在协议的内容有重大的修改时，也应立即通知全体成员。

4）经济一体化原则

GATS 第 5 条规定，本协定不反对部分成员之间就服务贸易的更高水平的自由化进行合作并订立区域性协议，只要这种区域合作协议不造成对本协定其他成员的服务及服务提供者的新障碍或加深已有障碍。如果其他成员认为该区域协议的签订对其根据本协定应享有的权益造成了不利影响，该成员可根据有关的程序向 WTO 提出申诉。

5）发展中国家的特别待遇原则

GATS 的许多条款都充分考虑了发展中国家的特殊情况，给予了它们更为宽松的待遇。这是 GATS 重视发展中国家要求的反映。GATS 第 4 条有三层含义：第一，有关成员应做出具体承诺以促进发展中国家国内服务能力、效率和竞争性的增强，促进其对技术有关信息的获取，增加产品在市场准入方面的自由度。第二，发达国家应在 GATS 生效后 2 年内建立"联系点"，以使发展中国家的服务提供者更易获取有关服务供给的商业和技术方面的信息，有关登记、认可和获取专业认证方面的信息，以及服务技术的供给方面的信息。第三，对最不发达国家予以特殊优惠，准许这些国家不必做出具体的开放服务市场方面的承诺，直到其国内服务业具有竞争力。

基于此目的，GATS 的多项条款都列有对发展中国家的特殊规定。例如，发展中国家之间可以订立优惠性的区域合作协议（第 5 条第 3 款），可以为解决国际收支问题面对服务贸易采取某些特别的发达国家不能采取的限制性措施（第 12 条第 1 款），可以对本国服务业提供更多的政府补贴。在服务贸易自由化的进程安排方面，GATS 对发展中国家也留有更大的余地。比如，GATS 第 19 条第 2 款规定，应允许个别发展中国家少开放一些服务领域，或放宽较少类型的服务贸易，并在服务贸易自由化的时间进程安排方面给予更大的灵活性。GATS 第 19 条第 3 款又规定，在今后的国际服务贸易诸边谈判中，其所拟谈判协议提纲也应考虑发展中国家在履行协议上的困难。GATS 的补充规定中也规定，在本协定的谈判过程中，应考虑各成员不同的发展水平和经济贸易的不同状况，对个别发展中国家承担的义务给予适当照顾，对某些与发展中国家利益密切相关的问题应进行磋商。

6）关于影响国际服务贸易的歧视性措施规定

GATS 对一些主要的影响国际服务贸易的政府措施做了具体规定。这些规定主要包括：

（1）支付和转移。禁止各成员通过外汇管制措施来限制国际服务贸易（第 11 条），但并不反对成员出于平衡国际收支的目的而对服务贸易导致的外汇收支采取临时性限制措施，不过此种限制措施的制定与实施应取得 GATT 和国际货币基金组织的认可和合作（第 12 条）。

（2）政府采购。GATS 的最惠国待遇原则和国民待遇原则不适用于各成员现有的政府采购法律和规定，但要求各成员应努力尽早使 GATS 的规定能适用于政府服务（第 13 条）。

（3）补贴。某些情况下，政府补贴可能会扭曲国际服务贸易的正常进行。各成员对其提供给国内服务业的补贴及此种补贴直接或间接地对服务贸易可能带来的影响应及时通知所有其他成员。当一成员认为另一成员提供的补贴损害了自己的利益时，可以要求与另一成员进行磋商，另一成员对此应给予善意的考虑。协定还要求各成员举行谈判并拟定一份有关补贴的多边协议（第 15 条）。

7）国内规定

GATS 第 6 条规定，各成员有权根据本国经济政策目标的需要，自行制定有关国内服务业的政策、规定、标准或限定条件，并要求外国服务和服务提供者遵守，只要这些政策、规定、标准或限定条件不违反本协定的有关规定，不违背该成员在 GATS 的谈判过程中所做的各项具体承诺，也不会导致对外国服务及服务提供者实际上的歧视。成员之间还可以就相互承认对方关于服务的规定和标准（如职业资格、学历等）签订双边或多边协议。

8）市场准入和逐步自由化原则

GATS 规定，任何成员均应根据本协议的精神与其他成员举行双边谈判，并在此基础上拟定市场准入的具体承诺开价单及其实施的时间计划表。任何成员在与其他成员的双边谈判结束后，均应按开价单中所列计划时间表按期履行其承诺的义务（第 20 条），并不得在实施后改变原来的做法或采用新的做法使其他成员不能享受根据承诺开价单的规定可以享受的权利。GATS 还规定，成员应在协议签字后继续就服务贸易自由化问题定期举行新的诸边谈判，以进一步减少服务贸易自由化的政策障碍（第 19 条）。

9）争端的解决规定

GATS 还明确规定了成员之间在因执行本协定而出现争议时的处理方法。协定规定，如果某一成员认为另一成员的行为损害了其根据本协定应享有的权益，该成员可以向另一成员提出书面申诉，要求另一成员改变其做法，另一成员应给予善意的考虑，并给予适当的机会同该成员举行磋商（第 22 条第 1 款）。如果争议的双方经磋商后在一段合理的时间内仍不能达成令双方均满意的协议，可向争端解决机构（Dispute Settlement Body，DSB）申诉（第 23 条第 1 款）。DSB 可以向争议的有关各方提出一些建议，或对争议做出裁决。若 DSB 认为情况严重，可批准受损害的成员对违反协议的成员暂停履行根据本协定应承担的义务（第 23 条第 3 款）。

2. 附件

作为 GATS 不可分割的重要组成部分，附件涵盖了航空服务、金融服务、电信服务、自然人流动等多个服务贸易领域。这些附件充分考虑了服务的复杂性、多样性和服务提供模式的差异性，对特定的服务部门以附件的方式确立了具有针对性的补充性规定，为进一步推动服务贸易自由化所做的后续谈判提供了指导。海运服务、空运服务和金融服务部门的附件内容将在本书第 4 章、第 5 章具体介绍。本节主要介绍以下附件。

1）第 2 条（最惠国待遇）豁免的附件

该附件详细列出了一成员在协定生效时免除第 2 条第 1 款义务的条件。义务免除不仅涉及现行措施，而且涉及未来措施。

关于豁免准许，规定"在特殊情况下，部长级会议可以根据本协定或任何的诸边贸易协定取消一成员方的义务"，其先决条件是任何决定都应得到 3/4 成员的通过。部长级会议或总理事会应每年对豁免这一项进行审议。

关于豁免的终止，本附件第 6 节规定："原则上，这些豁免不能超过 10 年。无论如何，它们应受到贸易自由化谈判的制约。"这表明，10 年的期限不是一成不变的，还可以延长。实际上，附件没有对豁免义务的内容设定规则或附加条件，而且最惠国待遇豁免义务计划中所列的大多数豁免义务项目是没有规定期限的。

2）本协定下提供服务的自然人流动的附件

在"乌拉圭回合"谈判后，根据《自然人流动谈判的决定》，各成员继续就自然人流动问题进行谈判，并于 1995 年 7 月 28 日达成一项补充协定。但由于各成员在此问题上分歧较大，该补充协定在 1996 年 6 月 30 日生效时也仅有 5 个成员签字接受，因而其普遍性大打折扣。其主要内容是承认大多数的自然人跨境流动受东道国"经济需求认定"的限制，即自然人流动应以东道国国内经济发展需要为前提。其具体内容包括：①东道国认为本国不能提供相应的服务；②有关服务的需求必须公告；③在劳动力录用、工资水平及劳动条件方面应该对不同成员的自然人同等对待；④服务提供者的业务资格应该获得认证；⑤有关的服务提供者应该已被某一在承诺方开设商业机构的法人预先雇用。

3）电信服务的附件

该附件确认了电信服务部门的双重职能，特别是电信作为一种传递手段。该附件的目的是确保按合理、无歧视原则和条件，让服务提供者进入和使用公共电信传输网络及服务，服务的提供包括在其具体义务承诺表中。之所以需要这样的附件，是因为电信对于大多数服务的传递（如金融服务）起着战略性作用。因此，在不包括具体义务承诺表中议定的承担义务的情况下，附件本身并不会在任何部门（包括电信部门）导致自由化。

该附件确保了在作为传递手段的电信服务的使用条件下，不会削弱具体义务承诺表所规定的市场准入义务。这些义务受到提供给广大公众使用的现有电信能力的限制，因此除在它们各自具体义务承诺表中所规定的义务外，没有责任批准其他缔约方设立、建立、获取、租借、经营或提供电信传输网络或服务，或要求缔约方建立不是广泛地向公众提供服务的设施。

4）基础电信服务的附件

该附件包括有关这个部门的市场准入和国民待遇谈判。将此附件列入其中是为美国公司着想的，因为美国想把此部门排除在最惠国待遇范围以外。美国已将基础电信服务部门私有化了，而多数其他成员把此部门保留在邮电部门内。因此，在最惠国待遇的基础上给予优惠待遇就会使美国没有能力同这些成员谈判市场准入问题。根据《基础电信谈判的决定》已建立了有关此分部门的谈判小组，但在有关基础电信谈判结束前不会对最惠国待遇适用和豁免做出规定。

3. 具体义务承诺表

成员方具体义务承诺表是具体反映各成员服务业和服务贸易部门开放的条件与状况的有效文件。为了便于成员间的比较分析，承诺表采用统一格式，如表3-2所示。

表3-2 成员方具体义务承诺表样例

部门	提供模式	市场准入限制	国民待遇限制	附加承诺
1. 水平承诺				
所有部门	（1）跨境交付	没有限制	没有限制	—
	（2）境外消费	没有限制	没有限制	—
	（3）商业存在	股权式合资企业中的外资比例不得少于该合资企业注册资本的25%	对于给予视听服务部门中国内服务提供者的所有现有补贴不做承诺	—
	（4）自然人流动	没有限制	没有限制	—
2. 部门承诺				
计算机及其相关服务	（1）跨境交付	没有限制	没有限制	
	（2）境外消费	没有限制	没有限制	
	（3）商业存在	没有限制	没有限制	
	（4）自然人流动	不做承诺	不做承诺	

1）承诺义务

（1）市场准入方面，任何成员方对做出承诺义务的服务部门或分部门，除在其承诺义务的计划表中列出外，对于其某一地区分部门或在整个国境内，不能维持或采用下述限制措施：采用数量配额、垄断和专营服务提供者方式，或要求测定经济需求的方式，限制服务提供者的数量；采用数量配额或要求测定经济需求的方式，限制服务交易或资产的总金额；采用配额或要求测定经济需求的方式，限制服务交易的总数或以数量单位表示的服务提供的总产出量（但限制服务的投入量的措施是允许的）；采用数量配额或要求测定经济需求方式，限制某一服务部门或服务提供者为提供某一具体服务而需要雇用的自然人的总数；要求服务提供者通过特定的法人实体或合营企业，才可提供服务的限制措施；对参加的外国资本限定其最高股权比例或对个人的或累计的外国资本投资额予以限制。

（2）国民待遇方面，规定某一成员给予任何其他成员的服务和服务提供者的待遇应不低于给予本成员相同的服务与服务提供者的待遇。

（3）附加承诺方面，规定了影响服务贸易但又不同于上述市场准入和国民待遇的其他义务与原则，扩展了服务贸易的特定义务和范围。

2）肯定清单

在各成员方开放和不开放服务贸易部门的列举方式上，采用肯定列表方式，即各成员方列出能够开放的部门清单，之后可随时增加开放的部门数量。

知识小卡片

肯定清单和否定清单之争

在"乌拉圭回合"国际服务贸易谈判中出现了肯定清单和否定清单之争。美国、加拿大等发达国家提出否定清单方式，要求各国将目前无法实施自由化原则的部门清单列在框架协议的附录中作为保留，部门清单一经提出，便不能再增加，承诺在一定期限内逐步减少不予开放的部门。发展中国家则提出肯定清单方式，即各国列出能够开放的部门清单，之后可随时增加开放的部门数量。这对于服务业相对落后的国家来说较为灵活。因为服务贸易范围广泛且不断扩大，发展中国家难以预先将本国不能开放的部门全部列举出来，如果采用否定清单方式将会带来难以预料的后果。后来 GATS 文本对市场准入和国民待遇等特定义务按肯定清单方式加以确定，从而使发展中国家的利益有了一定程度的保障。

3）水平承诺和部门承诺

GATS 的承诺细目表从两个部分对市场准入和国民待遇进行了规定。第一部分规定适用于所有服务部门的所有承诺的限制条件，即水平承诺。这是评估任一服务部门具体承诺的前提。第二部分按各个部门和分部门分别给出市场准入和国民待遇的具体承诺。

4）四种提供模式

GATS 按照跨境交付、境外消费、商业存在和自然人流动四种方式界定服务贸易，水平承诺和部门承诺按上述四种提供模式做出。

5）三种承诺方式

承诺按其程度可分为以下三种形式：

（1）没有限制，即完全承诺（Full Commitments/None），表示在所承诺的服务贸易部门和服务贸易提供模式中，对市场准入或国民待遇没有限制，开放程度最高。

（2）不做承诺（Unbound），表示在所承诺的服务贸易部门和服务贸易提供模式中，继续执行、保留或增设与市场准入或国民待遇有关的限制措施，开放程度最低。

（3）有限制的承诺（Commitment with Limitations），表示将取消部分现存的违背市场准入和国民待遇的限制措施，并承诺未来不再新增，开放程度介于"没有限制"和"不做承诺"之间。

3.1.3 《服务贸易总协定》的意义和局限性

GATS 将服务贸易纳入多边体制，第一次以国际公约的形式为服务贸易逐步自由化提供了体制上的安排与保障，形成了一个统一的国际协调机制，为各方发展服务贸易提供了共同遵守的国际规则，但 GATS 也存在一些局限性和不足，有待进一步修改和完善。

1. 《服务贸易总协定》的意义

1）确立各成员方共同遵守的国际规则

在"乌拉圭回合"多边贸易谈判中产生的 GATS 明确了今后国际服务贸易的发展方向和必须遵循的共同规则，为国际服务贸易的进一步发展奠定了良好的基础。

从普遍性上看，GATS 是 WTO 体制下的多边贸易协定，其成员方有 164 个，包括发达国家、发展中国家、最不发达国家与一些独立的关税领土，覆盖世界服务贸易的 90%以上，它所确立的各项原则在国际服务贸易方面对各成员方有着直接的约束作用。

从涉及面上看，GATS 包括现有的服务部门、服务提供模式和影响服务贸易的措施。它不但包括现有的服务部门，而且对尚未出现但随着技术的发展可能出现的新生服务业部门有着重大影响；它不但包括跨境贸易的服务提供模式，而且包括商业存在、自然人流动等服务提供模式；它不但包括国际追加服务，而且包括国际核心服务；它不但包括各国中央政府所实行的影响服务贸易的措施，而且包括地方政府甚至代表地方政府行使职能的民间机构所实施的影响服务贸易的措施。

从法律地位上看，GATS 初步形成了制定规则、组织谈判、解决争端三位一体的服务贸易国际规则体系。它以国际公法的权威形式，建立了一套管理全球服务贸易的原则框架，对特定服务部门的开放承诺谈判做出了体制上的安排，并且依靠磋商制度和争端解决程序来分别处理实施过程中的各种问题。

从法律结构上看，GATS 具有十分显著的体例特征，即将一般义务和承诺义务加以严格区分，这是由其独特的规范对象所决定的。各成员方在一般义务上具有一致性，而承诺义务是根据各成员方的具体承诺表给出的。市场准入和国民待遇是承诺义务的核心内容，市场准入制约着成员方是否开放其国内服务领域，而国民待遇制约着成员方如何开放其国内服务贸易市场。

2）推动服务贸易自由化

服务贸易自由化是 GATS 中的基本精神。在 WTO 体制下，服务贸易自由化是通过 GATS 中的最惠国待遇、国民待遇、市场准入、发展中国家更多参与和逐步自由化规则来推动的。比如，GATS 要求各成员方采取适当的方式逐步降低或者消除各种服务贸易壁垒，并且规定一成员方只有经与其贸易伙伴磋商和提供适当补偿之后才可以恢复其已降低或者撤除的壁垒，这就有效防止了各成员方随意恢复或提高服务贸易壁垒，增强了服务贸易投资者的投资信心，而服务贸易投资的增加则会提高劳动就业水平。

GATS 不仅对国际服务贸易的扩大和发展起着巨大的推动作用，而且必将使得各成员方从对本国（地区）服务市场的保护和对立逐步转向开放和对话，倾向于不断加强合作与交流。特别是在透明度和发展中国家成员方的更多参与条款中有关提供信息、建立联系点的规定，更有利于各成员方在国际服务贸易领域的信息交流和技术转让。此外，定期谈判制度的建立为各成员方提供了不断磋商和对话的机制和机会。这些都使得各成员方在国际服务贸易领域中更乐意采取积极合作的态度，从而在客观上促进全球服务贸易的发展与繁荣。

GATS 的一些条款在一定程度上考虑并照顾到了发展中国家的利益并给予了发展中国家不少优惠条件，这将大大激发广大发展中国家参与国际服务贸易的积极性。

3）提高各成员方服务提供者的竞争效率和增进服务消费者的福利

GATS 在全球建立起了一个相对公平的竞争环境，使各成员方的服务提供者在同一起跑线上参与竞争，只有高效率的服务提供者才能在激烈的竞争中生存和发展壮大。而随着服务效率的提高，更多、更优质的服务被源源不断地生产出来，广大服务消费者就会有更多、更好的选择机会，从而可以用更少的钱买到更好的服务。

2.《服务贸易总协定》的局限性

1）适用范围较难界定

GATS 文本条款的一部分表述过于折中，导致适用范围模糊不清，较难界定。比如，最惠国待遇的豁免存在被滥用的可能、政府采购与补贴等规定不明确，影响了 GATS 内容的完整性。此外，具体义务承诺表的设计造成其所做承诺整体上缺乏透明度。因为它没有列出各成员方未做出承诺的服务部门、分部门及服务活动的信息，导致人们无从得知这些服务部门、分部门存在什么样的贸易壁垒。

2）自由化水平有限

各成员方所提交的具体义务承诺表，不论是涵盖的服务贸易部门，还是在承诺中仍然保留的限制，都是服务贸易自由化的最低限度。在所涵盖的服务部门上，发达国家承诺涉及的部门数约占总量的一半，发展中国家大约有 1/4 的国家只对 3%的服务部门做出了承诺。要真正实现服务贸易自由化，则应在 WTO 框架下通过继续谈判逐步提升成员方具体承诺的总水平，包括基础电信、金融服务等众多服务部门和各种提供模式的服务贸易的自由化水平。

3）规则约束力不强

由于贸易规则中国民待遇原则不具有普遍适用性，所以各成员方分别依据自身发展实力，按具体义务承诺表中所列明的服务部门和提供模式做出承诺。在许多服务产品具有供需双方不可分离的特征的情况下，这种承诺方式往往使得这些部门的承诺形同虚设。国际服务贸易中的市场准入原则实际上是一种对外国服务进口数量的限制。在国际货物贸易多边规则中，取消数量限制是一条最基本的普遍适用性原则；而在国际服务贸易多边规则中，它的适用范围与国民待遇原则一样，都不是普遍适用的。这两条不具有普遍适用性的原则，大大降低了国际服务贸易多边规则的约束力。另外，服务贸易规则对各国国内政策没有严格的限制，只要求对服务贸易提供的来源不能有歧视待遇，允许成员方实施不符合甚至有损经济效率的政策措施，这就为成员方在市场准入前提下设置运营障碍打开了方便之门。

3.2 《国际服务贸易协定》

由于 2012 年"多哈回合"谈判始终没有进展，WTO 次级团体——"服务业挚友"

（Really Good Friends of Services，RGF）于 2013 年正式开始《国际服务贸易协定》（Trade in Services Agreement，TISA）谈判。TISA 现有 23 个成员方，涉及全球 50 个国家和地区，高收入水平的成员方服务业发展水平普遍较高，在 TISA 中居主导地位。

3.2.1 《国际服务贸易协定》的产生

2011 年 12 月，WTO 第八次部长级会议鼓励成员方可针对"多哈回合"谈判框架下的一些特定领域进行谈判，采用"议题推动方式"（Issue-oriented Approach），达成临时或永久性的多边或诸边协议。在此背景下，美国、欧盟、澳大利亚共同主导的 RGF 以诸边贸易协定的方式开展有关服务贸易议题的谈判，TISA 由此产生。

相比于其他多边或者区域自由贸易协定，TISA 以 GATS 文本为框架，以回归 WTO 多边贸易体系为最终目标。TISA 的最终达成将会大范围削减成员之间的投资和服务贸易壁垒，形成统一的服务业市场准入标准。

3.2.2 《国际服务贸易协定》的目标和领域

1. 目标

TISA 旨在 GATS 的基础上，进一步扩大市场准入，消除服务贸易和投资壁垒，达成覆盖服务贸易所有领域的、更高水平的协定，建立新的、反映 21 世纪贸易需求的服务贸易自由化规则。

2. 领域

TISA 谈判涉及几乎所有的服务部门，从交通运输、通信、建筑、零售、工程、能源供应、水资源分配、会计、市场营销、出版、银行业务和保险，到自然保护、娱乐、博物馆、教育、医疗、殡葬服务等。TISA 也将基本采用 WTO 对服务业的分类参考标准，但会关注由于技术进步和服务创新而产生的新服务。但是，对于 TISA 以何种方式提出新服务，以及新服务是对所有成员无条件开放还是须经成员认定后才能开放等问题还有待磋商。除被列出的范围巨大的且将被自由化的服务贸易部门外，RGF 同时希望采用一些规则来有效地控制服务部门，限制政府和国会的调控权利。这些计划将 GATS 排除在外的政府机关行使职权时提供的服务和大部分航空运输部门的服务也囊括了进来。这些议题已经远远超过了 GATS 和自由贸易协定的范围。因此，从范围上来看，TISA 的包容度更高，涉及的范围比 GATS 更加广泛。

3.2.3 《国际服务贸易协定》谈判的进展

1. 早期磋商阶段（第一轮至第五轮谈判）

2013 年 4 月 27 日，在美国的主持下，TISA 参与方提出第一份核心谈判规则草案，TISA 谈判正式开始。后由美国、欧盟及澳大利亚轮流主持。2013 年，TISA 共举行了四轮谈判。至第四轮谈判结束时，谈判内容主要是以 GATS 条文为基础的主条文及新贸易规则提案，包括金融服务业、国内管制、ICT（电信及电子商务）、专业服务、自然人流动（模式 4）、海运、空运、快递服务及能源。2014 年 2 月 17 日，TISA 参与方开始第五轮谈判，焦点集中于市场准入这一核心议题，并着手就成员提交的市场准入承诺初始清单开展初步讨论。

2. 广泛讨论阶段（第六轮至第十四轮谈判）

第六轮谈判邀请了相关行业的专家及行业代表参会，在金融服务、国内管制及电子商务等领域取得一定进展。为利于后续讨论，TISA 参与方在第七轮谈判时决定将 ICT 提案内容分为电信及电子商务两项单独的提案。第八轮至第十三轮谈判的内容新增了透明化、政府采购、环境服务业、促进病人移动及陆运。

第十四轮谈判期间，巴基斯坦提出本国的市场准入初始清单，至此参与谈判的国家/地区已全部提出市场准入初始清单。至第十四轮谈判结束时，TISA 参与方提出新的贸易规则提案（包括国有企业等），且就金融服务业、国内管制及透明化等三项贸易规则提案的谈判已经取得大幅进展。

3. 取得初步成果阶段（第十五轮至第二十一轮谈判）

2016 年 1 月 31 日，TISA 参与方开始第十五轮谈判。本轮谈判成员就执照发放程序形成了部分文本条款，并着手准备提出第一次市场准入修正回应清单。2016 年，TISA 共完成七轮谈判。于第二十轮谈判时已完成透明化规范的谈判，且 TISA 整体架构已达到稳定阶段。第二十一轮谈判中，TISA 参与方盘点了各项议题迄今为止的进展及未来需要进一步协商的技术性议题，并明确谈判将继续进行。但第二十一轮谈判后，TISA 未有新的谈判日程公布，各方持续关注。

3.2.4 《国际服务贸易协定》的规则

与 GATS 相比，TISA 在服务贸易规则、领域和模式上提出了新的要求。从 TISA 谈判框架的基本构成来看，其谈判议题可分为两类：一类是 GATS 框架已包含的领域，如政府采购、竞争政策和监管协调、相互认证、国内监管等；另一类是服务贸易新规则，如国有企业和跨境数据流动等。TISA 谈判的内容主要涵盖金融服务、信息和通信技术（ICT）、电子商务、国内监管、模式 4（自然人流动）、海陆空运输服务、跨境数据流动等领域。空运服务、快递服务和能源服务等领域属于新增领域，国有企业和政府采购也是 TISA 涉及的重要议题。

TISA 确立的原则主要包括：全面给予外资国民待遇，即除各国明确保留的例外措施外，所有服务部门，包括目前不存在但未来可能出现的各类新型服务业，均须对外资一视同仁；新的开放措施一旦实施不得收回；原则上应取消必须设立合资企业的各种要求，不得限制外资控股比例和经营范围；约束对跨境服务提供的限制（包括许可、居住要求等），约束对通过投资提供服务的机构设立、参与合资企业或经济需求测试的要求等；对市场准入和国民待遇的承诺方式采取"正面清单"和"负面清单"混合的方式；采取有条件的最惠国待遇原则，即为了防止产生"搭便车"现象，TISA 承诺产生的收益只限于 TISA 的签署方；实现数据跨境自由流动，取消数据必须预先存储于使用国境内服务器的要求；在自然人流动方面，增加商务访客、专家和技术人员准入的便利性，包括对企业市场开拓意义重大的内部调动人员；新的开放措施一旦实施不得收回。

> 知识小卡片
>
> **TISA"混合模式"承诺表**
>
> TISA 各参与成员在市场准入和国民待遇方面的承诺采用"混合模式"（Hybrid Approach）：在市场准入承诺方面采取"正面清单"，即只有列于该清单中的部门才予以开放；在国民待遇方面采取"负面清单"，即除列入清单中的部门外，其他部门原则上全部开放。

TISA 引入了冻结条款和棘轮条款。但是，这两个条款仅适用于国民待遇承诺，不适用于市场准入承诺。冻结条款要求缔约方承诺从协定生效时起，不得实施新的或更严格的贸易投资限制措施。它约束了现有的开放水平。棘轮条款指一缔约方未来任何取消歧视性措施的做法都将被自动锁定，不得倒退并使其具有永久效力，被纳入贸易协定中而受其约束。棘轮条款具有重要的意义，它保证了服务贸易自由化可以不断地向更高的水平推进。任何缔约方不管以诸边方式还是单边方式减少或取消的歧视性贸易措施，一旦做出承诺就会被锁定，不得倒退，这样"当前"自由化水平总是低的，而未来的自由化水平总是高的。冻结条款和棘轮条款共同构成了禁逆转机制，将各缔约方所承诺的自由化水平都进行了锁定。

3.3 区域经济一体化组织的服务贸易规则

除多边贸易体制下的《服务贸易总协定》外，一些区域经济一体化组织也制定了有关国际服务贸易的区域性协议或安排。这些区域性协议或安排一方面为在本区域内实现服务贸易自由化提供制度保障，另一方面又对区域外的其他国家设置一些贸易壁垒，以达到保护该区域服务贸易、提升该区域服务贸易的国际竞争力这一目标。

3.3.1 区域经济一体化与服务贸易规则

1. 区域经济一体化

区域经济一体化是指地理位置相临近、经济发展水平相当的两个或两个以上国家（或地区），为取得区域内国家（或地区）间的经济集聚效应和互补效应，实行统一的经济政策，实现商品、劳务和生产要素在区域内自由流动和重新配置，而实行的某种形式的经济联合或组成区域经济组织。

区域经济一体化以贸易自由化和促进区域合作为共同目标，但形式多种多样。按照其一体化程度差异，区域经济一体化可分为自由贸易区、关税同盟、共同市场、经济同盟及完全经济一体化五种。

2. 区域贸易安排

区域贸易安排（Regional Trade Arrangements，RTA）是指区域内国家和地区之间通过签订区域贸易协定等方式，使得在区域内进行的贸易比在区域外的自由化程度更高。简而言之，区域贸易安排就是特定国家或地区之间的优惠贸易安排。根据成员之间贸易自由化程度的不同，区域贸易安排可以采取多种形式。安排水平的不同也决定了其可以依次构成区域经济一体化的不同阶段。随着世界经济的发展，区域性贸易协定数量日益增多。

区域贸易安排是对世界贸易组织最惠国待遇原则的例外，即签订协定的成员彼此给予的优惠待遇不必按照世界贸易组织最惠国待遇原则给予区域外的世界贸易组织成员。也就是说，协定成员之间的排他性安排并不违背世界贸易组织的规则。

3. 区域服务贸易规则

由于多边贸易体制谈判的高成本等问题，以及服务贸易自身的特征等原因，在短时间内达成新的更加自由的服务贸易协定相当困难。因此，区域性服务贸易自由化成为推动服务贸易自由化的主要力量。

从区域服务贸易安排的总体情况看，成员更多地倾向于以"否定清单"的形式做出承诺。基于"否定清单"的服务贸易自由化承诺并非针对特定的服务部门或特定的服务提供模式做出的。它能"自上而下"地覆盖整个服务贸易活动，能适用于除列表中列出的例外情形外的所有服务部门和所有服务提供模式。

同时，区域服务贸易自由化所覆盖的部门数量更加广泛，一般远远多于 GATS 涉及的服务部门。随着发展中国家服务贸易的发展，服务业发展水平不断提高，越来越多的发展中国家开始推动服务贸易自由化，特别是区域服务贸易自由化。

知识小卡片

区域服务贸易规则与多边贸易规则

多边贸易规则是区域服务贸易安排和规则的重要基础；区域服务贸易规则是多边贸易规则的补充，同时为多边贸易规则提供发展动力。但区域服务贸易规则也有可能作为一种贸易保护工具，对多边贸易规则造成挑战和分化影响。

3.3.2 欧盟的服务贸易规则

欧盟（European Union，EU）现有成员方 27 个，是当今世界上仅次于美国的第二大经济体，也是目前世界上经济一体化程度最高的区域政治、经济集团组织。服务的自由流动，是欧盟在建立统一大市场过程中确立的"货物、人员、资本、服务"四大基本自由流动之一。

1. 欧盟服务贸易的一般规则

欧盟服务贸易自由化的规则主要体现在《罗马条约》[①]（Treaty of Rome）及后签署的系列协定中。《罗马条约》是欧盟规范区域内服务贸易最重要的法律文件。该条约对具体服务部门的规范并未在其第三篇第三章"服务"中加以系统规定，而是散见于其他有关章节。概括起来，其服务贸易一般规则有以下 9 个方面的内容。

[①] 1957 年，法国、联邦德国、意大利、荷兰、卢森堡、比利时 6 国政府首脑和外长在罗马签署《欧洲经济共同体条约》（Treaty Establishing the EuropeanEconomic Community）和《欧洲原子能共同体条约》（Euratom Treaty），人们称其为《罗马条约》（Treaty of Rome）。

知识小卡片

欧盟对服务的定义

《罗马条约》对服务的定义与 GATS 的规定完全不同：①《罗马条约》对服务的列举是以行业为分类标准的，包括工业、商业、手工业性质的活动及自由职业；GATS 则依据提供模式的不同将服务概括为跨境交付、境外消费、商业存在、自然人流动四大类。②《罗马条约》第 60 条（新编号为第 50 条）明确规定："按照本条约的意义，通常以取得报酬为对等条件而提供的服务应认为是服务，但以不受关于商品、资本和人员自由流通的规定所管辖者为限。"

1）非歧视性原则

非歧视性原则是适用于欧洲共同体内部成员方间贸易的一项基本原则。《罗马条约》未提及市场准入和国民待遇的概念，但非歧视性原则无论其适用于开业自由还是提供服务，均涵盖了《服务贸易总协定》下的这两个基本原则，并作为服务贸易自由化的一般原则加以适用。《罗马条约》未提及"最惠国待遇"这一概念，且未对最惠国待遇原则和国民待遇原则加以区分，而将其总括为条约的一般性原则，体现了较高的一体化共识。

2）专业资格的相互承认

《罗马条约》规定欧洲共同体各成员方相互承认文凭、证书和其他形式的资格证明，便于有关人员（如医生、兽医、牙医、助产士、护士、药剂师、建筑师、美发师、水运承运人和民用航空人员等）作为自雇人员从事或继续其活动。

3）透明度原则

与《服务贸易总协定》不同，《罗马条约》并未要求成员方公布所有现存的与条约实施有关的法律、法规、行政命令，而只是要求公布拟将执行的消除服务限制的措施，并不影响指令规定必须执行措施以外的其他措施。

4）服务原产地规则

《罗马条约》规定以商业存在方式提供服务所适用的原产地规则。根据一成员方的法律组成并在共同体内拥有注册办公机构、中心管理机构或主要营业场所的公司或商号，应受到如同作为成员方国民的自然人那样的对待。

5）保障措施

《罗马条约》包括一系列一般性保障条款，但这些一般性保障条款仅适用于商品贸易，专门针对服务贸易的条款仅有一条。该条款规定，当共同运输政策将严重影响某些领域运输企业的就业时，成员方有权行使否决权。

6）补贴和政府援助

《罗马条约》对货物贸易关于补贴和政府援助的规定也适用于服务贸易领域。

7）政府采购

根据《罗马条约》，欧洲共同体颁布了一系列指令，以协调各公共部门政府采购的程序。具体规则包括：①须在整个欧洲共同体范围内招标，使所有成员方的企业均有机会投标；②禁止为歧视潜在的外国投资者而规定的特定技术要求；③在招标和评标时须采用客观标准。

8) 例外和保留

《罗马条约》允许成员方以公共政策、公共安全或公共健康为理由，限制开业自由及提供服务的自由。

9) 争端解决机制

《罗马条约》规定服务提供者与某一成员方或欧洲共同体间的诉讼可在成员方法院、欧盟初审法院及欧洲法院进行。

2. 欧盟服务贸易的新举措——服务业指令

为了对消除欧盟内服务业市场壁垒、推动服务贸易自由化有一个系统、总体的安排，欧委会在对欧盟内服务业市场总体情况进行深入调研后，提出了"内部市场服务业指令"（Directive on Services in the Internal Market）。该指令致力于消除服务贸易一体化过程中的壁垒，推动服务领域的跨境开业，以期增强服务企业和所有工业企业的竞争力。

内部市场服务业指令是一个全面的法律框架，是覆盖所有服务业领域的原则性总体规定，而不是具体到部门的细节规定。它并不针对具体贸易壁垒，也不是提出消除壁垒的具体方法，而是对推动欧盟内服务的自由流动确立一些共同的原则和指导性的规定。概括起来，该指令有以下几个方面的基本内容：给予服务企业在行政许可上极大的简化；首次要求成员方政府全面检查自己国内法规中有关服务市场歧视性、不透明的限制性规定，要求成员方政府执行和转化欧洲法院有关案例法；强调信息获取的便利化；建立成员方之间的合作与互信，界定服务输出方和接受方之间的监管责任，避免对跨境提供服务产生重复管辖；明确服务产品消费者在一体化市场中的权益，保证其充分享有服务业市场一体化的好处；执行手段上采取欧盟与成员方合作的形式，而非强制执行。

3. 欧盟服务贸易协调原则

欧盟是世界上最大的国家联合体，其内部服务贸易政策的制定需要同时兼顾各成员方的利益，远比一个国家服务贸易政策的制定复杂得多。各成员方的历史、文化、语言、法律体系等各方面都存在一定的差异，某些政策方面必定存在一定的差异，是根本无法完全融合的。为了最大限度地促进服务市场一体化，欧盟在内部服务贸易政策的制定和协调方面主要遵循两项基本原则，即最低限度协调原则和相互认可原则。

1) 最低限度协调原则

最低限度协调原则指为确保一体化市场的有效运行，将成员方的标准进行最低限度的融合。该原则的目的是维护基本的公众利益。最低限度的融合能够阻止成员方为其他成员方的产品和服务设立标准壁垒，有利于欧盟区域内的自由竞争。但最低标准同样会起到负面作用，使某些服务完全被踢出市场，这在某种程度上又限制了自由竞争。

2) 相互认可原则

相互认可原则指在基本规则达成协议之后，欧盟成员方认可彼此之间在法律、规则和标准方面的差异。这有利于欧盟在没有达成进一步的政策融合之前促进贸易的自由开展。但在该原则下，各成员方相关政策的差异会增加服务提供企业的行政管理负担，不利于实现单一的内部服务市场的目标。因此，欧盟需要不断地采取措施对规则进行深度融合以深化欧盟内部服务市场一体化；但新规则出台又会导致过度监管问题，同样会加重企业管理负担。

3.3.3 USMCA 的服务贸易规则

2018 年 8 月，美国和墨西哥率先达成双边自由贸易协议，但加拿大因与美国在几项关键问题上存在争议，未加入该协议。2018 年 9 月 30 日，美国和加拿大的谈判达成一致，与墨西哥一起达成新《北美自由贸易协定》，并更名为《美墨加协定》（United States-Mexico-Canada Agreement，USMCA），于 2018 年 11 月 30 日签署。2020 年 7 月 1 日，USMCA 正式生效，这意味着涉及北美地区 1.2 万亿美元贸易规模、拥有 25 年历史的《北美自由贸易协定》（North American Free Trade Agreement，NAFTA）已被 USMCA 取代。《美墨加协定》也被称为《北美自由贸易协定》2.0 版。

> **知识小卡片**
>
> **USMCA 与 NAFTA**
>
> 相比 NAFTA 有 22 章内容，USMCA 有 34 章内容，覆盖了知识产权、数字贸易、货物贸易、金融服务、劳动者权利、环境保护、原产地规则、纺织品和农产品部门等，为历史上涵盖最广的贸易协定，并前所未有地加入了宏观政策和汇率章节。议题覆盖范围进一步扩大的同时已有议题的标准也进一步提高。WTO 前总干事莱特希泽（Robert E. Lighthizer）称，USMCA 代表了美国贸易政策的黄金标准，也将成为美国未来贸易协定的模板。

USMCA 的服务贸易规则分别体现在如下章节：第十五章"跨境服务贸易"；第十七章"金融服务贸易"；第十八章"电信服务贸易"；第十九章"数字贸易"。

1. 跨境服务贸易规则

1）涵盖范围

适用于一缔约方采取或维持的与另一缔约方的服务提供者的跨境服务贸易有关的措施。

（1）服务的生产、分销、营销、销售或交付。

（2）购买、使用或支付服务费用。

（3）与提供服务有关的分销、运输或电信网络或服务的接入或使用。

（4）另一方的服务提供者在一方境内的存在。

（5）提供债券或其他形式的金融担保作为提供服务的条件。

2）国民待遇

（1）每一缔约方给予另一缔约方的服务和服务提供者的待遇，应不低于在类似情况下给予自己一方的服务和服务提供者的待遇。

（2）一缔约方根据第 1 款给予的待遇，就中央一级以外的政府而言，指的是不低于该国政府在类似情况下给予其所属缔约方的服务提供者的最优惠待遇。

（3）更确切地说，是否在"类似情况"下给予第 1 款所指的待遇，取决于总体情况，包括有关待遇是否根据合法的公共福利目标区分服务或服务提供者。

3）最惠国待遇

（1）每一缔约方给予另一缔约方的服务和服务提供者的待遇，不得低于在类似情况下给予另一方或非缔约方的服务和服务提供者的待遇。

（2）一缔约方根据第1款给予的待遇，就中央一级以外的政府而言，是指不低于该国政府在类似情况下给予另一缔约方或非缔约方的服务和服务提供者的最优惠待遇的待遇。

（3）更确切地说，是否在"类似情况"下给予第1款所指的待遇，取决于总体情况，包括有关待遇是否根据合法的公共福利目标区分服务或服务提供者。

4）市场准入

任何缔约方不得在某个区域或其整个领土上采取以下措施。

（1）限制：①服务提供者的数量，无论是数量配额、垄断、独家服务提供者，还是经济需求测试的要求；②以数字配额形式或经济需求测试要求的服务交易或资产的总值；③以定额或经济需要测试的要求，以指定的数字单位表示的服务作业总数或服务输出总量；④可受雇于某一特定服务部门或某服务提供者可雇用的自然人总数，而该类自然人是以数字定额或经济需求测试的形式提供某项特定服务所必需的及直接有关的自然人总数。

（2）限制或要求提供服务的服务提供者的特定类型。

2. 金融服务贸易规则

金融服务是美国服务贸易顺差的重要来源之一，除常规性的国民待遇和最惠国待遇条款外，美国比较关注的还有市场准入问题。其具体规定如下。

（1）任一缔约方不得采取以下措施：①针对另一缔约方的金融机构或欲设立各类金融机构的另一缔约方投资者。②针对提供或欲提供附件17-A（跨境贸易）所规定的各种金融服务的另一缔约方跨境金融服务提供者。③针对提供或欲提供符合第2款规定的各项金融服务的另一缔约方跨境金融服务提供者，在其国域某地区或在其整个国域范围内采取或沿用任何措施。④以数量配额、垄断、独家服务提供者或要求其进行经济需求测试的形式，限制金融机构或跨境金融服务提供者的数量；以数字配额或要求其进行经济需求测试的形式，限制金融服务交易总额或资产总值；以配额形式或要求其经济需求测试的形式，限制金融服务业务总量或以指定数字单位表示的金融服务产出总量；以数字配额或要求其进行经济需求测试的形式，限制某个金融服务部门雇用的自然人数量或某个金融机构或跨境金融服务提供者可以雇用的自然人数量，以及某项具体金融服务必要的且与该项金融服务供应直接相关的自然人数量，或用来对金融机构或跨境金融服务提供者提供服务的法人实体或合资企业的具体类型有所限制或提出具体要求。

（2）第1款第3项不要求：一缔约方允许另一缔约方的跨境金融服务提供者在该缔约方境内开展业务经营。为达到本款的目的，缔约方可以在其法律框架内界定"业务经营"。

（3）任何缔约方不得以提供跨境金融服务的条件要求另一缔约方的跨境金融服务提供者在其境内设立或维持代表处或企业，或在其境内常驻。

（4）更确切地说，一缔约方当事人可以要求另一方的跨境金融服务提供者或金融工具进行注册登记或授权。

3. 电信服务贸易规则

1）适用范围

（1）本协议适用于影响电信服务贸易的措施，包括：①与接入和使用公共电信网络或服务有关的措施；②关于公共电信服务提供者义务的措施；③与提供增值服务有关的措施；④与公共电信网络或服务有关的任何其他措施。

（2）本协议不适用于与广播或电视节目的广播或有线传播有关的措施，但根据第18条第3款（市场准入和使用）的规定，确保经营广播电台或有线电视系统的企业能够继续接入和使用公共电信网络和服务。

（3）本协议的任何规定不得解释为要求某一缔约方：①建立、建设、收购、租赁、经营或者提供一般不向公众提供的电信网络或者服务；②强制专营广播电视节目、有线电视业务的企业将其广播、有线设施作为公共电信网络使用。

2）市场准入和使用

（1）每一缔约方应确保另一缔约方的任何企业能够按照合理和非歧视性的条款和条件，进入和使用在其领土内或跨越其边界提供的任何公共电信网络或服务，包括租用网络。

（2）各方应确保另一方的任何企业被允许：①购买、租赁或连接与公用电信网接口的终端设备或者其他设备；②通过租用或拥有的线路向个人或多终端用户提供服务；③将租用或拥有的网络与公共电信网络和服务或其他企业租用或拥有的网络连接；④执行交换、信令、处理和转换功能；⑤使用自己选择的操作协议。

（3）每一缔约方应确保另一缔约方的任何企业可以使用公共电信网络或服务在其领土内或跨国界传递信息，包括企业内部通信，并访问在其领土内数据库所载或以机器可读形式储存的信息。

（4）虽有第3款的规定，缔约方可采取必要措施，确保电文的安全和保密，或保护公共电信网络或服务的最终用户的个人数据的隐私，但这些措施的实施方式不得构成对服务贸易的任意或无理歧视或变相限制。

（5）各缔约方应确保不对公共电信网络和服务的接入和使用施加任何条件。除下列必要条件外：①保障公共电信网络和服务提供者的公共服务责任，特别是其向公众提供其网络或服务的能力；②保护公共电信网络或服务的技术完整性。

（6）符合第5款所述准则的接入和使用公共电信网络和服务的限制条件，可包括：①必须使用与其网络和服务相衔接的特定技术接口（包括接口协议）；②必要时，必须保证其网络和服务的互用性；③对与网络接口的终端或其他设备进行型式认证，对与其网络连接的相关设备做出技术要求；④采纳或继续使用的通知、登记和许可过程必须是透明的，且必须根据一缔约方的法律法规来处理各种申请。

4. 数字贸易规则

1）规则内容

（1）关税。任一缔约方不得对一方当事人与另一方当事人之间以电子方式传输的数字产品的进口或出口征收关税、费用或其他费用。更确切地说，第1款并不排除一方对以电子方式传输的数字产品征收国内税、费用或其他费用的可能，前提是这些税收、费用或收费的征收方式与本协定一致。

（2）数字产品的非歧视性待遇。任一缔约方不得对在另一方领土内以商业条款创作、制作、出版、签约、委托或首次提供的数字产品，或其作者、表演者、制作者、开发者或所有者是另一方人员的数字产品给予较低的待遇。本条不适用于一方提供的补贴或补助，包括政府支持的贷款、担保或保险。

（3）国内电子交易框架。每一缔约方应按照《贸易法委员会 1996 年电子商务示范法》的原则，维持一个管理电子交易的法律框架。各方应努力做到两点：①避免对电子交易造成不必要的监管负担；②为利益相关者在制定其电子交易法律框架方面提供便利。

（4）为数字贸易接入和使用互联网的原则。缔约方承认，在其领土内消费者若能实现以下行为将是有利的：①在合理的网络管理下，消费者访问和使用在互联网上选择的服务和应用程序；②将消费者选择的终端用户设备连接至互联网，前提是此类设备不会损害网络；③访问互联网服务供应商的网络管理的信息。

2）规则特征

USMCA 首次以"数字贸易"取代"电子商务"作为数字贸易相关章节的标题，进一步明确了数字贸易的内涵，避免陷入"以网络交易平台为支撑的在线交易"的误解。同时，以数字贸易为核心，在与服务贸易相关章节中设定纪律或条款，改善了原有规则无法适应数字贸易的现状。USMCA 在涵盖此前所有高水平数字贸易纪律的基础上，新增了以下内容，以进一步约束政府行为、确保公平竞争，并保护服务提供者的利益。

（1）新增"网络安全""公开政府数据"及"交互式计算服务"条款。"网络安全"条款鼓励各方共同应对网络威胁带来的问题，确保对数字贸易的信心。"公开政府数据"条款要求最大限度地公开政府数据，鼓励各方政府以电子形式提升行政透明度。"交互式计算服务"条款则要求任何缔约方在确定信息存储、处理、传输、分配或由该服务造成的损害责任时，不得采取或维持任何措施将交互式计算机服务的提供者或使用者视为信息内容提供者，除非该信息完全或部分由该提供者或使用者创建或开发。

（2）新增"提供增值服务条件"条款。该条款规定，如一缔约方直接对增值电信服务进行规制，那么在没有适当考虑合法公共政策目标和技术可行性的情况下，不得对增值电信服务提供者提出与公共电信服务提供者同样的要求，且有关的资格、许可、注册、通知程序等都是透明的和非歧视的，并且不得提出诸如对公众普遍提供等要求。

（3）在跨境服务贸易的定义中，以脚注的形式明确了跨境服务贸易的纪律也适用于"采用电子手段"生产、分销、营销、销售或交付的服务，实现了已有规则的数字化升级。尽管在"WTO 美国赌博案"中专家组早已支持了这一观点，但这是第一次以文字的形式在协定中予以明确。

3.3.4 ASEAN 的服务贸易规则

东南亚国家联盟（Association of Southeast Asian Nations，ASEAN），简称"东盟"，目前拥有 10 个成员方，即马来西亚、菲律宾、泰国、新加坡、印度尼西亚、文莱、越南、缅甸、老挝和柬埔寨。60 多年来，东盟国家一直致力于加快区域经济合作进程，在经济实力和影响力方面不断加强，而且在地区和国际事务中发挥了越来越重要的作用，成为东南亚地区一体化程度最高的区域经济组织。

1. 东盟发展历程

东盟的前身是由马来西亚、菲律宾和泰国于 1961 年 7 月 31 日在曼谷成立的东南亚联盟。1967 年 8 月 8 日,马来西亚、菲律宾、泰国、新加坡和印度尼西亚五国在曼谷举行会议,发表了《东南亚国家联盟成立宣言》,即《曼谷宣言》,正式宣告东盟成立。

1976 年 2 月,第一次东盟首脑会议在印度尼西亚的巴厘岛举行,会议签署了《东南亚友好合作条约》及强调东盟各国协调一致的《巴厘宣言》。此后,东盟各国不断加强政治经济和军事领域的合作,并采取了切实可行的经济发展战略,推动经济迅速增长,逐步成为一个有一定影响的区域性组织。

1984—1999 年,文莱、越南、缅甸、老挝和柬埔寨相继加入东盟,使这一组织涵盖了整个东南亚地区,形成了一个人口超过 5 亿人、面积达 447.92 万平方千米的十国集团。

2. 东盟内部的服务贸易规则

1995 年 12 月 15 日,东盟签署了《东盟服务业框架协议》(ASEAN Framework Agreement on Services,AFAS),以实现服务贸易自由化。其后各国还先后签署了《电子东盟框架协定》《东盟旅游协定》等,分别提出了推动区域信息通信服务贸易自由化与促进区域旅游的便利化、市场准入和市场共同开发等领域的合作。

在东盟服务贸易自由化的框架下,区域内服务部门相互开放有所加快,尤其是优先开放的金融、电信、旅游、海运、航空、建筑等服务部门。

AFAS 的主要内容仍以 GATS 规范为主。AFAS 在序言中声称,东盟内部的经济合作会为建立服务贸易自由化框架规则提供保障,而服务贸易本身又会加强成员之间的经济合作,同时重申了对 GATS 原则和规则的承诺,并强调应将区域内贸易自由化扩展到服务贸易领域。

《东盟服务业框架协议》由 14 条构成,集中体现了东盟服务贸易的相关规则。其在结构上与 GATS 有许多相似之处,包括序言、主要条款、争端解决方式、完善补充法规的地位、机构安排等条款。

第 1 条 宗旨

加强成员之间的服务合作,以增强本区域服务提供者在本区域内的经营效率、竞争力及多样化产品的供应能力;在成员之间消除服务贸易的实质性限制;除 GATS 中的承诺外,各成员采取新的自由化措施,实现贸易自由化的目标。

第 2 条 合作领域

合作领域包括:建立或改善基础设施;达成联合生产、营销和购买的安排;共同研究和发展、信息交换等。

各成员应提出包含详细合作措施及力度的行动计划、进程安排及谅解书,所有成员均应根据本框架协议参加合作安排。但是,如果其他成员还未准备好履行这些安排,则两个或两个以上的成员可以首先起步。

第 3 条 自由化

规定各成员在一个合理的时间内实质性地消除所有现存的歧视性措施和市场准入限制,并禁止新的和更多的歧视性措施和市场准入限制。

第 4 条 具体承诺的谈判

第 1 款规定,成员应按具体服务部门就影响贸易自由化的措施进行谈判。这类谈判应促使成员在 GATS 已有承诺的基础上进一步做出具体承诺，并根据最惠国待遇原则在区域内部实施。第 2 款规定，每一成员应在承诺列表中列明其具体的承诺事项。第 3 款规定，该框架并不阻碍任何成员基于边境地区内的服务流动而给予邻国的优惠待遇。

第 5 条 相互承认

协议规定，成员就服务提供者的执照和证书而言，每一成员方可承认在另一成员方处获得的学历和从业经验、已获得的条件及所颁发的许可证或证明；但是，并非要求各成员方承担接受达成此类相互承认协定或安排的义务。

第 6 条 利益的拒给

协议的特惠不必给予非成员方居民的自然人服务提供者，或属于或受制于非成员居民的法人。

《东盟服务业框架协议》第 7 条至第 14 条还就争端解决、与其他协定的关系、具体承诺的修改程序、制度安排、协定修改、新成员的加入等做出了规定。

此外，东盟成员多次做出服务贸易减让承诺。2003 年 9 月，东盟成员通过《修改东盟服务业框架协议的议定书》，允许其中两个或者两个以上成员在承诺基础上，就某些部门的进一步开放进行谈判。

知识小卡片

ASEAN 服务贸易谈判管理体制

东盟经济部长（ASEAN Economic Ministers，AEM）和东盟经济高官会议（Senior Economic Officials Meeting，SEOM）组成最高领导和审议机构，服务贸易协调委员会（Coordinating Committee on Services，CCS）负责组织、协调及实行相关管理工作，具体谈判的工作则由 CCS 下设的各个不同的服务部门谈判工作组来完成，形成的谈判成果由东盟经济部长签署确认后，各成员方遵照实施。鉴于金融和空运服务的重要性和特殊性，这两个部门的自由化谈判分别由金融服务自由化工作委员会（Working Committee on ASEAN Financial Services Liberalization）和航空运输工作组（Air Transport Working Group）专门负责，并分别通过东盟财政和央行代理会议（ASEAN Finance and Central Bank Deputies Meeting，AFDM）和东盟运输高官会议（Senior Transport Officials Meeting，STOM）向东盟财政部长（ASEAN Finance Ministers，AFM）和东盟运输部长（ASEAN Transport Ministers，ATM）报告谈判进展。目前，CCS 下设 6 个服务贸易部门工作组，即商务服务、建筑服务、保健服务、物流与运输服务、电信与 IT 服务、旅游服务，还设有专门的教育服务小组。当前，东盟服务贸易论坛（ASEAN Forum on Trade in Services）已成为东盟服务贸易自由化的一项评估机制。

随着东盟区域经济一体化的不断发展，服务贸易自由化的进程也在不断向前推进。1999 年 9 月召开的东盟经济部长会议使各成员方对东盟区域服务贸易自由化的短期目标和长期目标有了统一认识。东盟区域服务贸易自由化的短期目标是达成所有成员方的服务部门承诺减让，而长期目标是实现区域内所有服务部门的一体化和所有服务贸易提供模式的自由化。在 2003 年 10 月召开的第九次东盟峰会上，各成员方达成了《东盟协调一致宣言 Ⅱ》（Declaration of ASEAN Concord Ⅱ），正式宣布 2020 年将建成东盟经济共同体

（ASEAN Economic Community，AEC），实现区域内商品服务人员与资金的自由流动。2005年12月，东盟峰会成员领导人决定加快区域经济一体化的步伐，将原定的时间提前5年，即于2015年完成AEC的建设，包括所有服务部门也要在2015年实现一体化。2015年12月31日，东盟宣布建成了东盟共同体，制定《后2015东盟共同体愿景》，通过了《东盟迈向2025年吉隆坡宣言》，规划了未来10年东盟共同体建设的路线图。2019年，东盟完善了《东盟服务贸易协议》谈判进程并签署了协议文件。ATISA履行AFAS的自由化承诺，减少对服务提供商的歧视障碍，为该地区的服务市场提供了坚实的法律基础和更加透明的机制。

3. 东盟的对外服务贸易规则

东盟在推进内部一体化的过程中也在积极加强区域经济合作。20世纪90年代初，东盟率先发起区域合作进程，逐步形成了以东盟为中心的一系列区域合作机制。其中，东盟与中国、日本、韩国（10+3）的合作机制，东盟与中国、日本、韩国、印度尼西亚、澳大利亚、新西兰（10+6）的合作机制，已经发展成为东亚合作的主要渠道。2003年，中国与东盟的关系发展为战略协作伙伴关系，中国成为第一个加入《东南亚友好合作条约》的非东盟国家。

东盟先后与多个国家签订经济合作协议，并与中国、日本、韩国、澳大利亚和新西兰等国签订服务贸易协议。《区域全面经济伙伴关系协定》的达成与生效，将取代与上述国家的服务贸易协议，进一步推动东盟对外服务贸易自由化进程。有关《区域全面经济伙伴关系协定》的内容将在下一小节详细介绍。

3.3.5 RCEP的服务贸易规则[①]

《区域全面经济伙伴关系协定》（Regional Comprehensive Economic Partnership Agreement，RCEP）由东盟于2012年发起，历经8年、31轮正式谈判，全面完成市场准入谈判，最终在第四次领导人会议期间如期签署，成为东亚经济一体化建设近20年来最重要的成果。

1. RCEP的达成与生效

2011年2月26日，缅甸内比都第十八次东盟经济部长会议优先讨论了如何与其经济伙伴国共同达成一个综合性的自由贸易协议，产生了组建区域全面经济伙伴关系的草案。2011年11月15日，在印度尼西亚巴厘岛第十九届东盟峰会上，东盟十国领导人正式同意建立RCEP。

2013年5月9日，文莱RCEP第一轮谈判正式成立货物贸易、服务贸易和投资三个工作组，并就货物、服务和投资等议题展开磋商。

2020年11月15日，第四次领导人会议期间，15国签署RCEP，包括东盟10国和中国、日本、韩国、澳大利亚、新西兰。

2022年1月1日，RCEP在文莱、柬埔寨、老挝、新加坡、泰国、越南等6个东盟成员方和中国、日本、新西兰、澳大利亚等4个非东盟成员方正式生效实施；同年2月1日

---

① 本节参考中国商务部网站RCEP专题。

在韩国生效实施，3月18日在马来西亚生效实施。

2. RCEP 的主要内容

RCEP 由序言、20 个章节（初始条款和一般定义、货物贸易、原产地规则、海关程序和贸易便利化、卫生和植物卫生措施与标准、技术法规和合格评定程序、贸易救济、服务贸易、自然人临时流动、投资、知识产权、电子商务、竞争、中小企业、经济技术合作、政府采购、一般条款和例外、机构条款、争端解决、最终条款）、4 个市场准入承诺表附件（关税承诺表、服务具体承诺表、投资保留及不符措施承诺表、自然人临时移动具体承诺表）组成。

3. RCEP 关于服务贸易的规定

RCEP 中的服务贸易部分集中在第八章，共 25 条。服务贸易章节除市场开放及相关规则外，还包括金融服务、电信服务和专业服务 3 个附件，对金融、电信等领域做出了更全面和高水平的承诺，对专业资质互认做出了合作安排。这里概括介绍其内容。

1）第八章 服务贸易

RCEP 削减了各成员影响跨境服务贸易的限制性、歧视性措施，为缔约方间进一步扩大服务贸易创造了条件。具体措施包括市场准入承诺表、国民待遇、最惠国待遇、本地存在、国内法规等规则。服务贸易的开放模式分为正面清单模式和负面清单模式。通过给予部分成员过渡期的方式，RCEP 成员最终将以负面清单模式实现高水平开放。

本章应当适用于一缔约方采取的影响服务贸易的措施。该措施指该缔约方中央、地区或地方政府和主管机关所采取的措施，以及非政府机构在行使该缔约方中央、地区或地方政府和主管机关授权的权力时所采取的措施。

本章不适用于以下情形：①政府采购；②由一缔约方提供的补贴或赠款，或者为获得或持续获得该补贴或赠款所附的条件提供的补贴或赠款，包括政府支持的贷款、担保和保险，无论该补贴或赠款是否仅提供给国内的服务、服务消费者或服务提供者；③行使政府职权时提供的服务；④海运服务中的沿海贸易；⑤空运服务，影响以任何方式授予的业务权的措施，或影响与业务权的行使直接相关的服务的措施，但影响以下方面的措施除外：航空器的修理和维护服务；空运服务的销售和营销；计算机订座系统服务；专业航空服务；地面服务；机场运营服务。

本章不适用于影响寻求进入另一缔约方就业市场的自然人的措施，也不适用于与国籍、公民身份、永久居留或永久雇用有关的措施。

2）第八章 附件一：金融服务附件

本附件共 14 条，就金融服务制定了具体规则，同时为防范金融系统不稳定性提供了充分的政策和监管空间。金融服务指一缔约方的金融服务提供者提供的任何具有金融性质的服务。金融服务包括所有保险和保险相关服务，以及所有银行和其他金融服务（保险除外）。除第八章（服务贸易）规定的义务外，本附件还包括：①一个稳健的审慎例外条款，以确保金融监管机构保留制定支持金融体系完整性和稳定性措施的能力；②金融监管透明度义务，缔约方承诺不得阻止开展业务所必需的信息转移或信息处理，以及提供新的金融服务；③缔约方可通过磋商等方式讨论解决国际收支危机或可能升级为国际收支危机的情况。

> **知识小卡片**
>
> **审慎原因**
>
> 依据缔约方的理解,"审慎原因"概念包括维护单个金融机构或金融服务提供者的安全、健全、完整或金融责任,以及维护支付和清算系统的安全、金融完整性和运营完整性。

3)第八章 附件二:电信服务附件

本附件共 23 条,制定了一套与电信服务贸易相关的规则框架。在所有现有的"东盟'10+1'自由贸易协定"电信服务附件的基础上,附件还包括监管方法、国际海底电缆系统、网络元素非捆绑、电杆、管线和管网的接入、国际移动漫游、技术选择的灵活性等条款。

本附件应当适用于一缔约方采取的影响公共电信服务贸易的措施,包括:①与接入和使用公共电信网络或服务相关的措施;②与公共电信网络或服务提供者的义务相关的措施。

本附件不得适用于影响有线或广播电台或电视节目的措施,为保证有线和广播服务提供者能够接入和使用公共电信网络和服务的除外。

4)第八章 附件三:专业服务附件

本附件为缔约方提供途径,以便利本区域内专业服务的提供。其主要内容包括:加强有关承认专业资格机构之间的对话,鼓励 RCEP 缔约方或相关机构就共同关心的专业服务部门的专业资质、许可或注册进行磋商。此外,还鼓励缔约方或相关机构在教育、考试、经验、行为和道德规范、专业发展及再认证、执业范围、消费者保护等领域制定互相接受的专业标准和准则。

4. RCEP 服务贸易规则发展

1)市场准入

日本、韩国、澳大利亚、新加坡、文莱、马来西亚、印度尼西亚等 7 个成员方采用负面清单方式承诺;中国等其余 8 个成员方采用正面清单承诺,并将于协定生效后 6 年和 15 年内逐步转化为负面清单。就开放水平而言,15 个成员方均做出了高于各自"10+1"自贸协定水平的开放承诺。中国服务贸易开放承诺达到了已有自贸协定的最高水平,承诺服务部门数量在中国入世承诺约 100 个部门的基础上,新增了研发、管理咨询、制造业相关服务、空运等 22 个部门,并提高了金融、法律、建筑、海运等 37 个部门的承诺水平。其他成员方在中国重点关注的建筑、医疗、房地产、金融、运输等服务部门都做出了高水平的开放承诺。

2)金融服务

RCEP 允许其他成员方的金融服务提供者在 RCEP 东道国提供新金融服务。新金融服务是指未在一成员方领土内提供,但已在另一成员方领土内提供和被监管的金融服务。这可能包括与现有产品及新产品或者产品交付方式有关的一项服务。在一定条件限制下,RCEP 也允许金融服务提供者对日常运营所需要的金融信息进行跨境转移,同时对金融行业主管机构和自律组织提出了信息公开的要求。

3)电信服务

RCEP 对电信服务主要提供者进行纪律约束,要求确保其他成员方的服务提供者能够接入或使用本国的公共电信相关基础设施，并且不受歧视。RCEP 允许转售，即其他电信服务提供者向主运营商购买电信服务后，允许重新包装进行再销售。同时，RCEP 也承诺有条件地给予电信服务企业灵活选择技术的权利，并要求提高国际移动漫游费率的透明度和竞争性。RCEP 还建立了电信独立监管制度，即电信主管部门须独立于任何电信企业之外。

RCEP 电信服务贸易相关的规则框架将推动区域内信息通信产业的协调发展，带动区域投资和发展重心向技术前沿领域转移，促进区域内产业创新融合，带动产业链价值链的提升和重构。

4）专业服务

专业服务附件主要鼓励成员方之间相互承认资质，加强标准对接，制定互相接受的专业标准和准则，使专业人才更容易在其他成员方执业，盘活区域内的专业人才资源，促进相关领域的服务贸易。这为成员方未来加强专业服务经贸领域互认合作提供了可能。

5）自然人临时移动

自然人临时移动（第九章）主要针对从事货物贸易、提供服务或进行投资的自然人，为其临时入境与临时停留（非永久居留的目的）制定了更加便利的规则。RCEP 涵盖的自然人包括商务访问者、公司内部流动人员、投资者、合格专业人员、独立高管、合同服务提供者、安装和商务人员、随行配偶及家属等类别。

本章小结

1．为在服务贸易领域建立多边原则和规则，增强各国服务贸易管制的透明度，促进服务贸易逐步自由化，各参与国于 1994 年 4 月 15 日正式签署 GATS。这是多边贸易体制下第一部规范国际服务贸易的框架性法律文件，是 WTO 在国际社会调整服务贸易关系的基本规范。GATS 的签订标志着服务贸易自由化进入一个新的阶段。

2．"乌拉圭回合"谈判之后，WTO 各成员继续就有关框架协议和具体服务贸易部门进行谈判，并在金融服务、基础电信、信息技术和自然人流动四个方面达成协议，将服务贸易自由化原则向具体成果方面推进了一大步。"多哈回合"谈判启动后，上述服务贸易议题被纳入"多哈回合"谈判中。服务贸易自由化进程起步较迟，以及服务贸易本身的复杂性，在整个多边贸易谈判中不属于各方关注的焦点，服务贸易谈判进程取决于多边贸易体制整个回合及相关议题谈判的顺利进行。

3．GATS 将一般义务和具体义务分别进行了规范。一般义务是指原则中规定的最惠国待遇等方面的义务。该类义务对所有成员和所有服务部门均有约束力，而不论成员是否已开放或同意开放这些服务部门。具体义务是指市场准入和国民待遇等方面的义务。该类义务是按成员的具体承诺产生的，只适用于成员承诺开放的服务部门和承诺开放这些部门的成员。该类义务还应受成员在做出承诺时所列条件和限制的制约。

4．TISA 由 RGF 倡导，以诸边谈判方式进行，旨在为国际服务贸易提供更高水平、涵盖更多行业范围的多边贸易规则，规范统一全球服务贸易规则的制定。

5．欧盟是当今世界一体化程度最高的区域政治、经济集团组织。欧盟对服务贸易自由化立法主要集中在《罗马条约》及其派生文件中。欧盟服务贸易自由化政策主要包括：共同商业政策中建立具体服务市场的策略、专业资格的相互承认、服务原产地规则、政府采购及"内部市场服务业指令"等。

6.《美墨加协定》由美国、加拿大和墨西哥三国签署。《美墨加协定》是《北美自由贸易协定》2.0版。该协定范围上覆盖了知识产权、数字贸易、货物贸易、金融服务、劳动者权利、环境保护、原产地规则、纺织品和农产品部门等，为历史上涵盖最广的贸易协定。在服务贸易方面，该协定强调国民待遇和最惠国待遇，加强金融业开放，在市场准入方面对跨境服务贸易、金融服务、电信服务、数字贸易等领域制定了市场开放的交易框架。

7. 东南亚国家联盟现有10个成员方，1967年成立。东盟已成为东南亚地区一体化程度最高的区域经济组织。《东盟服务业框架协议》提出了东盟服务贸易整体框架，推动了区域信息通信服务贸易自由化和促进区域旅游的便利化、市场准入和市场共同开发等领域的合作。根据《东盟服务业框架协议》，区域内服务部门相互开放将有所加快，尤其是优先开放的金融服务、电信、旅游、海运、航空、建筑业等部门。

8. RCEP削减了各成员影响跨境服务贸易的限制性、歧视性措施，为缔约方间进一步扩大服务贸易创造了条件。具体措施包括市场准入承诺表、国民待遇、最惠国待遇、本地存在、国内法规等规则。服务贸易的开放模式分为正面清单模式和负面清单模式。通过给予部分成员过渡期的方式，RCEP成员最终将以负面清单模式实现高水平开放。

复习思考题

1. 简述"乌拉圭回合"服务贸易谈判中发达国家和发展中国家的分歧点。
2. 简述GATS的基本原则。
3. 简述GATS服务贸易自由化的特征。
4. 简述欧盟内部服务贸易自由化的进程。
5. 简述在服务贸易领域为何将USMCA称为NAFTA2.0版。
6. 简述东盟对外服务贸易自由化的安排。
7. 简述RCEP的达成将如何推动区域内服务贸易的发展。

第 4 章 国际运输服务贸易

学习目标

本章梳理运输服务贸易的相关概念，对海洋、航空、铁路和管道运输服务贸易进行分类介绍，概述中国运输服务贸易发展状况。

要求：
- 掌握运输服务贸易的概念
- 掌握海运服务贸易自由化的发展趋势
- 了解其他运输服务贸易的特征和发展
- 熟悉中国运输服务贸易的发展特点

思政目标

我国正在建立一个开放共享、覆盖全球、安全可靠、保障有力的国际物流供应链体系，加快互联网、大数据、人工智能等科技手段与物流业深度融合，推动传统运输方式转型升级。本章讨论如何利用信息科技平台发展我国运输业和运输服务贸易，建设有利于国际服务贸易发展的高效物流网络。

4.1 国际运输服务贸易概述

运输服务贸易起源于商品贸易。在全球经济一体化的背景下，商品贸易持续的高增长带动了运输服务贸易的发展，使其成为国际服务贸易的重要组成部分。全球运输服务贸易呈现稳步发展的态势。据世界贸易组织统计，20 世纪 80 年代初，全球运输服务贸易规模约为 3000 亿美元，2021 年为 2.53 万亿美元，可见国际运输服务贸易在国际服务贸易中占有十分重要的地位。

4.1.1 国际运输服务贸易的定义

从狭义上讲，运输服务贸易是指以运输服务为交易对象的贸易活动，即贸易的一方为另一方提供运输服务，以实现货物或人在空间上的位移。根据《服务贸易总协定》对运输服务贸易的分类项目来看，运输服务贸易包括 9 个大类，分别是海运服务、内河航运、空运服务、空间运输、铁路运输服务、公路运输服务、管道运输、所有运输方式的辅助性服务（主要包括理货、仓储服务、货运代理服务）和其他服务。

从广义上讲，运输服务贸易已不局限于人员或货物在一定空间内转移的服务，还包括与该服务相关的各种辅助性、支持性服务，如港口服务贸易、船舶租赁服务贸易、飞机修理与维护服务贸易、火车牵引服务贸易等。因此，广义的运输服务贸易既包括核心服务，也包括追加性服务。

运输服务贸易的主体是服务贸易的提供者和需求者，客体是运输服务而不是有形商品。运输贸易服务按运输的对象可分为货物运输服务贸易和旅客运输服务贸易，按贸易主体的性质可分为国际运输服务贸易和国内运输服务贸易。

国际运输服务贸易主要是指以国际运输服务为交易对象的贸易活动。它是在不同国家的运输服务提供方与需求方之间所进行的，由运输服务的提供方向需求方提供运输服务，以实现货物或人员在空间上的跨国境位移，由需求方支付约定的报酬的交易活动。

国际运输服务贸易属于国际服务贸易的重要组成部分，有着与服务贸易提供模式相一致的表现形式。国际运输服务贸易中的跨境交付模式一般表现为，从事国际货运代理业务的服务提供者通过电信、邮电和计算机网络对另一国的服务消费者提供货物运输代理服务，而不需要双方的空间位移来实现。境外消费模式一般通过国际领航服务、岸上船只补给服务和提供泊位服务等港口服务形式向另一国的服务消费者提供服务。商业存在模式是指一国航运公司通过在另一国设立办事处、子公司或合资船运公司提供运输服务的形式。这种模式是四种运输服务提供模式中最为重要的一种。在这种服务提供模式下，外国运输企业会直接参与本国服务市场的竞争。自然人流动模式指一国运输服务提供者到另一国境内以自然人的方式提供服务的形式。在运输服务贸易中，一国的船舶维修专家到另一国境内为其船舶进行维修服务就属于自然人流动模式。在这种方式下，运输服务的提供者必须通过人员进入的方式移动至东道国提供服务。

知识小卡片

国际运输

国际运输是国家与国家、国家与地区之间的运输。与国内运输相比，国际运输的特点具体有以下几个：①国际运输涉及国际关系问题，是一项政策性很强的涉外活动；②国际运输是中间环节很多的长途运输；③国际运输涉及面广且情况复杂多变；④国际运输的时间性很强；⑤国际运输的风险很大。

4.1.2 国际运输服务贸易的特征

1. 国际运输服务贸易派生于国际货物贸易

运输服务的安全性、通达性和便利性是国际贸易的基础，是完成国际货物贸易的桥梁。国际货物贸易是国际运输服务贸易发展的重要影响因素。当国际货物贸易繁荣时，运输服务的派生需求就会持续增长，由此可以推动国际运输服务贸易的发展；反之，当国际货物贸易萎缩、运输需求减少时，国际运输服务贸易也会随之下降，在国际海上运输中表现为船舶吨位的运力过剩。国际运输服务贸易的发展直接影响一国在国际贸易市场中的地位，因而与国际货物贸易有着极为紧密联系的国际运输服务贸易成了推动国际贸易繁荣发展的重要力量。

2．国际运输服务贸易只可储存运输能力

国际运输服务贸易作为国际服务贸易中一个独立的部门，其运输服务生产过程和消费过程是同时进行的，一般不改变服务对象的属性或形态。国际运输服务贸易提供的只能是无形的运输服务，不能是有形的产品；运输服务的主体、客体、对象和工具有着独特的组合方式，能够储存的只有运输能力。而对于公路、水路、铁路、航空、管道等多种运输方式来说，其运输服务可替代性较强。

3．国际运输服务贸易中介或代理作用强

中介或代理对国际运输服务贸易的开展起着很重要的作用。在国际运输服务贸易中，运输服务的提供者是拥有船舶、火车、汽车、飞机等运输工具并能按客户的要求将货物从起运地运至目的地的承运人，运输服务的需求者是托运货物的贸易商、其他托运人或运输服务需求人。在国际运输服务贸易中，因双方距离较远，运输方式多样，手续繁杂，因此中介人或代理人的作用增强，这减少了运输服务提供者和需求者的工作量，提高了工作效率和质量。货运中介是介于车主和货主之间的中介组织或个人，其经营活动就是为车主配货、为货主找车，从中收取中介费。而货运代理是为运输公司（海、陆、空）代理收运货物、揽货，从而在完成货主与客商之间的贸易中起到重要的连接作用。

4.2 国际海运服务贸易

海上运输是交通运输的重要组成部分，大部分的国际贸易都是借助海上运输完成的。海上运输与内河、铁路、公路、航空、管道等多种运输方式共同组合成国际贸易运输网络，相互补充，在国际贸易中不可或缺。

4.2.1 国际海运服务贸易的含义

海运服务是指以船舶为工具，从事跨越海洋运送货物和旅客的国际性运输及相关辅助服务。虽然北欧国家、欧共体、美国等对海运服务的具体范围尚未达成共识，但不可否认的是，WTO 海运谈判主要集中在国际海上运输、海运辅助服务和港口服务三个方面。其中，国际海上运输包括班轮和非班轮市场，海运辅助服务包括船舶代理、货物代理、装卸、仓储、集装箱场站、海关结关六项业务，港口服务包括靠泊、货物装卸、供油、供水、引航等通常发生在港口的与船舶有关的服务。根据 WTO 成员方较为普遍认可的 GNS（一般国家部门标准）分类法，海洋运输服务隶属于第 11 大项的运输服务 9 大类中的 A 类，其中包括客运服务、货运服务、船舶和船员的租赁、船舶维修和保养、拖驳服务、海运支持服务 6 个小项。

国际海运服务贸易是国际运输服务贸易的重要组成部分。根据 GATS 对服务贸易的界定（跨境交付、境外消费、商业存在和自然人流动），国际海运服务包括旅客及货物的国际班轮与租船运输服务、提供港口设施服务、各种辅助性服务、在境外设立船运服务机构

或代理机构、海员雇用服务等。国际海运服务贸易是不同国家的当事人之间所进行的,以海洋运输服务为交易对象的贸易活动。

4.2.2 国际海运服务贸易的业务方式

海运是国际服务贸易的重要运输方式。尽管海上运输相对其他运输方式时效性低、受气候条件影响的不确定因素大,但由于国际运输通常距离较远、货物数量较多,而海上运输的运量大、通行能力强(不受具体航道限制)、运费低,这些优势使其成为目前国际货物运输中最常选用的方式。海上运输服务贸易的业务方式主要有以下两大类。

1. 航运方式

(1) 货物运输:指船方作为承运人将货方托运的货物经海路由一个港口运送至另一个港口并收取运费的航运方式。其中货物主要包括普通杂货、特殊杂货、固体散货、液体散货、集装化货物,运输环节包括货物受载、配载、装载、积载、运载、卸载。

(2) 旅客运输:指船方作为承运人以适合运送旅客的船舶经海路将旅客及其行李从一个港口运送至另一个港口并由旅客支付票款的航运方式。包括远洋客轮的旅客运输活动、以客运为主的远洋运输活动、沿海旅客运输服务、沿海定期客轮运输服务、沿海轮渡旅客运输服务、沿海游览船客运服务、沿海滚装客船运输服务、其他沿海旅客运输服务。

(3) 班轮运输(定期船运输):指船舶按照固定的船期表,在固定航线按既定的挂靠港口顺序,经常性从事客货运输并按运价成本的规定计收运费的航运方式。

(4) 租船运输(不定期船运输):指船舶出租人向承租人提供无固定航线、航期和挂靠港口的不定期船舶,运送货物或旅客而由承租人支付运费或租金的航运方式。在不定期租船运输市场上,运输经营人可以是船舶所有人,或是接受船舶所有人的委托专门从事船舶经营的船舶经营人;也有很大一部分是期租租船人或光船租赁人,他们以期租形式或光船租赁形式租进船舶,然后进行不定期船舶的经营活动。

2. 租船方式

租船方式包括航次运输、包运合同租船、期租船三种。

(1) 航次运输:又称程租船,指以航次为基础的租船方式。在这种租船方式下,船方必须按租船合同规定的航程完成货物运输服务,并负责船舶的经营管理及船舶在航行中的一切开支费用,租船人按约定支付运费。航次租船的合同中规定装卸期限或装卸率,并计算滞期和速遣费。

(2) 包运合同租船:指船东在约定的期限内,派若干船,按照同样的租船条件,将一大批货物由一个港口运到另一个港口的租船方式。这种方式下,航程次数不做具体规定,合同针对待运的货物;运费可以按照合同签订日的费率决定,也可采用每次运费率的方法,也就是说费率可以根据市场的变化灵活变动,以减少合同双方的损失。

(3) 期租船:指船舶所有人将配备船员的船舶出租给租船人使用一定时期的租船方式。租约期可约定一段期间或以完成一个航次为限,后者亦称航次期租。租船人在租期内按照约定的用途使用船舶,并支付租金。船舶所有人一般负责船员工资、船员伙食、船舶维修保养、船舶保险费、物料、供应品、船舶折旧费、部分货损货差索赔等,而租船人一般负责燃油费、港口使费、扫舱洗舱费、垫舱物料费等,并负责部分货损货差索赔。

4.2.3 国际海运服务自由化原则

随着世界经济一体化进程的加快及国际大市场的形成和发展，海运服务贸易自由化问题已成为世界各国关注的焦点之一。WTO 框架下的有关国际海运服务贸易的协议有：①《服务贸易总协定》，其基本原则同样适用于国际海运服务贸易部门；②GATS《海运服务谈判的附件》；③"乌拉圭回合"部长级会议通过的《海运服务谈判的决议》。

1．透明度原则

GATS 透明度条款要求，国家有关海运服务行业的法律、行政法规、部门规章及有关的非政府性规定必须公开化。此外，海运部门的透明度问题还与政府对海运业的补贴和其他优惠本国承运人的做法、技术和安全标准等有关。因此，GATS 的透明度条款要求对于克服那些在提供海运服务过程中可能出现的"隐形壁垒"有着十分重要的意义。

2．市场准入原则

就海运服务业而言，对海运服务及过境提供海运服务的数量限制，主要包括货载保留、货载份额分配、货载优先等货运限制，以及班轮公会及国家航运公司垄断航运的限制等；对人员的数量限制主要是对外籍船员及其他人员雇用的限制；商业存在方面的限制，包括在运输及运输辅助行业对外国企业设立机构的限制，对船舶及其他海运实体中外资比例和存在形式的限制，以及沿海运输权的限制等。

3．国民待遇原则

就海运服务业而言，严格地实施国民待遇条款意味着所有有利于本国船队的保护主义措施必须取消或延伸至国外船公司。对于发展中国家而言，如果其本国船队竞争力不强，则会造成市场对本国船队服务需求的进一步减少。国民待遇条款的实施还牵涉沿海航行权等问题，即对沿海航行权的取消是迈向沿海和远洋运输一体化、高效多式联运的重要一步，哪怕是有条件地取消沿海航行权（只有在沿海航行是国际运输的延伸的情况下才取消）也将对整个国际航运业，尤其是发展中国家的航运业产生重要影响，其影响程度取决于本国船公司的竞争能力。由于沿海航行权是一种近似垄断的做法，原先经营沿海航运的本国企业的竞争能力通常较差，因而沿海航行特权的取消对发展中国家的海上运输将产生很大的负面影响。

4．最惠国待遇原则

就海洋运输业而言，另一缔约方的服务是指由按照另一缔约方的法律注册的船舶提供的服务或由另一缔约方的人通过对船舶的全部或部分的营运或使用所提供的服务；就整个海运服务业而言，还包括船舶代理、货运代理和港口服务等。

GATS《海运服务谈判的附件》则规定，一缔约方维持与最惠国待遇不相一致的措施或免除最惠国待遇义务，只能在海运服务谈判结果实施日期生效；但这种义务免除及其生效不应适用于已纳入一缔约方承诺表中的任何海运服务的具体承诺；每一缔约方在海运服务谈判结束起并在实施日期之前，可在不提供补偿的情况下改进、修改或撤销在本部门的全部或部分具体承诺。

在许多缔约方业已相当大地开放其国内市场的前提下，采用无条件最惠国待遇将给许多部门带来出口机会，即使对有关市场准入和国民待遇的具体承担义务未做承诺也不受影响。然而，在某些部门，如基础电信、金融服务和海运服务部门，业已放宽市场的成员方在其他成员方市场关闭时，可以提出最惠国待遇的登记免除，借机在这些部门换取更大的互惠，并在最惠国待遇一旦适用于这些部门时将其作为谈判筹码。在上述三个部门的谈判结束时，各成员方将确定是否维持或登记最惠国待遇的免除。

5. 逐步自由化原则

逐步自由化原则规定在 GATS 的第四部分，它要求各国分阶段、有条件地消除贸易壁垒，逐步实现服务贸易自由化。具体包括各国对市场准入的条件逐步放宽、限制逐渐减少、逐步给予他国国民待遇等；航运保护政策应遵循该原则，在保护力度上逐步减少。但这是一个"逐步"的过程，"自由化"是一个长期的目标和趋势，因此不排除在一定时期内实行"航运保护政策"，它在一定时期内也可以不必减少，力度也可以不必减弱。

4.3 其他运输服务贸易

除海运服务贸易外，其他运输服务贸易（包括航运、铁路和管道等运输服务贸易）也是国际货物运输服务贸易的重要组成部分。据世界贸易组织统计，以 2021 年为例，全球运输服务贸易出口总额为 10414 亿美元，其他运输服务贸易出口总额达 6247 亿美元。

4.3.1 国际航空运输服务贸易

航空运输服务贸易作为运输服务贸易的重要组成部分，它在一国经济发展中的作用日益突出。

1. 国际航空运输服务贸易的定义

根据《国际服务贸易统计手册》，航空运输服务是指由飞机提供的所有运输服务，包括国际客运，但不包括运费保险（包括在保险服务内）、非对运输设备的修理（视作货物）、机场设施的修理（包括在建筑服务内）及出租或包租不带机组人员的运输工具（包括在营业租赁服务内）。国际航空运输服务贸易是不同国家的当事人之间所进行的，以航空运输服务为交易对象的贸易活动。

2. 国际航空运输服务贸易的特点

航空运输服务使用飞机作为运输工具，具有以下特点：①运送速度比其他运输方式快，最适合鲜活商品、易腐商品、季节性商品的运输，同时为高价商品的快速运达、减少在途资金积压提供了可靠的保障；②航空运输安全可靠，按照固定班期、固定时点到达目的地，并且货损货差率低；③航空运输的航线不受地形条件的限制，有利于开拓其他运输线路线不易开拓的新市场；④航空运输的成本高于其他运输方式，且对载货的体积、重量有一定的限制。

> **知识小卡片**
>
> **航空运输的主要业务形式**
>
> 航空运输的主要业务形式有：①班机运输（Scheduled Airline）；②包机运输（Chartered Carrier）；③集中托运（Consolidation）；④航空急件传送（Air Express Service）；⑤递交业务（Delivery Service）；⑥货到付款（Cash On Delivery）。

3. 航空运输服务自由化

1）多边体制下的航空运输服务自由化

航空运输业在"乌拉圭回合"谈判开始并没有被单独列出，直到 1998 年考虑到航空运输服务贸易在经济中的重要地位时才被单独列出，归入第 11 类服务部门"交通运输服务"，并首次在多边贸易体制下对航空运输服务的自由化进行谈判。航空运输服务多边谈判的成果是达成了 GATS《空运服务的附件》，它具体规定了多边贸易体制所管辖的航空运输服务的范围和原则，实际结果是将《服务贸易总协定》在航空运输服务领域适用的范围限制得很小。这一点是和航空运输服务国际管辖的历史机制密不可分的。由于航空运输服务受到的约束较少，因而在 GATS 后续的谈判中，航空运输服务已经成为焦点之一。

《服务贸易总协定》不同于《关税及贸易总协定》，后者在"乌拉圭回合"后涵盖了所有的货物贸易，前者虽然原则上应该管辖所有的服务贸易，但由于服务贸易是初次纳入多边贸易体制的，而且服务业的发展水平在各国之间存在很大差距，因而"乌拉圭回合"对《服务贸易总协定》制定了一系列的附件，将很多服务部门排除在《服务贸易总协定》之外。《空运服务的附件》就属于这个情况，即这个附件的自由化程度非常有限。国际空运服务的绝大部分服务内容，由成员方根据《芝加哥公约》谈判所达成的双边安排所管辖。因此，《空运服务的附件》规定，有关航空交通权的双边协定不属于《服务贸易总协定》管辖范围。目前，在空运服务部门，《服务贸易总协定》仅适用于飞机的维修和保养、空运服务的销售和营销（不包括空运服务的定价及其条件），以及计算机预订系统三项服务。该附件主要澄清了空运服务中不属于《服务贸易总协定》管辖范围的内容。

由于航空运输服务目前受 WTO《服务贸易总协定》管理的范围很小，因而航空运输服务自由化的步伐还很慢，这是由历史和现实的原因造成的。总的来讲，WTO 航空运输服务贸易自由化具有如下几个特点。

（1）《服务贸易总协定》的原则在航空运输服务业中仅适用于成员方做出的有关具体承诺。根据 GATS 的规定，各成员方受 GATS 纪律约束的部门就是列入各方承诺表的内容，因而各成员方受《服务贸易总协定》纪律约束的航空运输服务部门就是列入承诺表的部门，没有列入的就不受任何约束。

（2）复杂性。航空运输服务贸易自由化具有复杂性，表现为在 WTO 和国际民航组织（International Civil Aviation Organization，ICAO）之间如何进行协调的问题、目前航空运输服务贸易的双边性和空域的主权性问题、双边协议中普遍存在的所有权和控制权规定、航空运输服务自由化多车道的局面等。

（3）渐进性和自主性。渐进性主要是因为考虑到不同成员方所处的发展阶段不同。这在 GATS 对发展中国家的优惠规定中得到反映，它规定增加发展中国家逐渐参与服务贸易的机会，并通过加强其国内服务的能力、效力和竞争力来扩大服务出口。各成员方主要通过谈判具体承诺的方式来促进发展中国家的逐渐参与。

因此，有成员方在 2000 年下半年对《空运服务的附件》进行审议时提出，任何扩展该附件的决定，都不能视为强迫成员方对航空运输进行自由化，或者放松该领域的管制。各成员方仍应自主决定航空运输自由化的步伐。附件的扩展，只是为成员方做出更多的承诺提供了可供选择的范围。

（4）部门特定性。WTO 的服务贸易谈判不是采取"一揽子"方式，而是采取"特定部门谈判"方式，因而往往很难找到一个为所有成员方都接受的利益平衡点。在 GATS 的谈判中，往往在某一个方面的代价会在另一个方面得到补偿，而且成员方对谈判的结果只能全部接受，而不能部分接受。

（5）最惠国待遇特殊性。最惠国待遇本应无条件地给予所有的成员方，但是由于历史原因形成的航空运输服务的双边性，使在多边贸易体制下的航空运输服务仍然存在对其他成员方的歧视性待遇。这种最惠国待遇方式，实质上仍然要建立一种以双边对等为基础的自由化方式。另外，航空运输服务的某些领域在适用最惠国待遇原则时本身也存在限制，主要是涉及一些稀缺性资源的分配。比如，机场的飞机起降时间是一种稀缺资源，某一时间被分配给某国航空公司后，其他国家的航空公司就不可能再根据最惠国待遇原则也享有同一时间的起降活动。在 WTO 基础电信谈判中，已经对类似的问题确定了原则，即决定稀缺资源分配的程序应建立在客观、适时和透明的基础上。

（6）市场准入。航空运输服务上的市场准入基本上就是《空运服务的附件》中定义的交通权，而交通权目前被排除在 GATS 之外。但是，根据 WTO 所追求的目标，交通权最终肯定会被纳入 GATS 管辖，即使在"乌拉圭回合"中谈判《空运服务的附件》时，也有过包括交通权的设想。航空运输服务市场准入的核心是航权，它从本质上讲代表着航空运输服务的市场范围。航权一共存在 8 种自由权，而目前在非"开放天空"的双边协议中，仍以前 4 种自由权为主。WTO 航空运输自由化的焦点最终集中在市场准入上。

2）区域性的航空运输自由化

目前航空运输自由化在不同的轨道上同时进行着，除上述以 WTO 为核心的多边贸易体制下的航空运输自由化外，还有区域性的航空运输自由化及美国大力推行的双边"开放天空"。后两种航空运输自由化肯定对 WTO 的航空运输自由化有积极的推动作用，但也有观点认为这会造成阻碍。联合国贸易和发展会议与国际航空运输协会（IATA）通过不断完善双方的贸易数据，扩大合作，共同促进了国际贸易，特别是发展中国家的电子商务发展。双方之前的合作曾将航空货运通信标准（Cargo-XML）纳入了贸易和发展会议的自动海关管理系统 ASYCUDAWorld 中。下一阶段的合作将重点关注如何实现通过 ASYCUDAWorld 系统对电商货运进行更为高效的管理，包括增设邮件寄件风险评估、促进访问 IATA "合作伙伴识别与连接（EPIC）"平台等方面。

东盟与欧盟于 2021 年 6 月 4 日联合宣布，双边已完成两个区域间的"全面航空运输协定"谈判。这是世界上两个区域组织之间完成的第一个双边航空运输协定谈判，将对加强区域成员国之间的空中互通来往和推动经济发展发挥重要作用。在协定框架下，未来，东盟与欧盟共 37 个成员国的航空公司在两个区域间的直航服务数量将不受限制；对于通往或途经区域之外的第三个国家的航线，航空公司每周可飞行 14 个载客航班，货物运输航班不受限制。东盟与欧盟将有更多机会启动区域间的乘客与货物运输服务。

4.3.2 国际铁路运输服务贸易

1. 国际铁路运输服务贸易的定义

国际铁路运输服务是指利用铁路设施、设备运送旅客和货物的一种运输业务活动，在国际货运中的地位仅次于海洋运输服务，是很多企业国际贸易的主要运输方式。铁路运输服务一般不易受气候条件的影响，可保证全年正常运行，具有高度的连续性。铁路运输服务还具有载运量大、运行速度较快、运费较低、运输准确性高、风险较小等优点。国际铁路运输服务贸易是指不同国家的当事人之间所进行的、以铁路运输服务为交易对象的贸易活动。国际铁路货物联运是其主要方式。

国际铁路货物联运是指由两个或两个以上不同国家铁路当局联合起来完成一票货物从出口国向进口国转移所进行的全程运输。它是使用一份统一的国际联运货物票据，由铁路部门以连带责任负责办理货物的全程运输，在由一国铁路向另一国铁路移交货物时，无须发货人、收货人参与的运输方式。

> **知识小卡片**
>
> **《国际铁路货物联运协定》**
>
> 《国际铁路货物联运协定》（简称《国际货协》）是各参与国铁路和发货人、收货人办理货物联运必须遵守的基本文件，它具体规定了货物运送条件、运送组织、运输费用计算核收方法，以及铁路与发货人、收货人之间权利与义务的问题。我国也签署了《国际货协》。国际铁路合作组织于2018年4月13日通报，铁组委员会根据1997年至2017年铁组运输法专门委员会例会决议，编制形成了2018年7月1日版《国际铁路货物联运协定》和《国际铁路货物联运协定办事细则》。

2. 国际铁路货物运输的特点和作用

1）国际铁路货物运输的特点

与其他运输方式相比，国际铁路货物运输的特点有以下几个：①运输的准确性高和连续性强；②运输量大，安全可靠；③运输速度快，运输成本低；④建设工程艰巨复杂且耗费大。

2）国际铁路货物运输贸易的作用

随着现代物流的发展，各国经济往来更加密切，国际间的货物运输日益频繁，国际铁路货物运输也起到了越来越重要的作用。

（1）有利于发展同欧洲各国的贸易。通过铁路把欧亚大陆联合在一起，为发展我国与中东、近东和欧洲各国的贸易提供了便利的条件。

（2）有利于开展同我国港澳地区的贸易，并通过我国香港进行转口贸易。铁路运输是我国内地联系港澳地区开展贸易的一种重要运输方式。我国港澳地区所需的食品和生活用品多由内地供应，随着内地对港澳地区出口的不断扩大，其运输量也逐年增加。

（3）有利于欧亚大陆桥运输的发展。大陆桥运输是指以大陆的铁路或公路运输系统为中间桥梁，把大陆两端的海洋连接起来的集装箱连贯运输方式。大陆桥运输一般以集装箱为媒介，通过国际铁路系统来运送，对发展我国与中东、近东及欧洲各国的贸易提供了便利的运输条件。

4.3.3 国际管道运输服务贸易

管道运输服务是指在世界范围内被专门用作由能源生产地向能源市场输送石油、天然气和煤炭的运输业务活动。在能源运输方面，管道运输具有相当的优势。

1．国际管道运输服务贸易的定义

管道运输服务相对其他运输服务贸易方式来说比较特殊，它是指把货物置于管道内并借助气泵的压力将其输往目的地的一种运输方式。国际管道运输服务贸易是指不同国家的当事人之间所进行的、以管道运输服务为交易对象的贸易活动。

2．国际管道运输服务贸易的分类

根据运输对象的不同，国际管道运输服务贸易可以分为气体管道运输服务贸易、液体管道运输服务贸易、水浆管道运输服务贸易和压缩空气管道运输服务贸易；根据管道铺设的位置不同，可以分为架空管道运输服务贸易、地面管道运输服务贸易和地下管道运输服务贸易。世界上第一条运输原油的管道于1861年建成于美国。

3．国际管道运输服务贸易的特点

国际管道运输服务贸易适合运输液体和气体货物，目前多用于能源运输服务，具体特点如下：

（1）运输通道与运输工具合而为一。管道本身是运输通道，但它又是运输工具。这种运输工具又与其他普通运输工具不同，它是固定不动的，只是依靠所载货物本身在管道内的移动而达到位移的运输目的。

（2）高度专业化。管道运输主要用于运输液体和气体货物，但现代管道运输也可运送矿砂、煤粉、水泥、面粉等货物，还有利用压缩空气输送邮件或单证的管道。

（3）只能单向运输。运输管道只能单向运输，不能逆向运输，不像铁路运输或航空运输那样可以双向运输；起点和终点是固定不变的，目的地单一。

（4）固定投资大，建成后运输成本较低。由于要铺设长距离的管道，初期投资较大。但是建成后，经营和操作比较简单，费用低。

4.4　我国的运输服务贸易

据商务部统计，2021年我国运输服务出口额达8205.5亿元，增速达110.2%，成为服务贸易12大领域中出口增长最快的领域。运输与知识密集型服务出口一道带动全年服务出口快速增长，增速达31.4%，高于服务进口增速26.6个百分点，推动服务贸易逆差比上年下降69.5%。

4.4.1　我国运输业开放进展

我国加入WTO的承诺涉及公路运输、水路运输、仓储、船舶检疫、交通基础设施建设等多个领域，其中包括在公路货运、仓储、海上班轮运输、船舶代理等方面做出了进一

步开放市场的承诺。在我国加入 WTO 的谈判中，海运服务业是一些主要谈判国家较为关注的对象。

1. 我国运输服务的开放基础

随着新一轮科技革命和产业变革的深入发展，我国经济已转向高质量发展阶段，市场空间广阔，发展韧性强劲，为运输业的进一步开放创造了条件。国际、国内新形势对综合运输服务发展提出了更新、更高的要求，这推动了运输服务行业高质量发展，但发展不平衡、不充分问题仍然突出，创新能力也不能适应高质量发展的要求。为进一步推动运输服务绿色低碳发展、进一步推动运输服务改革创新，今后综合运输服务的发展方式要更加注重质量效益，组织模式要更加注重一体化融合，发展动力要更加注重创新驱动，产业形态要更加注重新老业态融合，服务产品要更加注重需求牵引供给、供给创造需求的更高水平的动态平衡。

2. 我国运输服务领域入世承诺

海运（包括国际运输的货运和客运，不包括沿海和内水运输）：允许外商设立合资船运公司经营悬挂中国国旗的船队，外资比例不应超过合资企业注册资本的 49%；合资企业的董事会主席和总经理应由中方任命。另外，还有辅助服务，包括海运理货和海运报关服务、集装箱堆场服务和海运代理服务。

内水运输（货运）：允许在对外船舶开放的港口从事国际运输。

航空运输（航空器的维修）：允许外商在我国设立合资航空器维修企业，要求中方控股或处于支配地位。合资航空器维修企业有义务承揽国际市场业务。

铁路运输（铁路货运）：允许设立合资企业，外资比例不超过 49%。在我国加入 WTO 三年内，允许外资控股；加入 WTO 六年内，允许设立外商独资子公司。

公路运输（公路卡车和汽车货运）：在我国加入 WTO 一年内，允许外资拥有多数股权；加入 WTO 三年内，允许设立外商独资子公司。

所有运输方式的辅助服务：仓储服务——自加入 WTO 起，允许外商设立合资企业，外资比例不超过 49%；加入 WTO 一年内，外资可占大股；加入 WTO 三年内，允许设立外商独资子公司。货物运输代理服务（不包括货检服务）——自加入 WTO 起，允许外国货运代理公司（至少有三年经验）在我国设立合资或货运代理企业（经营期限不超过 20 年），合资企业的注册资本应不少于 100 万美元，外资比例不超过 50%；加入 WTO 一年内，允许外资拥有多数股权；加入 WTO 四年内，允许设立外商独资子公司；经营一年且双方注册资本到位后，可设立分支机构，合资企业原注册资本应增加 12 万美元。外国货运代理公司在其第一家合资企业经营五年后，可设立第二家合资企业，在我国加入 WTO 两年内，这一要求减到两年。在我国加入 WTO 两年内，为设立分支机构增加额外注册资本将在国民待遇基础上实施；加入 WTO 四年内，注册资本方面享受国民待遇。截至 2010 年，我国加入 WTO 时的承诺均已兑现。

4.4.2 我国运输服务贸易发展

我国运输服务贸易仍然保持快速增长势头，目前已经成长为我国服务贸易的第一大领域。据商务部统计，2021 年我国运输服务贸易额达 2751.5 亿美元，在服务贸易中的份额增加至 33.0%。自 2020 年以来，我国运输服务就超越旅行服务成为服务贸易最大的领域，同时我国也超越美国成为运输服务贸易第一大国，保障了跨境物流的畅通和国际运输链、产业链、供应链的安全稳定。

1. 我国运输服务贸易发展现状

运输服务贸易是我国三个服务贸易的重要组成部分。进入 21 世纪以来，在世界贸易快速增长的推动下，运输服务贸易增速明显加快，"中国因素"成为世界海运发展最主要的推动力。虽然我国运输服务出口连年快速增长，却连年出现贸易逆差，巨大的运输服务贸易逆差也严重制约了我国服务贸易的国际收支平衡和发展。

我国运输服务贸易规模近年来不断增加，在全球所占比重逐步上升。图 4-1 为世界贸易组织统计的 2006 年至 2021 年我国运输服务贸易进出口规模，可以看到随着国际竞争力的增强，我国运输服务贸易逆差有所收窄。未来我国将持续推进运输服务转型升级，逐步促进运输服务与各产业链深度融合，继续推动运输服务贸易高质量发展。

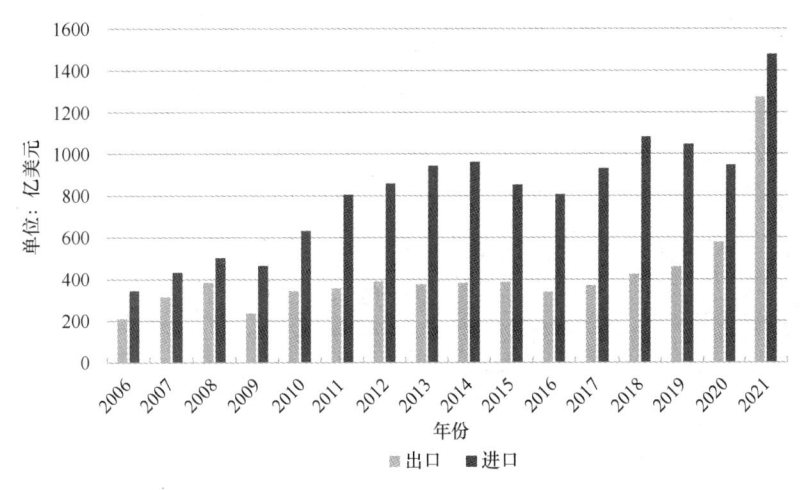

图 4-1　2006—2021 年我国运输服务贸易进出口额

数据来源：WTO 数据库

根据上述统计分析，我国运输服务贸易发展主要呈现出以下三个特点。

1) 在全球所占比重总体提升

2006—2021 年，我国运输服务贸易规模从 554 亿美元增长至 2751 亿美元，年均增速 13.44%，占全球运输服务贸易的比重从 4% 提升至 11%。2014—2019 年，我国运输服务贸易规模始终居全球第二位。2020 年，我国运输服务进出口贸易率先回稳，贸易规模保持基本稳定，首次居全球首位。2021 年，运输服务进出口额继续上升，比上年增长 80.65%，成为服务贸易 12 大领域中增长最快的领域。

2) 贸易逆差逐步收窄

我国运输服务贸易长期呈现逆差，随着近年来运力持续提升，运输收入逐渐增多，支出有所减少，逆差规模在波动中有所收窄。2019—2021 年，我国运输服务贸易逆差持续收窄，分别较上一年度下降 12%、59% 和 80%。未来，我国服务贸易发展格局将会继续升级和演变，随着服务出口竞争力的不断提升，服务贸易收入将会保持增长，也会逐步对贸易逆差格局产生更深层次的影响。

3）竞争力总体有所提高

2021年，我国运输服务净进口与运输服务进出口规模的比值为7.48%，较2015年下降30个百分点。从海运看，我国已成为世界上具有重要影响力的水运大国。据交通运输部统计，2021年我国海运船队运力规模达3.5亿载重吨，居全球第二位。从陆运看，中欧班列在铁路运输中发挥着越来越重要的作用，2020年中欧班列开行数量达到1.5万列，同比增长22%。2022年1月至7月，中欧班列累计开行8990列、发送货物86.9万标箱，同比分别增长3%和4%。其中，7月开行1517列、发送货物14.9万标箱，同比分别增长11%和12%，均创历史新高。从空运看，近年来我国在货机数量、通达范围、承运能力等方面均有显著提升，不过与发达国家相比仍有较大发展空间。

2. 提高我国运输服务贸易竞争力的措施

我国已经成为世界货物贸易第一大国，对外运输服务贸易需求将进一步发展。提高我国运输服务贸易竞争力，有利于促进我国服务业和国际服务贸易的整体发展，有利于保持外汇收支平衡，同时也是保障运输通道安全乃至经济安全的需要。要提高我国运输服务贸易竞争力，首先要从国内市场出发，充分利用国内外贸运输及海运需求大的特点和区位优势。具体措施包括以下几个：

（1）积极参与有关国际组织活动，努力在制定有关规则方面发挥作用。国际组织在规则制定中发挥着越来越重要的作用，这些规则将对各国运输服务竞争力产生更大的影响。我国应充分利用世界贸易大国和海运大国的优势，在国际组织的活动和相关规则的制定中发挥更加积极的作用，促进我国运输企业公平参与国际竞争。

（2）加强对外合作，逐步建立高级别政府交流对话例会机制，为我国运输企业在国际运输上营造平等的竞争环境。

（3）切实推进大型货主企业与大型海运企业合作，打造产业竞争链条。营造大型货主企业与大型海运企业签订长期租船合同或长期包运合同的环境，使货主和海运企业通过长期合同规避一定的市场波动风险，促进造船工业的发展，构建产业竞争链条，提高我国运输服务贸易的整体国际竞争力。

（4）政府与企业共同构建融资平台，为企业逆周期运行创造条件。运输市场波动较大，会导致造船等装备制造业同时进入低谷期或高峰期。在低谷期，海运企业往往亏损，但此时造船价格往往最低，是海运企业集资发展运力或兼并的有利时机，但同时也是企业资金最困难的时期，还是银行最不愿意向造船业发放贷款的时期。虽然我国海运企业有时会看到投资商机，但它们无法实现自己的目标。因此，政府和企业应共同努力构建融资平台，使大型运输企业有能力抓住重大战略投资机遇。

本章小结

1. 根据GATS服务业分类表，运输服务业共分为9大类，主要有海洋运输服务、内水运输服务、航空运输服务、太空运输服务、铁路运输服务、公路运输服务、管道运输服务、所有运输方式的辅助服务及其他运输服务。国际运输服务贸易具有国际性、风险性和复杂性的特征。

2．国际海运服务贸易是指在不同国家（地区）境内以海运服务为交易对象的贸易活动，即贸易一方为另一方提供海上运输及相关服务，以实现货物和人员在不同国家（地区）之间的位移。

3．根据《国际服务贸易统计手册》，航空运输服务是指由飞机提供的所有运输服务，包括国际客运，但不包括运费保险（包括在保险服务内）、非对运输设备的修理（视作货物）、机场设施的修理（包括在建筑服务内）及出租或包租不带机组人员的运输工具（包括在营业租赁服务内）。

4．国际铁路货物联运是指由两个或两个以上不同国家铁路当局联合起来完成一票货物从出口国向进口国转移所进行的全程运输。它是使用一份统一的国际联运货物票据，由铁路部门以连带责任负责办理货物的全程运输，在由一国铁路向另一国铁路移交货物时，无须发货人、收货人参与的运输方式。

5．我国运输服务贸易规模不断扩大，在全球所占比重逐步上升。同时，随着国际竞争力增强，运输服务贸易逆差有所收窄。未来我国将持续推进运输服务转型升级，逐步促进运输服务与各产业链深度融合，继续推动运输服务贸易高质量发展。

复习思考题

1．简述影响国际运输服务贸易发展的因素。
2．简述国际海运服务贸易的发展趋势。
3．简述我国运输服务贸易发展的特点。
4．简述我国运输贸易发展面临的机遇和挑战。

第 5 章　国际金融服务贸易

学习目标

本章梳理金融和保险服务贸易的相关概念，分析金融和保险服务贸易的自由化和发展趋势，总结我国金融服务贸易发展的特征和对策。

要求：
- 掌握国际金融服务贸易的含义及分类
- 了解国际金融服务贸易的发展趋势
- 掌握国际保险服务贸易的含义及分类
- 了解国际保险服务贸易的发展趋势
- 掌握我国金融服务贸易发展的特征和对策

思政目标

金融业是现代服务业的重要组成部分，是我国服务业开放的重点领域。近些年，科技赋能金融，金融服务贸易不断创新，人民币吸引力不断增强。本章分析国内、国际双循环发展格局下我国金融业双向开放政策的战略意义和发展趋势，以及对金融服务贸易的影响。

5.1　国际金融服务贸易概述

随着国际贸易和国际投资规模的扩大、国际合作的深化、互联网的普及，在推动货物和服务等贸易标的进行国际交易的同时，急需金融服务的跟进，以促进贸易顺利开展。除此之外，国家、相关企业和个人等国际金融服务的需求也在不断加强，特别是跨国公司在拓宽市场、实现全球经营战略目标过程中对金融服务的需求都需要国际金融服务贸易提供支持和保障。

5.1.1　国际金融服务贸易的定义和分类

近年来，随着全球经济一体化的迅猛发展，金融服务贸易也呈现出自由化的发展趋势，一些国家和地区实行了金融服务业的开放式管理，实现了金融自由化和资本自由化。

1. 国际金融服务贸易的定义

金融服务主要是指银行、保险业及其相关金融服务活动。具体包括以下服务：

（1）银行及其相关服务，如存款、贷款、股票发行和注册管理、证券管理，以及属于金融中介的其他服务（包括担保、贷款经纪、金融咨询、外汇兑换）等。

（2）保险及其相关服务，如货物运输保险（包括海上运输、航空运输及陆路运输中的货物运输保险）、非货物运输保险（包括人寿保险、养老金或年金保险、伤残及医疗费用保险、财产保险、债务保险），以及属于保险中介的其他服务（包括保险经纪业、保险类别咨询、保险统计和数据服务、再保险服务）等。

国际金融服务贸易的概念是在 1986 年开始的 GATT"乌拉圭回合"谈判时提出来的。1994 年，GATS 金融附件对金融服务贸易进行了明确的阐释，即国际金融服务贸易是指由一成员方（指参加贸易谈判的国家和地区）的服务提供者向另一方提供任何形式的金融服务的活动。

金融服务的提供者是指一成员方希望提供或正在提供金融服务的任何自然人和法人。金融服务贸易的对象是金融服务产品，指金融企业或金融机构为满足人们的各种金融服务需求而提供的服务产品。这些产品既不同于物质生产部门所生产的有形消费品和资本品，也不同于其他服务行业提供的服务产品。

2. 国际金融服务贸易的分类

根据不同的分类标准，国际金融服务贸易可以有以下几种分类。

1）按照具体业务部门分类

按照具体业务部门进行划分，国际金融服务贸易可以分为两大类：银行及相关业务服务贸易；保险服务贸易。所包括的具体内容如表 5-1 所示。

表 5-1 金融服务活动包括的具体内容

保险及其相关服务	（1）直接保险（包括共同保险）	人身保险
		财产保险
	（2）再保险和转分保	
	（3）保险中介，如经纪和代理	
	（4）保险附属服务，如咨询、精算、风险评估及理赔服务	
银行和其他金融服务（保险除外）	（5）接受公众存款和其他应偿还资金	
	（6）所有类型的贷款，包括消费信贷、抵押信贷、商业交易的代理和融资	
	（7）金融租赁	
	（8）所有支付和货币转移服务，包括信用卡、赊账卡、贷记卡、旅行支票和银行汇票	
	（9）担保和承诺	
	（10）在交易所市场、场外交易市场或其他市场的自营或代客交易	货币市场工具（包括支票、汇票、存单）
		外汇
		衍生品，包括期货和期权
		汇率和利率工具，包括诸如掉期和远期汇率、利率协定等产品
		可转让证券
		其他可转让票据和金融资产，包括金银条块

(续表)

银行和其他金融服务（保险除外）	（11）参与各类证券的发行，包括承销和募集代理（公开或私下），并提供与该发行有关的服务
	（12）货币经纪
	（13）资产管理，如现金或投资组合管理、各种形式的集体投资管理、养老基金管理、托管、存管和信托等服务
	（14）金融资产的结算和清算服务，包括证券、衍生产品和其他可转让票据
	（15）其他金融服务提供者提供的金融信息提供和转移、金融数据处理和相关软件服务
	（16）就第（5）项至第（15）项所列的所有活动提供咨询、中介和其他附属金融服务，包括征信与分析、投资和投资组合的研究和咨询、收购咨询、公司重组和战略咨询

资料来源：GATS《金融服务的附件》

2）按照国际服务贸易模式分类

按照国际服务贸易模式进行划分，即按照 GATS 的四种贸易方式划分，国际金融服务贸易可以分为四类。第一类为跨境交付，指从一成员国境内向任何其他成员国境内提供金融服务；第二类为境外消费，指在一成员国境内向任何其他成员国的服务消费者提供金融服务；第三类为商业存在，指一成员国的金融服务提供者在任何成员国境内以商业存在方式提供金融服务；第四类为自然人流动，指在一成员国境内向任何其他成员国的服务消费者提供金融服务。

3）按照服务提供者和消费者的移动方式分类

（1）分离式国际金融服务贸易。分离式国际金融服务贸易是指金融服务的提供者和消费者（使用者）不需要在国与国之间移动而实现的金融服务贸易，即一个国家从其境内向另一国境内提供金融服务而产生的金融服务贸易。此类金融服务的跨国境移动，主要通过电话、电信、邮电、计算机网络等传输实现。由于作为贸易对象的金融服务跨越了国界，故这种金融服务贸易也可称为跨境金融服务贸易。

（2）需求者所在地金融服务贸易。需求者所在地金融服务贸易是指金融服务的提供者转移至金融服务的需求者所在地而产生的国际金融服务贸易。这种金融服务贸易一般要求金融服务的提供者在需求者所在国拥有商业存在，业务涉及金融服务业的对外投资。

（3）提供者所在地金融服务贸易。提供者所在地金融服务贸易是指金融服务的提供者在本国国内为外国居民和法人提供的金融服务，一般要求金融服务消费者跨国界接受金融服务。提供者所在地金融服务贸易的特点是金融服务的提供者并不跨越国界向服务消费者出口金融服务，对金融服务提供者而言也不存在生产要素的移动。

（4）流动的国际金融服务贸易。流动的金融国际服务贸易是指金融服务的提供者和消费者相互移动所产生的金融服务贸易。这种类型下，金融服务的提供者对外进行直接投资，并利用其分支机构向第三国的居民和企业提供金融服务。流动的国际金融服务贸易的特点是要求金融服务的提供者和消费者存在不同程度的资本和劳动力等生产要素的移动。

5.1.2 国际金融服务贸易的特征

随着金融工具和金融服务产品的推陈出新，国际金融服务贸易在国际化程度、贸易结构等多方面呈现出新的特征。

1) 日趋知识密集化

没有先进的科学技术、人工智能大数据和互联网的发展与支持，国际金融服务贸易的实现则难以想象。金融服务业和金融服务贸易在众多服务行业和服务贸易中的知识密集化更加突出，有大量的高素质专业人才的支撑，创新特征十分明显。

2) 日趋国际化

经济全球化时代和科学技术的进步，为金融创新创造了条件，新型金融工具和新的金融服务产品不断涌现，使金融服务跨越国界交易更为便利。跨国公司的发展和跨国公司对外直接投资不仅促进了货物贸易的发展，也推动了国际金融服务贸易的发展。

3) 生产性服务功能日趋显著

金融服务在促进要素流动、降低成本、提高生产效率和质量方面具有不可替代的功能和作用，特别是与制造业关系紧密，成为现代生产中不可或缺的部门。国际金融服务贸易在国际服务贸易中处于重要地位。

4) 发达国家占主导地位

与发展中国家相比，发达国家的金融服务业是强项，并且在技术、信息、设施、资金等方面具有优势，加上发达国家一直积极推行金融服务输出政策，因此国际金融服务贸易发展一直以发达国家为中心，发达国家在国际金融服务贸易中始终占主导地位，这种竞争优势将具有相对的稳定性和一定的垄断性。

5.1.3 国际金融服务贸易的多边协议与自由化

国际金融服务贸易自由化，是指一国政府在对外金融服务贸易中，通过立法和国际协议消除或减少对金融服务和与金融服务有关的人员、资本、信息等在国家间流动的行政干预，放松对外贸易管制的过程。这意味着一国国内的金融机构可自由地为国外消费者提供金融服务，否则将构成金融服务贸易壁垒，无法实现金融服务贸易自由化。金融服务贸易的国际化和自由化是国际金融服务贸易发展的必然要求。

1. GATS《金融服务的附件》

GATS《金融服务的附件》两大内容：一是缔约方有权采取审慎措施，包括保护投资者、储蓄者、投保人或金融服务提供者、信托义务拥有人，或者保证金融体系完整和稳定的措施；二是有关金融服务的定义，包括保险业、银行业及相关的服务。该附件规定，通过协调或其他办法取得的对其他成员审慎措施的认可，可以建立在与有关成员达成的协议或安排的基础上，或者可以自动地被认可。对于其他有利益关系的缔约方，应提供足够的机会来谈判加入这样的协定或安排，或通过谈判达成类似的文件。

2. GATS《金融服务的附件二》

GATS《金融服务的附件二》规定："第2条和免除第2条义务附件第1款、第2款规定一成员在《WTO 协定》生效之日起4个月后开始的60天内，应将有关金融服务与本协议第2条第1款不一致的有关金融服务的措施列入附件。"附件二还规定在《WTO 协定》生效之日起4个月后开始的60天内，任何缔约方可以不顾 GATS 第21条的规定，对计划安排中所列的全部或部分金融服务承担义务进行改进、修改或撤销，但要进行赔偿性调整。

3.《关于金融服务承诺的谅解》

《关于金融服务承诺的谅解》(简称《谅解》)不属于 GATS 框架协定,它只有成员在具体承诺表中明确说明适用它时,才对该成员有约束力。它主要就"维持现状""市场准入"和"国民待遇"方面的问题做了规定,并对"非居民金融服务提供者"、金融服务的"商业存在"和"新金融服务"做了定义。

4.《全球金融服务协议》

1997 年 12 月 13 日的《全球金融服务协议》是成员方根据 1995 年 7 月服务贸易理事会通过的《关于金融服务的第二决定》进行谈判而达成的协议,由 GATS 第五议定书及其所附减让表组成。第五议定书本身仅规定了生效时间等程序性的事项;WTO 成员在各自的减让表和豁免清单中,就银行、保险、证券及有关的辅助服务承诺了不同程度的市场开放水平,这构成协议的主要内容;各方同意对外开放银行、保险、证券和金融信息市场,允许外国在国内建立金融服务公司并按竞争原则进行竞争,外国公司享有跟国内公司同等进入市场的权利;取消跨界服务的限制,允许外国资本在投资项目中的比例超过 50%。

5.1.4 国际金融服务贸易发展

20 世纪 40 年代后,全球经济秩序重塑,布雷顿森林体系的建立促进了战后资本主义国家经济的恢复和发展,也为国际金融服务贸易迅速发展提供了机会。20 世纪 70 年代后,国际货物贸易大规模扩张,国家间的经贸往来加速,加之科学技术的进步,在各国政府的大力扶持和推动下,国际金融服务贸易额逐年递增。进入 21 世纪后,全球金融服务贸易出口占世界服务贸易出口总额的比重几乎翻了一番。根据 WTO 的数据统计,2003 年全球金融服务贸易出口仅占世界服务贸易出口总额比重的 5.6%,2021 年全球金融服务贸易出口已经占到世界服务贸易出口总额比重的 10.5%。

1. 国际金融服务贸易发展的特征

随着全球进入服务经济时代,服务业已成为世界经济的一个重要增长极,这为国际金融服务贸易发展提供了新环境和新机遇。

1)金融服务贸易区域不平衡

国际金融服务大多集中于发达国家,区域不平衡特征非常显著,并且发达国家的竞争优势在一定程度上加剧了不平衡性,使国际金融服务贸易的区域化差异更加明显。国际金融服务贸易一直是以发达国家为中心而发展的,因为与发展中国家相比,发达国家的金融服务业占有绝对优势的地位。以美国为例,2021 年美国金融服务出口贸易额为 1717 亿美元,占美国服务出口贸易的 22%;占全球金融服务贸易的 27%,超过 1/4。

2)金融服务不断创新

金融服务创新突出体现在新的金融工具、新的金融产品和新型交易方式上。过去的金融创新主要基于逃避金融管制的需求,而现今的金融创新是为了满足经济发展对金融多方面的需求。目前,国际上的金融衍生产品数不胜数,且在不断创新中,如碳金融的出现。随着互联网技术的深度发展,科技赋能效应日益显著,微电子技术、计算机技术、通信技术和信息技术都赋予了国际金融服务贸易更为广阔的发展空间,为国际金融服务贸易创新发展提供了物质技术基础，使国际金融服务贸易向着信息化和智能化的方向推进。

> **知识小卡片**
>
> 碳金融
>
> 碳金融市场指金融化的碳市场，也称碳汇金融，是相对于传统金融市场而言、基于低碳发展而衍生出的一个新型金融市场。世界银行对碳金融的描述是出售基于项目的温室气体减排量或者交易碳排放所获得的一系列现金流的统称。碳金融市场同传统金融市场一样，也具备四个基本要素，即交易参与主体、市场价格、信用工具、信用中介。碳金融市场的交易参与主体包括企业、政府、个人及相关的金融机构；市场价格即碳交易的价格；信用工具指碳排放量，即碳信用额，近年也在不断开发新的碳金融产品；信用中介指双方借以完成交易的工具和中介，往往包括第三方中介机构及作为第四方的交易场所，如商业银行、碳排放交易所、碳交易中间商、碳汇信用公司等。

3）金融服务贸易自由化受阻

国际金融服务贸易壁垒是一国政府制定和实施的阻碍国际金融服务贸易进行的政策和法律。在近年贸易保护主义抬头、"逆全球化"思潮的影响下，国际金融市场面临着更多的不确定性因素。国际金融危机暴露出诸多金融体系弊病，发达国家银行业体系坏账问题仍未完全解决，不良资产损失处置方式仍存在不确定性，从而使保护主义浪潮更加汹涌。国际金融服务贸易作为贸易种类，同样受到贸易保护主义的重大影响，贸易壁垒的表现主要是限制"主体"的壁垒和限制"贸易"的壁垒。

> **知识小卡片**
>
> 国际金融服务贸易壁垒的具体表现
>
> 限制"主体"的壁垒。其主要表现为：增加主体的财务负担，如对进口金融服务的提供者征收歧视性关税；对外国金融服务者在本国经营金融业的权利和资格加以限制；东道国为维持本国对金融业的控制，原则上允许外国经营者在本国开业，但要求它们必须参股并通常要求自己拥有多数控股权；对外国金融服务经营者设置信息障碍。
>
> 限制"贸易"的壁垒。其主要表现为：对外国金融服务者的活动权限进行限制；对外国金融服务者提供的服务或购买的服务征收歧视性税收；政府对本国金融服务业予以扶持和帮助；外汇管制。

2. 国际金融服务贸易的发展趋势

国际金融服务贸易在 20 世纪 70 年代以后发展趋势日益明显，主要表现在以下几个方面。

1）金融服务贸易自由化深化

金融自由化是相对于金融管制的对应概念。金融管制是政府管制的一种形式，是伴随着银行危机的局部和整体爆发而产生的一种以保证金融体系的稳定、安全及确保投资人利益的制度安排。尽管金融管制对稳定金融秩序起到一定作用，但这些已形成多时的金融法规在全球化的今天确实限制了国际金融服务贸易的进一步发展,推进国际金融服务贸易自由化成为各国政府的共识。2021年12月2日,中国、欧盟、美国等67个世界贸易组织成员就服务贸易国内规制联合声明倡议召开各参加方驻世界贸易组织代表团团长级会议,共同发表了《关于完成服务贸易国内规制谈判的宣言》。服务贸易国内规制谈判成功完成是国际服务贸易监管规则发展和创新的重要成果,有助于推动全球服务贸易进一步自由化、便利化。

2）国际金融证券化趋势明显

西方发达国家和国际金融市场上出现了金融证券化的潮流,金融证券化的发展与金融创新、金融自由化和金融全球化交织在一起,大大改变了金融运行的机制。金融证券化包括融资证券化和资产证券化。融资证券化指的是资金需求者采取发行证券的方式而不是采取向金融机构借款的方式筹集资金的行为；资产证券化指的是缺乏流动的资产,通过金融技术转化为可以在金融市场上出售的证券的行为。随着金融服务的不断创新发展,国际金融服务贸易领域证券化的趋势将更加明显。

3）虚拟经济成分增大

金融业自身所创造的产值和财富开始成为构成国内生产总值的一个越来越重要的组成部分。随着金融发展的不断深化,金融衍生品的创新在不断加速,金融部门开始逐渐脱离实体经济而独立运行,成为当前金融发展的一大特征。这一特征延伸至国际金融市场,使金融服务贸易的虚拟经济成分不断提升,"脱实向虚"倾向也加剧了国际社会财富的重新分配。

5.2　国际保险服务贸易

作为国际服务贸易的一个主要内容,国际保险服务贸易为国与国之间提供安全保障服务,其特有的经济保障和经济补偿功能使它在世界经济发展中的地位和作用日益突出。

5.2.1　国际保险服务贸易的定义和形式

在国际服务贸易中,国际保险服务贸易始终占据着重要地位,保险业也是国际金融服务市场中占比较大的服务行业。

1. 国际保险服务的相关定义及特点

1）国际保险服务的相关定义

从经济学角度来看,现代保险是一种经济补偿制度,是分摊灾害事故造成损失的一种经济方法；从法律角度来看,它是一种合同行为。保险的实质是一种社会经济关系,包括三个内容：

(1) 保险是多数单位和个人的集合。

(2) 保险是对约定的灾害事故和约定的事件进行经济补偿或给付的活动。

(3) 保险是以公平、合理的保险费为基础建立保险基金的。

国际保险市场上的业务大体分为：①财产保险：以财产为保险标的的保险；②人身保

险：以人的生命为保险标的的保险；③责任保险：以被保险人的民事损害赔偿责任为标的的保险；④保证保险：由保险人为被保险人向权利人提供担保的一种保险。

国际保险服务贸易是一国保险人向另一国投保人或被保险人提供保险服务，并获得外汇的交易过程。

《金融服务的附件》第5条对WTO协定中的"保险及其相关服务"做出了如下定义，包括：①直接保险（包括共同保险），分为寿险和非寿险；②再保险和转分保；③保险中介，如经纪和代理；④保险附属服务，如咨询、精算、风险评估和理赔服务。因此，WTO协定中的保险服务几乎涵盖了所有商业保险及其相关服务，所涉范围非常广泛。

2）国际保险服务的特点

从国际保险服务的定义来看，保险具有以下三个方面的特点：

（1）保险是法律行为。保险和救济都是对灾害事故造成的损失给予补偿的经济制度，都能减轻人们遭受灾害事故损失的负担，两者的不同在于：保险是双方的法律行为，救济是单方面的法律行为；保险基金来自参保的单位和个人，救济资金来自政府财政预算拨款和社会团体及公民个人的捐助。

（2）保险取决于偶然事件的发生与否。保险是以被保险人对保险标的具有保险利益为条件的；保险的数理基础是概率论和大数法则；保险的目的在于参保人的互助共济；保险的结果可以转移和减少风险。

（3）保险是互助合作行为。人寿保险与储蓄在作用上都可以用来补救自然灾害和意外事故所带来的经济负担，两者的不同在于：储蓄是自助行为，且可以随时存取，储蓄者可使用金额与本人储蓄总额相等；保险是互助合作行为，参保人不能随意支取，保险金可以与保险费不相等。

2．国际保险服务贸易的形式

国际保险服务贸易的形式是多样的，主要包括以下几种：

（1）**跨境交付**：指一国保险人向另一国投保人或被保险人提供保险服务，但不涉及保险双方的人员流动。比如，出口商品以CIF成交，其中保险就是由出口国的保险人向进口国的被保险人提供的。随着电子和网络技术的发展，在保险领域，这一形式的服务贸易具有很大的创造力。比如，中国人民保险公司已经在网上开发了E-PICCC电子商务平台，国外客户只需通过网络即可完成所有保险手续的办理，享受中国人民保险公司的保险服务。

（2）**境外消费**：指一国投保人或被保险人到另一国接受外国保险人提供的保险服务。在这一方式的服务贸易中，服务的消费者需要到达服务提供者所在的国家。比如，一美国旅行者在德国的机场购买德国安联保险公司（ALLIANZ）的航空意外保险单，就是一个典型的"境外消费"的例子。再如，外国人到中国旅游，外国企业到中国投资建厂，均由中国保险公司提供保险服务。

（3）**商业存在**：指一国保险公司到另一国开业，提供保险服务。比如，美国友邦保险公司（AIA）获准在中国开设分公司，提供保险服务。

（4）**自然人流动**：指一国的保险人员到另一国提供保险服务。比如，中国的保险公司人员被允许到国外的国际商品交易会上去推销保险单，向外国被保险人提供保险服务。这种方式一方面与"商业存在"方式密切相关，因为有相当多的外资保险公司的高级管理人员需要进入一国领土提供服务；另一方面，在保险经纪服务或者保险附属服务（如咨询、风险评估等服务）中也存在大量"自然人流动"。

5.2.2　国际保险服务贸易自由化

在上述四种国际保险服务贸易的服务提供模式中，"商业存在"是相当重要的一种方式，它对实现服务贸易自由化具有决定性意义。因为相关的国际保险服务贸易壁垒，如国内法规的限制措施对"商业存在"的影响是直接的，一外国的保险服务提供者能否进入国内市场及如何进入国内市场都与一国的国内政策措施息息相关。因此，各成员方有关开放国内保险服务市场等谈判焦点也都集中在这一方式上。只有在"商业存在"领域实现了自由化，才有可能实现真正的保险服务贸易自由化。

根据 GATS 及其后续协定，国际保险服务贸易自由化的主要原则有：

（1）最惠国待遇原则。即各成员方给予另一成员方保险商的待遇，也应无条件地给予其他成员方的保险商。

（2）透明度原则。即在不影响国家安全与秘密的前提下，各成员方公布其与保险服务贸易有关的法律、法规和行政命令，以及所签署的与保险服务贸易有关的国际协议；每年将其对保险承诺产生影响的新的立法和对原有立法的修改及其他措施进行一次通报；建立咨询机构以便尽快回答其他成员方的询问。

（3）发展中国家更多参与原则。即发展中国家应更多地参与国际保险服务贸易。

（4）市场准入原则。根据 GATS 第 16 条市场准入条款的规定，成员方必须按照它们在加入世界贸易组织时对保险服务贸易市场开放程度的承诺，保证来自其他成员方的保险服务贸易和提供保险服务的保险商市场进入权。

（5）国民待遇原则。GATS 第 17 条规定，"一参加方，在相同的环境下，给予其他参加方的服务业务及服务提供者在所有法律、规章、行政管理等方面的待遇应不低于其国内服务业和提供者"。它要求外资保险公司在法律、规章、行政措施等方面拥有与本国保险公司相同的待遇。

5.2.3　国际保险服务贸易的发展

据 WTO 数据库最新数据显示，2021 年世界保险服务贸易出口额为 1832.62 亿美元，英、美两国分别是国际金融服务贸易的最大出口国和进口国（见表 5-2）。英国是世界金融服务贸易最大的出口地区，占世界金融服务贸易总出口额的 16.39%。2021 年世界保险服务贸易进口额为 2575.13 亿美元。美国是世界金融服务贸易最主要的组成部分，进口额为 593.77 亿美元，占世界进口总额的约 23.06%。

表 5-2　2021 年世界保险服务贸易主要国家和地区（单位：百万美元）

排名	国家和地区	出口额	国家和地区	进口额
1	英国	30044	美国	59377
2	美国	22741	阿联酋	27160
3	爱尔兰	15650	中国	16037
4	德国	13424	法国	14490

（续表）

排名	国家和地区	出口额	国家和地区	进口额
5	法国	9361	爱尔兰	12021
6	瑞士	8016	日本	11585
7	巴林	7820	德国	8606
8	新加坡	5899	印度	8012
9	中国	5307	墨西哥	6662
10	比利时	4513	巴林	6396

数据来源：WTO 数据库

5.3　我国金融服务贸易

在复杂的国际经济与金融环境中，我国取得了金融改革发展的重大成就，金融产品日益丰富，金融体系不断完善，人民币国际化和金融双向开放取得新进展，金融业保持快速发展，金融服务贸易规模持续增长。但我国在国际金融秩序中的话语权较低，金融服务贸易尚处于初级发展阶段，与发达国家相比仍有较大差距。

5.3.1　我国金融业开放度

经过几十年的发展，我国基本形成了多层次金融服务体系，金融机构管理能力、风控能力和国际竞争力显著提升；监管体系与时俱进、持续完善；资本市场不断成熟，开放深度和广度不断提升；国内利率基本实现市场化，人民币国际化取得显著进展。自入世以来，我国积极履行服务贸易具体承诺义务表中的各项承诺，稳步推进金融业对外开放。

1. 我国金融服务的入世承诺

1）银行服务承诺

（1）审慎发放营业许可证，即在营业许可方面没有经济需求测试或数量限制。

（2）外汇业务及时开放，取消地域和服务对象限制。

（3）人民币业务分阶段开放。加入 WTO 四年内分 5 批逐步放开 20 个城市的地域限制，加入 WTO 五年内取消所有地域限制。在服务对象上，加入 WTO 两年内，允许外资银行为中资企业提供人民币业务；加入 WTO 五年内，允许外资银行经营人民币零售业务。设在中国某一地区并获准经营人民币业务的外资银行可以向其他已开放人民币业务地区的客户提供服务。

（4）金融咨询类业务及时开放。加入 WTO 时，允许外资机构在我国从事有关存贷款、金融租赁业务、所有支付及汇划服务、担保及承兑、公司并购、中介服务，以及其他附属服务。

此外，在非银行金融机构从事汽车消费信贷方面，加入 WTO 时，允许合资和独资。

2）证券服务承诺

加入 WTO 时，外国证券机构驻华代表处可以成为所有中国证券交易所的特别会员。允许外国服务提供者设立合营公司，从事国内证券投资基金管理业务，外资比例可以达到33%。

加入WTO三年内，在从事国内证券投资基金管理业务的中外合营公司中，外资比例可以达到49%。允许外国证券公司设立合资公司，外资比例不超过1/3。合资公司可以（不通过中方中介）从事以下业务：①A股的承销；②B股和H股、政府和公司债券的承销和交易；③基金的发起。

2．我国金融业的对外开放表现和进展

1）我国金融业的对外开放表现

我国金融业的开放主要是在加入WTO的承诺的基础上对外资银行实行国民待遇。同时，外资银行积极投身于不断发展壮大的中国市场，外资银行在我国的发展呈现三大显著变化，在营业网点、资产规模、本地化经营方面获得了良好的发展。2019年7月，金融稳定发展委员会办公室推出11条金融业对外开放措施，其中与保险业对外开放相关的内容包括：允许境外资产管理机构与中资银行或保险公司的子公司合资设立由外方控股的理财公司；人身险外资股比限制从51%提高至100%的过渡期，由原定2021年提前到2020年；取消境内保险公司合计持有保险资产管理公司的股份不得低于75%的规定，允许境外投资者持有股份超过25%；放宽外资保险公司准入条件，取消30年经营年限要求。我国金融业对外开放的表现具体如下：

首先，外资银行营业网点稳步增加，经营领域日益扩大。目前，共有来自几十个国家和地区的银行在我国设立机构。与入世前相比，外资银行中还增加了经营中小型企业融资、农业金融、航空航运融资、大宗商品贸易融资，以及资产和财富管理、托管、结算等专项领域业务的银行。其次，资产规模较快增长，业务经营持续发展。凭借全球网络为中资企业"走出去"提供咨询与服务及跨境人民币结算业务也是外资银行的经营亮点。最后，外资银行本地化经营程度提高，发展潜力大，具体体现在以下方面：①与加入WTO前主要服务于外资企业、外籍人士和少数中资企业相比，外资银行已拥有相当比例的中资企业和中国居民客户；②人民币业务份额稳步攀升；③员工和管理层本地化趋势明显。自加入WTO以来，外资银行已累计培养数千名本地高级管理人员，目前平均聘用本地高级管理人员比例达45%。这些年，外国银行在我国的盈利持续增长，它们对我国市场的期望逐渐加大。

2）我国金融业的对外开放进展

2020年，人民银行会同银保监会、证监会和外汇局主动有序推进金融业双向开放工作，取得了一系列积极成果。

（1）彻底取消了银行、证券、基金管理、期货、人身险领域的外资持股比例限制，放宽了资产规模、经营年限等股东资质要求，取消了企业征信、信用评级、支付清算等领域的准入限制。具体体现为：外资金融机构业务范围不断扩大；不再对外资证券公司和保险经纪公司业务范围单独设限，实现内外资一致；允许外资银行经市场化评价后获得非金融企业债务融投资工具主承销资质；参照国际经验，优化资质要求，允许外资银行分行及子行依法获得基金托管资质；允许设立由外方控股的理财公司。2020年，高盛和摩根士丹利已实现对其在华合资证券公司的控股，贝莱德、路博迈等外资金融机构的准入工作也在有

序推进。

2019年10月，国务院修改《中华人民共和国外资保险公司管理条例》。其主要修改内容包括：取消申请设立外资保险公司的外国保险公司应当经营保险业务30年以上，且在中国境内已经设立代表机构2年以上的条件；允许外国保险集团公司在中国境内投资设立外资保险公司，允许境外金融机构入股外资保险公司。2019年12月，银保监会发布了《中华人民共和国外资保险公司管理条例实施细则》，保险业一系列开放举措落地实施，外资保险加速布局中国市场。2020年1月，安联（中国）保险控股有限公司在上海开业，成为中国首家开业的外资独资保险控股公司。2020年6月，友邦保险上海分公司获批改建为友邦人寿保险有限公司，成为中国内地首家获得设立批复的外资独资人身保险公司。

（2）资本市场双向开放程度不断提高，提升了吸引力。2020年9月，富时罗素公司宣布中国国债将被纳入富时世界国债指数（WGBI）。与此同时，监管部门也在不断提高金融市场投资的便利性。2020年5月，中国人民银行、国家外汇管理局发布《境外机构投资者境内证券期货投资资金管理规定》，落实取消境外合格机构投资者额度管理限制，简化了相关资金管理要求，为境外投资者参与我国金融市场提供了更加便利的条件。2020年9月，中国证监会、中国人民银行、国家外汇管理局发布《合格境外机构投资者和人民币合格境外机构投资者境内证券期货投资管理办法》，合并了QFII、RQFII资格和制度规则，降低了准入门槛，扩大了投资范围，并加强持续监管。

知识小卡片

全球三大债券指数

全球三大债券指数为富时世界国债指数（WGBI）、彭博巴克莱全球综合指数和摩根大通全球新兴市场政府债券指数。全球三大债券指数全部涵盖中国债券，充分反映了国际投资者对中国经济长期健康发展、金融持续扩大开放的信心。

（3）信用评级行业对外开放持续推进

2020年5月，金融委进一步明确，大力推动信用评级行业进一步对内对外开放，允许符合条件的国际评级机构和民营评级机构在我国开展债券信用评级业务，鼓励境内评级机构积极拓宽国际业务。国际三大评级机构中的惠誉在华设立的独资子公司惠誉博华于2020年5月获准进入银行间债券市场展业；穆迪目前以参股中资评级机构的形式在华展业；2020年10月，标普信评完成从事交易所市场证券评级业务的备案。同时，本土信用评级机构也在加快国际化发展。

5.3.2 我国金融服务贸易发展

伴随着服务贸易进入快速发展阶段，我国金融服务贸易发展整体向好，从2006—2021年金融服务贸易进出口趋势图（见图5-1）中可以发现，我国金融服务贸易进出口呈现总体稳步上升态势。

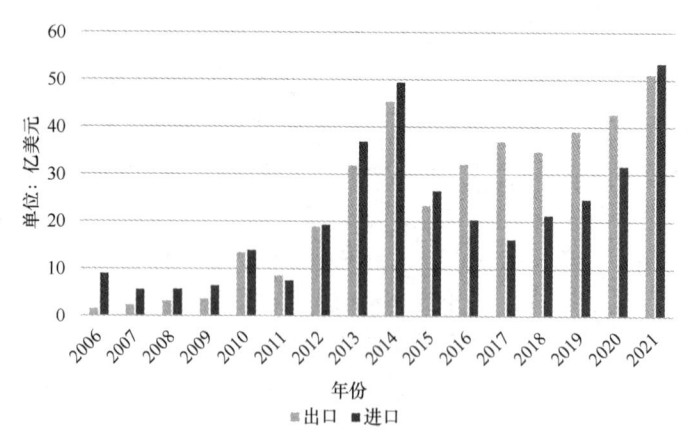

图 5-1　2006—2021 年我国金融服务贸易进出口趋势图

数据来源：WTO 数据库

1. 提升金融服务便利化水平

首先，推动完善服务贸易统计体系，建立服务业企业监测制度，并定期统计服务业贷款有关情况。其次，推动动产和权利担保登记公示制度，出台修订后的《应收账款质押登记办法》，并依托征信中心动产融资统一登记公示系统，在北京、上海、广州、重庆成功开展生产设备原材料、产品、半成品统一登记试点，推动动产和权利担保统一系统建设。最后，创新知识产权融资产品，引导部分金融机构通过创新专利权、商标权等知识产权融资产品，进一步丰富知识产权融资模式。

2. 加速推动人民币国际化

加速推动人民币国际化是我国积极参与国际金融领域治理的重要举措。我国金融发展有两大目标：一是人民币的国际化，让人民币成为重要的国际性储备货币；二是让中国金融市场成为国际金融中心之一。人民币国际化是中国金融国际化和金融服务贸易竞争力提升的重要推动力量。依照"本币优先"原则，指导外贸企业积极选择人民币进行计价结算，帮助企业规避汇率风险、降低汇兑成本。目前，人民币已实现经常项目可兑换，企业在贸易项下使用人民币结算没有政策障碍，境外投资者以人民币进行直接投资也没有政策障碍。2020 年，全国人民币跨境收付金额累计达 28.39 万亿元，同比增长 44%。

3. 创新政银企对接形式

这方面的举措包括梳理收集外贸等重点领域和行业企业的金融服务需求，创新开展多种形式的政银企对接活动，推动扩大市场主体金融服务覆盖面。但我国金融服务贸易还存在逆差不断扩大、金融服务贸易国际市场占比较少、金融服务贸易结构不均衡、金融创新能力与专业人才匮乏等问题，从不同层面反映出我国金融服务贸易国际竞争力有待提升的短板。

本章小结

1. 金融服务贸易是由一参加方（指参加贸易谈判的国家和地区）的服务提供者向另

一方提供的任何形式的金融服务。金融服务主要是指银行业、证券业及其他金融机构所提供的服务。

2．国际金融服务贸易自由化，是指一国政府在对外金融服务贸易中，通过立法和国际协议消除或减少对金融服务和与金融服务有关的人员、资本、信息等在国家间流动的行政干预，放松对外贸易管制的过程。国际金融服务贸易规则的多边化是金融服务国际化和自由化发展的必然要求。

3．国际保险服务贸易是指一国保险人向另一国投保人或被保险人提供保险服务，并获得外汇的交易过程。

4．国际保险服务贸易自由化的主要原则有最惠国待遇原则、透明度原则、发展中国家更多参与原则、市场准入原则、国民待遇原则。

5．近年来我国金融服务贸易发展整体向好，但由于起步较晚、金融市场自由化程度不高等限制，同发达国家仍有较大差距。我国仍存在金融服务贸易逆差不断扩大、金融服务贸易国际市场占有份额较少、金融服务贸易结构不均衡、金融创新能力与人才匮乏等问题，从不同层面具体反映出我国金融业国际竞争力偏弱的现状。

复习思考题

1．简述国际金融服务贸易的含义及分类。
2．简述国际金融服务贸易自由化框架。
3．简述国际保险服务贸易对世界经济发展的作用。
4．简述我国政府是如何推动金融业双向开放的。

第 6 章　国际旅游和教育服务贸易

学习目标

本章主要介绍旅游和教育两个国际服务贸易部门，包括定义、特征，以及我国旅游和教育服务对外开放和贸易发展。

要求：
- 熟悉旅游产品的特征
- 掌握国际旅游和教育服务贸易的定义及特征
- 了解国际教育和教育服务贸易发展
- 掌握我国旅游和教育服务贸易的对外开放进展
- 熟悉我国旅游和教育服务贸易的发展趋势

思政目标

通过教育服务贸易可以增进世界各国人民的相互了解，加强我国与世界各国的文化交流与合作，促进世界多元文化发展。本章分析我国对外教育服务贸易如何高质量发展，如何弘扬中华优秀传统文化，如何提高来华留学教育的吸引力和影响力。

6.1　国际旅游服务贸易

国际旅游服务贸易，简称旅游服务贸易，是国家之间相互为旅游者进行国际旅游活动所提供的各种旅游服务贸易的总称。20 世纪以来，国际旅游迅速发展，在国际贸易中，旅游服务贸易是发展最为迅速的一项，受到各国政府的高度重视和大力推进。而旅游服务产品作为国际旅游服务贸易的重要载体，通常来讲既包含有形的内容，又包含无形的服务，是一个整体的概念，这也是它区别于传统商品最显著的特征。因此，首先了解旅游服务产品的定义和特征十分必要。

6.1.1　旅游服务产品的定义与特征

1. 旅游服务产品的定义

旅游服务产品，是指为实现一项旅游活动而提供的各种实物产品与服务的组合，包括旅行商集合景点、交通、食宿、娱乐等设施设备、项目，相应服务出售给旅游者的旅游线路类产品，以及旅游景区、旅游饭店等单个企业提供给旅游者的活动项目类产品的总和。

2. 旅游服务产品的特征

1）旅游服务产品具有无形性

旅游服务产品是旅游者向旅游经营者购买的一种特殊商品，它是各种旅游企业借助一定的设施、设备和条件，为旅游者提供的一种服务。这种服务在购买前是无法预知的，只有当消费者进行消费时，才能感受到相关旅游部门或行业提供的服务。

2）旅游服务产品具有综合性

旅游服务产品是物质产品和非物质产品的结合体，是为满足旅游者各种需求而提供的设施和服务的总和。大多数旅游者在做出前往某一目的地旅游的购买决定时，往往不只考虑一项服务或产品，而是将多项服务或产品进行综合考量。另外，提供服务的旅游部门也需要与其他相关部门和行业通力合作。

3）旅游服务产品具有瞬时性

旅游服务产品一般是旅游者到达目的地后进行消费的。旅游者购买旅游产品后，不存在所有权的转移。因此，旅游活动结束后，旅游产品价值就会消失，旅游者最后无法得到具体物品，而只是留下一种体验和感受。

4）旅游服务产品具有不可转移性

旅游服务产品进入流通领域后，其商品仍固定在原有位置上。旅游者只能到旅游产品的生产所在地进行购买和消费。另外，旅游者在购买旅游产品后，这种买卖交易所有权并不发生改变，只是使用权发生转移。

5）旅游服务产品具有后效性

旅游者只有在消费过程全部结束后，才能对旅游服务产品质量做出全面、准确的评价。旅游者对旅游服务产品的质量理解是其期望质量与实际经历质量相互作用的结果。如果期望质量高于实际经历质量，旅游者就会产生不满，后期也不会重复购买。

6）旅游服务产品具有脆弱性

旅游服务产品的脆弱性，是指旅游服务产品价值的实现要受到多种因素的影响和制约，这是由旅游服务产品的综合性和无形性所决定的。旅游产品各组成部分之间要保持一定的质和量的比例，提供各组成部分产品的部门或行业之间也必须协调发展，否则就会对旅游产品产生不利影响。

6.1.2 国际旅游服务贸易的定义与特征

国际旅游服务贸易不仅是现代服务贸易的重要内容，也是世界各国参与国际分工、开展国际服务贸易的重要组成部分。因此，要全面理解旅游服务贸易，首先必须对旅游服务贸易的定义与特征有正确的理解和把握。

1. 国际旅游服务贸易的定义

国际旅游服务贸易，是指旅游服务在国家之间的有偿流动和交换过程。具体而言，它是一个国家或地区的旅游从业人员向其他国家或地区的旅游服务消费者提供旅游服务并获得报酬的一种活动，简单地说就是旅游从业人员向他国消费者提供服务从而盈利的一种行为活动。国际旅游服务贸易，既包括本国出境旅游者的出境旅游（国际支出旅游），也包括外国旅游者的入境旅游（国际收入旅游）。国际旅游服务贸易不仅具有经济功能，而且具有政治、安全和社会文化交流等功能。

2. 国际旅游服务贸易的特征

作为现代服务贸易的组成部分，国际旅游服务贸易既有国际旅游活动的自身特点，又兼具服务贸易的一般特征。首先，就旅游活动自身而言，国际旅游服务贸易是服务提供者通过广告、自我推销等方式"引导"消费者到自己所在地来消费服务，所以就地商品出口和就地服务出口是其区别于传统商品贸易最显著的特征。这里，就地商品出口是指国际旅游者到旅游产品生产地消费，出口方就地输出商品即旅游服务来获得外汇收入。这种出口没有包装、运输、仓储、保险及关税等费用，也不存在外贸出口业务中的相关手续费用。此外，旅游服务产品主要是自然资源，一般不存在传统商品贸易的成本问题。而就地服务出口，则是指旅游接待国或地区为旅游者提供无形服务产品的同时，也提供其他实物产品。无论何种产品，都需要消耗大量的劳动。旅游者到该国用外汇支付旅游服务费用，使得旅游服务劳动力具有就地服务出口的性质，因而可以获得大量的服务费外汇收入。除上述自身特征外，从服务和服务贸易的角度出发，旅游服务贸易还具有如下一般性特征。

1）综合性

国际旅游服务贸易的综合性，是指旅游者在旅游过程中，为满足旅游消费的需要，必须用外币支付购买旅游商品。旅游消费包括住宿、饮食、交通、观光、娱乐等，是物质产品和非物质产品的结合体。它是一种综合性消费，所提供的服务也是一种综合性服务。

2）跨国性

国际旅游服务贸易的最大特点就是旅游活动的跨国性，即不论是出境旅游还是入境旅游，其本质都是跨国界的，否则就不能称为旅游服务贸易。国际旅游服务贸易的跨国性特点，决定了国际旅游服务贸易必然是国家之间相互提供的一种旅游服务，这不仅要求国际旅游者提供食、住、行、游、购、娱等方面的旅游服务，还必须提供相关的国际旅行手续方面的服务。因此，国际旅游服务贸易不同于一般的国内旅游服务，它具有内容丰富、手续复杂、程序中有较多国际性等特点。

3）不确定性

国际旅游服务贸易对于交易双方来讲，既存在许多利益上的一致性，又不排除双方之间利益存在冲突的可能性。这要求旅游服务贸易的双方，即旅游服务的消费者和提供者之间必须相互信任和友好接触，才能保证旅游服务贸易的顺利实现。但是，由于在旅游服务贸易中存在旅游需求的多变性和旅游供给的相对固定性，可能会导致双方交易地位的不平等，即旅游消费者通常按照自身的偏好主动选择旅游服务提供者，而旅游服务提供者则被动地向旅游消费者提供服务，从而使国际旅游服务贸易存在明显的不确定性。

4）高效益性

由于国际旅游服务的出行距离较远，且在旅游目的地停留时间较长，加上要办理各种国际旅行手续，其用于旅游活动的交通、住宿、餐饮等消费支出一般要比国内旅游高得多。所以，对于提供旅游服务出口的国家来讲，积极发展国际旅游贸易，吸引大量国际旅游者，不仅能增加大量的外汇收入，获得更多的旅游经济效益，而且通过向国际旅游者提供旅游服务出口，还能促进国内劳动力就业，带动相关产业发展，从而带来良好的社会、经济效益。

5）财富转移性

在不考虑旅游对其他产业带动效应的情况下，国内旅游消费对于一个国家而言一般并不会增加国际经济总量，只能促使国内财富的再分配。但是，国际旅游服务贸易则存在本质性差异。一方面，从旅游接待国看，入境国际旅游者的消费支出构成外来经济的"注入"，必然促进旅游接待国经济总量的增长；另一方面，从旅游客源国看，出境国际旅游者的消费支出会引起旅游客源国经济的"漏出"，导致旅游客源国经济总量减少。因此，旅游服务贸易必然会造成国家间的财富转移。

6.1.3 国际旅游服务贸易的作用

国际旅游发展为旅游服务贸易的发展奠定了坚实的发展基础，而国际服务贸易的迅速发展又为旅游服务贸易带来了良好的发展条件，从而促进了国际旅游服务贸易的发展，使国际旅游服务贸易在国际服务贸易和各国经济发展中具有越来越重要的地位和作用。

国际旅游服务贸易作为一项劳动与资源密集型的传统服务贸易产业，其市场开放程度高，贸易壁垒少，在创收外汇、创造就业机会及带动相关产业、促进产业结构调整等方面都起到了突出作用。一方面，国际旅游服务贸易能够通过推动一国出入境旅游的开展，促进对外服务贸易的发展，增加外汇收入，促进旅游目的国进出口贸易平衡。另一方面，国际旅游服务贸易能够推动服务贸易和整个对外贸易发展，带动旅游目的国相关产业的发展。

1）增加外汇收入

在旅游业对外开放的条件下，国际旅游服务贸易的发展可以吸引国际闲置资金投入，还可以吸引国外旅游者，从而增加外汇收入。对普通商品货物贸易来说，两国间的贸易会受到进口国家或地区贸易保护政策的限制，而旅游服务贸易是就地消费，一定程度上可以避开贸易保护措施和关税限制。此外，经国际旅游服务贸易出口的产品无须包装、储运、办理保险，也不涉及办理烦琐的进出口手续，创汇简单快捷。

2）创造就业机会

旅游服务业是第三产业的重要组成部分，是劳动密集型行业，在创造就业机会方面比其他行业更具优越性。国际旅游服务贸易要满足旅游者在旅游活动中多方面的需要，所以需容纳大批具有各种技能和水平的劳动者。此外，国际旅游服务贸易的发展可以带动为旅游服务贸易直接、间接提供服务的各行各业的发展，从而创造大量的就业机会。

3）优化产业结构

当前，我国经济结构调整的总体规划是，巩固第一产业，提高第二产业，发展第三产业。国际旅游服务贸易不但依托相关行业，还具有巨大的带动作用。国际旅游服务贸易的带动功能直接给交通、饭店、餐饮、旅游景点等带来了客源和市场，所以应大力发展国际旅游服务贸易，整合资源进行综合利用，优化产业结构，促进相关产业发展。

6.1.4 国际旅游服务贸易的发展

旅游经济作为世界经济的重要组成部分，在第二次世界大战后经历了一个全球化的过程。据联合国世界旅游组织统计数据显示，1950年，全世界国际旅游人数达2500万人次，国际旅游收入仅有21亿美元。经过70年的发展，世界国际旅游业已经成为一个庞大的产业，形成了巨大的收入流量，国际旅游服务贸易快速增长。2019年，全球旅游总人次为123.10亿人次，较上年增长4.6%；全球旅游总收入为5.8万亿美元，相当于全球GDP的6.7%，这一比例较上一年下降了0.1%。2020年，全年国际旅游人数减少约11亿人次，降幅为70%~75%；国际旅游收入损失1.1万亿美元，导致世界经济损失2万亿美元。2021年，全球旅游产业较2020年同期仅上涨4%，复苏进程十分缓慢（见图6-1）。从地区上看，各个国家和地区的旅游政策不尽相同，呈现出复苏进程缓慢和不一致的特点。与2020年相比，2021年欧洲、美洲及非洲地区接待国际游客人次分别同比上涨19%、17%和12%，中东地区则下降24%；亚洲和太平洋地区接待国际游客人次下降最为剧烈，较上年同比减少65%。

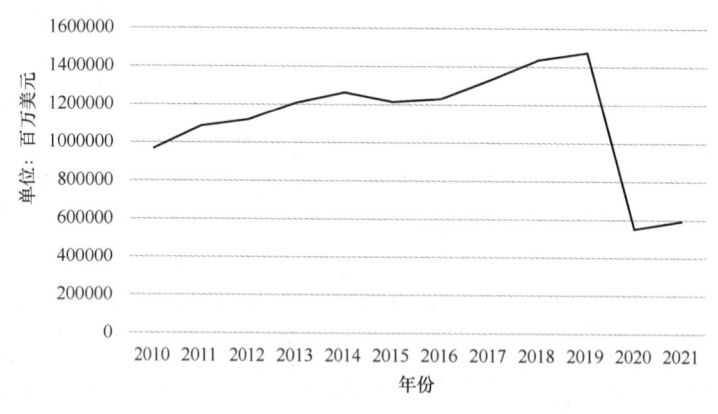

图6-1 2010—2021年世界旅游服务贸易发展趋势

资料来源：WTO数据库

整体而言，国际旅游服务贸易在世界经济中的比重依然呈现出越来越大的趋势，且国际旅游服务贸易已经成为世界上许多国家服务贸易创汇的优势项目。但是，发达国家和发展中国家之间分布依然不均。发达国家一直保持国际旅游服务贸易收支的主体地位，而发展中国家次之，两者占全球旅游服务贸易收支的九成以上。尽管前者占据主导地位，但其所占比重却出现逐步下降的趋势。其中，欧盟和美国是发达国家国际旅游服务贸易最重要的两个进出口主体，两者占发达国家国际旅游服务贸易进出口的比重近年来一直维持在八成左右。美国是世界上最重要的发达国家，同时也是一个旅游大国和强国。

美国的国际旅游服务贸易进出口多年来一直保持较快增长，且出口增速超过进口增速，国际旅游服务贸易保持顺差。欧盟是现代旅游的发源地，也是国际旅游服务贸易出口和进口最大的经济体。近年来，欧盟国际旅游服务贸易进出口一直保持较快增长，旅游服务贸易保持顺差。发展中国家经济体在国际旅游服务贸易中的地位日益重要，近年来所占比重逐步递增。在国际旅游服务贸易出口排名中，亚洲国际旅游服务贸易的增长一直较快。其中，泰国、中国香港、中国澳门、新加坡、马来西亚等已经成为国际旅游的热门国家和地区，国际旅游服务贸易与日俱增。

另外，尽管转型经济体在国际旅游服务贸易进出口比重相对较低，但是近年来出现逐步上升的趋势。俄罗斯是转型经济体中国际旅游服务贸易的重要支柱。除此之外，其他一些国家也越来越受到国际游客的青睐，其本国旅游服务贸易额也在不断增加。

纵观国际旅游服务贸易的发展历程，可发现如下特点。

1）国际旅游服务贸易日益受到各国的重视

国际旅游服务贸易的长足发展，已经引起了各国的广泛重视。一些传统的旅游大国（如法国、埃及等）都在不断推出新的旅游产品，以保持其在旅游服务贸易方面的优势地位。新兴旅游市场（如亚洲的越南、韩国、中国等）则更多的是结合本国的民族特点，以独特的民族风情吸引境外旅游者。多数国家，特别是发展中国家，已把旅游业作为其实现经济腾飞的重点产业来加以扶持，如加大资金投入、推出别具特色的旅游项目、完善相关配套设施、加强旅游管理等。此外，一些国家还从出入境手续的办理着手，通过简化签证手续、缩短签证时间、实施落地签证甚至取消签证等政策，鼓励国际旅游服务贸易的发展。

2）国际旅游服务的需求结构多样化

知识经济时代的到来使国际旅游服务贸易的需求结构日益多样化。首先，生产自动化和劳动生产率的提高使人们的闲暇时间越来越多，这从总量上增加了旅游需求。其次，科学技术日新月异，经济快速发展，使人们的价值观念和消费模式发生了巨大变化，一些新的旅游需求随着时代的发展应运而生（如探险旅游、生态旅游等），在国际旅游服务贸易中的占比日益增加。再次，人们对知识文化的热情使旅游产品的文化气息愈来愈浓，旅游产品不断推陈出新，各种与文化相关的旅游产品特别受国外旅游者的青睐。最后，信息高速公路和互联网的普及，使旅游销售信息的传播和旅游产品的网上销售成为可能，从而形成了旅游服务全球化，使旅游消费者的需求得到全方位的满足。

3）国际旅游服务贸易的抗风险性增强

国际旅游服务贸易易受战争及国际政治、经济形势变化的影响。随着国际旅游服务贸易的不断发展与完善，其抗风险的能力得到了明显加强。

4）国际旅游者的人均消费增长较快

随着世界经济的发展，旅游者在旅游目的地的人均消费也呈现出较快的增长速度，旅游需求日趋个性化、多样化，旅游者人均消费的增长使旅游服务贸易保持着持续增长的势头。

5）多因素推动了国际旅游服务贸易的快速发展

现代国际旅游服务贸易，特别是发达国家的旅游服务贸易之所以能达到如此迅速的发展，根本原因是科学技术、文化教育和社会生产力高度发展，创造出更加丰富的物质财富，居民的收入有较大的增加，为开展国际旅游提供了保障条件。首先，居民收入显著提高，中产阶级的人数比例在整个社会中不断增加，有条件在旅游方面投入更多的资金。其次，闲暇时间的增加，特别是带薪休假制度，使居民有更多的时间进行旅游活动，以追求物质和精神方面的享受。最后，运输业的发展为开展国际旅游活动创造了便利的交通条件。国际公路、铁路交通及海洋运输，特别是航空运输得到了长足的发展，使出国旅游时间大大缩短，方便了旅游者的出行。

6）国际旅游服务贸易区域不平衡状况依然存在

多年来，国际旅游服务贸易基本由分布在欧洲和美洲的旅游大国构成，旅游服务贸易呈现出以发达国家为主导的格局。形成这种现象有多种原因。一是国际旅游的消费主体是发达国家居民，需求导向重心必然倾向于发达国家，满足西方消费者的旅游需求。二是发达国家自身的旅游经济系统较完备，管理技术和服务水平也较高。三是一些主要发达国家的文化具有较多的共同性，相互之间语言和习俗等方面的障碍小，从而提高了其在国际旅游市场上的竞争力。但是，20 世纪 80 年代以后，亚洲、非洲、拉丁美洲和大洋洲等地区一大批新兴市场的崛起，使国际旅游服务贸易在世界各个地区的市场份额出现了新的格局：欧洲和北美地区在国际旅游服务贸易市场上的份额进一步缩小，旅游重心由传统市场向新兴市场转移的速度不断加快。

6.2 国际教育服务贸易

20 世纪 90 年代以来，随着服务贸易成为各国致力于开发国际市场的一个重点领域，国际教育服务贸易也引起了一些国家，特别是发达国家的高度重视。国际经贸机构或组织在统计国际服务贸易时已将国际教育服务贸易视作服务贸易的一个重要组成部分。早在 1989 年，关贸总协定秘书处就将国际教育服务贸易列入服务贸易当中，各国也广泛认可和重视国际教育服务贸易，并采取多种措施促进其发展。

6.2.1 教育服务产品的定义与特征

教育服务产品作为教育服务贸易的主要载体，同样既包含有形的内容，也包含无形的服务。因此，接下来首先介绍教育服务产品的定义与特征。

1. 教育服务产品的定义

教育服务产品是教育市场为教育消费者提供的劳务性、服务型的活动。其实质是一种服务形态的教育教学活动产品，既有使用价值，也有交换价值。职业教育、技能教育、管理教育、企业内部培训等都是通过教育服务产品来实现买卖双方价值交换的。教育服务产品在《服务贸易总协定》涵盖的 12 类服务部门中被列为第 5 类。世界贸易组织按照联合国暂定的主要产品分类，将国际教育服务分为初等教育服务、中等教育服务、高等教育服务、成人教育服务及其他教育服务 5 种类型。

2. 教育服务产品的特征

教育为社会提供服务。从教育存在的形态上看，它既是一种社会活动，也是这种活动所产生的产品，还是被教育者消费的消费品。它具有行为与产品的合一性。从经济角度看，除具有普通商品的经济属性外，教育服务还具有外部经济性、准公共产品性两个方面的特征。

1）教育服务产品的外部经济性

当一个经济主体的活动对社会或其他人产生了有利的影响，但这个经济主体却没有从受益者那里获得任何补偿时，这种经济活动就具有了外部经济性。教育服务就是一种具有外部经济性的活动。教育可以提高公民的文化知识水平，增加公民个人的生产能力和收入能力，使其从教育消费中获利。另外，公民个人文化知识水平的提高，还会使整个社会获得益处。教育服务具有外部经济性具体体现在四个方面：第一，教育在提高教育者个人生产力的同时，也提高了整个社会发展生产力的潜力，进而增强了整个国家的竞争力；第二，教育提高了公民的文化素质，对一个国家的文明建设也有重要意义；第三，教育对于文化的传播、交流、保存，以及文化的净化和创新等方面，也有重要的促进作用；第四，教育还有一种溢出效应，即当一个受过教育的人迁移到一个新地方时，这个地方的人即使没有为该人的教育成本做任何贡献，也会因公益活动而受益。

2）教育服务产品的准公共产品性

若仅从向社会提供产品这点来看，教育活动与企业生产活动没有本质区别。但是，由于教育活动有巨大的外部经济性，人们并不将教育活动看成一般的企业经济活动。在实践中，几乎所有国家都将正规教育机构划定为非营利性机构，并且向这些机构提供不同程度的政府资助。这种情况与教育服务产品的准公共产品性质有关。教育服务作为一种准公共性产品，其特性主要体现在以下三个方面：

（1）拥挤性。教育服务产品的效用虽然可以为全社会所享用，但是由于消费者数量的增加会导致拥挤，使得每个消费者从中所获得的效益下降，这就使得教育服务产品的消费具有一定的竞争性。在给定的教育系统内，应有唯一的最佳学生数量；一旦超过这个数量，新增参与者就会对已有参与者造成负面效用。如果依然要求产生同等效用，边际成本就会上升。

（2）价格排他。教育服务产品的效用虽然可以被全社会所享用，但其产品却可以定价，在技术上能够实现排他。那些不愿意支付费用的消费者将被排除在消费范围之外，即消费上具有一定的排他性，不满足一定消费条件的消费者自然无法享受教育服务。

（3）极低的"收费成本"。一般来说，公共产品不能通过市场供给，而只能由政府来提供。但是，除少数教育形式（如政府提供的广播电视教育）外，绝大多数教育服务产品并不存在收费困难和搭便车的问题，所以教育服务产品的提供方很容易解决收费问题。

6.2.2 国际教育服务贸易的定义与特征

由于教育服务有着强烈的外部经济性，关系到国家主权、社会道德和民族文化的继承等重大问题，因此要特别重视国际教育服务贸易。为此，首先对教育服务贸易的定义要有较深入的理解。

1. 国际教育服务贸易的定义

国际教育服务贸易是国际服务贸易的一种，是国际贸易以服务的形式在教育领域中的一种体现。具体而言，它是指国与国之间主要出于经济目的而进行的教育服务输出与输入而构成的活动。国际教育服务贸易是世界经济发展到全球化阶段的产物，也是教育国际化与国际服务贸易相结合的产物。从经济学角度来看，国际教育服务贸易是一种跨国教育选择，选择的主体可以是学生及其以家庭为主的教育消费人群，也可以是政府或社会机构。前者是在开放的市场环境中选择的效用最大化的服务，属于个人消费；后者是政府或社会机构出于发展经济的需要而选择的消费国外的教育服务，为受教育者"买单"。教育选择的客体是服务生产者提供的具有一定质量、品牌和特色的多样化教育服务。

GATS 规定了服务贸易的四种方式，这使得国际教育服务贸易和其他服务贸易一样，也存在跨境交付、境外消费、商业存在和自然人流动四种提供方式。

首先，在国际教育服务贸易中，跨境支付表现为跨国远程教育这一形式，即在教育提供者和消费者都不存在跨境流动的情况下，借助光缆、卫星传输等方式实现教育服务的跨境移动。WTO 鼓励一成员方向另一成员方提供上述远程教育课程与服务。

其次，在国际教育服务贸易中，出国留学是境外消费的主要形式，它主要指教育消费者到他国学校或科研机构求学、进修。WTO 鼓励一成员方公民到另一成员方去留学、进修。到目前为止，这种形式在国际教育服务贸易中所占份额最大。

再次，在国际教育服务贸易中，商业存在的一个重要特点是服务跨越国界与对外直接投资联系在一起，其强调通过生产要素、资金、服务工具跨境移动到消费者居住地提供服务而产生贸易。此类教育服务贸易的形式有，一国企业到他国开办培训机构，或者一国学校到海外设立分校或与东道国的教育机构合作办学。其中，合作办学是主流。

最后，在国际教育服务贸易中，自然人流动的特点是服务提供者以自然人身份进入并临时居住在服务消费国，其强调自然人（服务提供者）在他国境内提供服务。对于国际教育服务贸易而言，WTO 鼓励一成员方聘请另一成员方的公民去从事专业服务工作，不得予以歧视，具体服务形式主要是聘用外籍教师。

2. 国际教育服务贸易的特征

国际教育服务贸易的主要对象是教育服务产品，而教育服务产品是教育机构为满足人们的各种教育需求而提供的服务产品。这些产品既不同于实物生产部门所生产的有形的消费品和资本品，也不同于其他服务业所提供的服务产品。但是，不管教育产品具有何等丰富的内容，服务一直都是教育服务产品的基本特质。正是教育服务产品的这一特质，决定了国际教育服务贸易具有如下基本特征。

1）无形性

国际教育服务作为服务的一种，同样具有无形性。服务提供者通常无法向顾客介绍教育服务的具体形态，服务消费者在主观上知道服务的种类，并在消费服务之后感知服务的结果。国际教育服务贸易的无形性特征，使得其并不能像有形商品贸易一样，人们可以在特定的时间、地点看见商品的跨国界流动，大多数教育服务的进口和出口往往是无形的。

2）不可分离性

与有形商品贸易相比，国际教育服务贸易的一个典型特征是不可分离性，即教育服务的生产与消费具有同时性。教育服务的生产过程就是教育服务被消费的过程。国际教育服务这种生产与消费的同时性，使得大多数教育服务不可能像有形产品一样，可以贮存和运输。所以，在国际教育服务的贸易过程中，教育服务提供者和消费者必须存在某种形式的接触，要求教育服务的消费者必须参与到教育服务的生产和贸易过程中。

3）异质性

异质性是国际教育服务的一个基本特征。不同的生产者提供的服务质量是不同的，即使是同一生产者提供的同一种服务，由于消费者不同所感受到的服务结果也会有所不同。不同教育机构提供的教育质量有很大差别，许多教育机构经过多年的发展已经形成了自己的品牌和特色。所以，教育服务的异质性使得国际教育服务贸易的竞争更为激烈，且今后教育机构的声誉、品牌形象将成为竞争的关键。在国际教育服务贸易的竞争中，发达国家的教育服务贸易具有绝对的竞争优势，发展中国家在竞争中往往处于不利地位。

4）涉及的法律关系的复杂性和特殊性

国际教育服务贸易的特殊性，使得国际教育服务贸易所涉及的法律关系与商品贸易相比显得特殊而复杂。国际教育服务贸易的无形性，使得国际教育服务贸易可以轻松绕过各国海关的监管，所以各国基本不通过海关措施而是通过国内立法和规章制度来实现对国际教育服务贸易的管制。这样，国际教育服务贸易必然涉及各国复杂的法律、法规等问题，而这些法律、法规的制定和执行又涉及一国现行的法律法规等政治、经济及国家主权等问题。尽管各国通过国内立法对教育服务贸易进行管理，但是国内立法更强调国家利益的安全性和教育主权利益，因此各国常常出于自身利益的考虑，利用国内立法对教育服务贸易设置重重障碍。

6.2.3 国际教育服务贸易的发展及其动因

全球化带动了生产要素在世界范围内的流动，促进了资源和服务向全球扩展，并最终导致全球市场一体化。但是，市场一体化并不是全球化的全部内容，因为全球化过程会受到政治、社会、文化等因素的影响，当然也离不开教育的国际化。教育领域出现的国际教育、跨国教育、比较教育、跨文化教育等概念，就是全球化和教育国际化的综合产物。

1. 国际教育服务贸易的发展

国际教育服务贸易起源于不带商业色彩的文化教育交流。20 世纪 70 年代以前，许多发达国家都曾向发展中国家提供大量的奖学金，以吸引发展中国家的留学生，甚至由政府派遣专家到发展中国家帮助兴办大学和培训教师。但这种早期的教育服务往往跟发达国家的政治联系在一起，是其政治外交的部分体现。20 世纪 80 年代以来，国际教育服务贸易呈现出迅猛增长的势头，主要表现在两个方面：一方面，在整个国际服务贸易构成中，国际教育服务贸易占比越来越大，逐步成为服务业出口的重要组成部分，引起了各国政府的高度重视；另一方面，以境外消费方式为主的教育出口已成为教育国际化的重要标志，在一定程度上反映了一个国家教育的整体水平和活力。

随着 GATS 规则的完善和普及，国际服务贸易比重逐年增长，其中国际教育服务贸易发展迅速。发达国家教育服务出口占国际教育服务贸易的比重很大。发达国家中形成了三个主要教育服务出口区域，分别是北美洲、欧洲和大洋洲。对它们而言，教育服务的出口可以促进国家的文化交流，吸引部分国外优秀人才，给国家带来经济利益，因此政府从战略高度制定相应措施来引导、改革和发展教育服务产业，并提供有效的法律支持，以促进教育服务贸易的增长。美国多年来一直是世界服务贸易出口的第一大国。与一般商品贸易形成强烈反差的是，从 20 世纪 70 年代中期起，美国服务业出口连年保持顺差，其中教育服务贸易发挥了重要作用。英国也将扩充国际教育服务贸易视为教育发展，特别是高等教育发展的一个重要方面，它采取全成本收取学费的方式，调动了教育机构主动向国际市场吸引留学生的积极性，这使得英国留学生人数逐年递增。

发展中国家和欠发达国家成为教育服务进口的主要国家。我国和印度等国由于本国教育资源的有限性，国内的众多高收入阶层选择出国留学或在国内接受来自发达国家的教育服务产品，因而这些国家成了发达国家教育服务出口的重要市场。对于教育服务进口的国家来说，可以通过归国人员吸收国外的先进技术和方法，从而为本国的经济建设、文化建设和社会发展服务。

2. 国际教育服务贸易的发展动因

国际教育服务贸易是从国际教育服务或者教育的国际化过程中产生的，世界教育强国既看到了国际教育交流与合作公益性的一面，同时意识到了教育交流与合作的经济意义。国际教育的公益性和营利性并不是相互矛盾的：在有些交流与合作的形式下，公益性占主导地位；而在另一些交流与合作的形式下，营利性占主导地位。国际教育服务在实现营利性的同时，又在自觉或不自觉地实现着其公益性目标，公益性与营利性在教育国际化过程中并存。概括而言，国际教育服务贸易发展的动因主要包括如下四个方面。

1）政治的需要

国际教育服务（主要体现为单向式的教育援助）曾被当作提高国家国际形象的手段。这些提供援助的国家认为，资助外国学生到本国学习，能让这些未来的社会建设者接受本国的政治制度、文化传统和价值观念。签订文化和学术交流协议是发展和保持政治与经济关系的一种方式。

2）经济发展的需要

一些国家认为，为留学生提供奖学金是在为本国创造良好的国际投资环境，因为接受资助的学生回国以后可能会成为经济领域的决策人士，以提供援助和资助的方式投资国际教育交流与合作，实际上是在为本国未来经济关系的发展投资。

3）教育消费者的需求

由于本国教育资源的不足，许多国家采取了鼓励学生和教研人员出国深造的政策。例如，挪威政府宁可不增加国内的教育设施，也要鼓励学生和教研人员到国外学习和研究。希腊和葡萄牙也因教育基础设施的局限性而鼓励学生和研究人员到国外学习和研究。我国政府既坚持"鼓励出国，来去自由"的留学政策，也强调引进优质的国外教育资源，缓解国内教育资源的压力，促进教育质量的提高。

4）高回报的吸引

国际教育服务贸易的高回报是国际教育服务商业性日益突出的直接动因。由于政府对高等教育投入的不足，高等学校不得不从政府以外寻求办学资金的来源。这种利用自身的人才和研究优势，通过与企业合作、招收自费留学生、境外办学等方式来获取资金的方式已获得广泛认可。

6.3 我国旅游服务贸易和教育服务贸易

我国旅游服务贸易和教育服务贸易相对于发达国家而言起步较晚。在我国的服务贸易中，旅游服务贸易一直是支柱产业，它对缩小我国服务贸易逆差、平衡服务贸易国际收支起着重要的作用。而教育服务贸易作为服务贸易的重要组成部分，也已经成为我国拉动服务经济增长的重要手段。

6.3.1 我国旅游和教育开放进展

改革开放以来，我国旅游和教育均取得了长足的进步。

1. 我国旅游开放进展

旅游方面，我国已成为当前最大的出境旅游客源国。市场方面，我国也拥有世界最大的国内旅游市场和亚洲最大的出境旅游市场。国内旅游、出境旅游快速稳步增长的同时，国际旅游也保持着较强竞争力。相比较而言，受国家对外开放程度不断加大的影响，我国对居民出境游的限制逐步放宽，旅游开放程度不断加深，基本上从港澳旅游、边境旅游到出国旅游逐步发展起来，主要目的也由初始阶段的访亲探友和商贸活动逐步发展为观光和旅游度假。1983年，为适应国家开放的要求，方便内地居民到香港和澳门探亲，两个地区首先开了内地旅游的先河。1990年5月，《关于组织我国公民赴东南亚三国旅游的暂行管理办法》的出台，标志着我国出境旅游真正发展起来。但在这一时期，由于受经济发展水平和对外开放程度的限制，出境旅游发展速度十分缓慢，并且集中在东南亚和大洋洲地区。1997年，国务院批准了《中国公民自费出国旅游管理暂行办法》，该办法促进了我国境外游的快速发展。2001年12月，我国正式加入世界贸易组织，国际旅游开放进一步加快，条件更加便利，公民出入境旅游人数不断增加，国际旅游服务贸易也随之增长。

从我国旅游整体开放程度来看，旅游已经形成了以入境旅游为主导、国内旅游为基础，国内、入境、出境齐头并进的发展态势，具体表现如下。

1）国内已拥有全球最大的旅游消费市场，从小众市场逐步向大众市场过渡，旅游开放程度持续增加

随着我国经济与国民收入的增长，旅游逐步成为国民大众日常生活的选项而非特定阶层人群才能承担的消费产品，我国旅游消费市场已成为世界第一大旅游市场。自2000年以来，我国国内游客数量呈现持续高位增长，推动我国步入了大众旅游时代，我国已经成为世界上旅游人数最多的国家之一。另外，根据国家旅游局每年发布的《中国旅游发展报告》数据整理可知，国民人均出游次数从1984年的0.2次增长到了2019年的3.7次，国内游客数量从1984年的约2亿人次扩大到了2019年的60亿人次。但是，2020年国内游客数量仅为28.8亿人次，比2019年下降了52.1%。2021年有所反弹，全年国内游客数量为32.5亿人次，比2020年增长了12.8%。由此可见，国内旅游人数与日俱增，居民的日常生活已经与旅游难以割裂，我国也因此成为世界上拥有国内游客数量最多的国家。预计到2030年，我国居民年人均出游次数将超过6次。

2）由成团旅游向散客自驾转变，展现出游客与景区市民融合发展的市场态势

随着经济生活的不断发展，80后、90后旅游经验不断上升，自主旅游、自主决策的旅游模式逐步映入眼帘。互联网的不断发展，信息流的不断完善，大数据平台下信息的透明程度不断提升，服务于旅行前、旅行中、旅行后的相关软件、产品、服务等内容层出不

穷，人们乐于分享自己的旅游经验，同时也更易获取他人的相关旅游信息和经验。散客旅游的消费空间从封闭走向开放，从游客和市民的空间隔离到游客和市民共享生活空间，这个空间涉及目的地生活的方方面面。随着基础设施的不断发展完善，旅游业不断发展，游客的要求也越来越高。基础设施是否完善、服务水准是否高水平、生态环境是否未被污染，都成为游客关注的对象。个性化、特色化的旅游产品和服务逐步深入人心，旅游需求的品质化和中高端化趋势日益明显。这些都促进了旅游目的地城市基础设施建设的加快，以及环境保护和经济高质量的发展。

3）旅游经营生态已逐步转变成跨行业、跨内容的商业运营模式

随着旅游的专业化分工与市场开放程度的不断加深，不同板块、不同业务也在逐步融合发展，并与其他行业产生交集，这也成为现代旅游的一大特征，即旅游经营模式多元化。互联网等新兴行业及地产、医疗、教育等传统行业与旅游交相辉映，融合发展。近年来，地产、煤炭等传统行业巨头纷纷投资建设文化旅游城、主题公园、酒店、旅游度假区等项目就是产业融合的表现，BAT（百度、阿里巴巴、腾讯）等互联网企业也纷纷涉足在线旅游、旅游团购门票、交通机票预定、旅游景区的衣食住行等不同方面，跨行业、跨内容的商业模式已经形成。

4）旅游正在从狭义的商业范畴扩展为更加广义的产业领域

云计算、物联网、大数据等现代信息技术的出现，使得旅游生态更加蓬勃发展。它们的广泛应用，促进了大众旅游时代旅游消费形式的变化，同时改变了整个旅游产业的生态环境和发展模式，这推动了旅游业内涵和外延的拓展，使旅游开放程度加大。如今，除传统景区存在强大的吸引力外，新式景区也发展迅速，如以华侨城为代表的主题公园、乌镇为代表的休闲度假景区、北京 798 为代表的开放式文化创意地及旅游综合体等更多新类别景区或非景区也日益成为旅游的热点。

5）以景点为吸引点的发展模式逐步向区域资源优势、产业资源融合、共建共享的发展模式加速转变

全民旅游的兴起及个人散客旅游模式的不断扩大，使自主旅游、个人旅游逐步替代了传统抓点的景点旅游模式。为满足旅游发展的需要，国家旅游局于 2016 年提出了将全域旅游作为新时期旅游发展的战略。全域旅游是指通过对区域内的经济社会资源的不断整合，突出其中的旅游资源，以旅游业作为其区域内的优势产业，对相关产业、生态环境、公共服务、体制机制、政策法规、文明素质等进行全方位、系统化的优化提升，以促进区域内资源的有机整合，实现产业融合发展、社会共建共享，以旅游业带动和促进经济社会协调发展的一种新的区域协调发展理念和模式。将过去单一的景点旅游改变为全区域的吸引点，促进区域的统筹发展，具体做法如下：将粗放低效旅游向精细高效旅游转变，将单一封闭的旅游景点自循环模式向"旅游+"模式转变，从旅游企业单打独享到社会共建共享转变。我国基础建设不断推进，旅游所必需的交通设施不断发展，现代综合交通运输体系不断完善，这些都促进了新式自驾游、个人旅游等旅游模式兴起。旅游供给的增加、旅游内容的不断开放，将进一步促进我国旅游业的快速增长。

2. 我国教育开放进展

我国于 2001 年正式成为 WTO 成员。在 WTO 框架下，我国教育进一步与世界教育

体系相融合，这在改革开放的时代背景下具有重要的意义。一方面，由于教育的特质及影响力，教育在我国具有基础性、先导性、全局性的地位和作用；同时，这种融合也是为了尽快实现"通过大胆引进国外优质教育资源，以及先进教学内容、方法和管理经验，促进我国短缺薄弱学科的建设和人才培养，提高我国教师水平和教育质量，增强我国教育的整体实力和国际竞争力"的目标。另一方面，根据《服务贸易总协定》的相关规定，国际服务贸易的提供主要有境外消费、商业存在、跨境交付、自然人流动四种方式。教育属于 WTO 国际服务贸易中的一类，故这四种提供方式自然也适用于教育领域。

就我国的情况而言，境外消费应用到教育领域的具体表现是出国留学及来华留学教育；中外合作办学及远程在线教育分别是商业存在和跨境交付应用到教育领域的具体表现；自然人流动应用到教育领域的具体表现是境外专家与教师来华工作和孔子学院公派汉语教师及志愿者出国工作。我国在加入 WTO 后，这四种提供方式在教育领域均取得了不同程度的进展。

1）境外消费政策日臻完善，留学教育规模增长显著

境外消费包括留学教育和来华留学教育，境外消费政策也包括这两个方面。其中，对于出国留学教育政策的优化有许多具体措施。例如，教育部从 2002 年 11 月起就废除了向自费出国留学人员收取"高等教育培养费"和出入境管理机关开具的《自费出国学习审核证明信》的制度。这一举措清除了消费壁垒，兑现了我国在加入 WTO 时所承诺的对境外消费教育服务提供方式不做任何限制的承诺，也为我国公民出国留学提供了极大的便利。通过采取一系列政策调整与优化之后，我国的出国留学教育"支持留学、鼓励回国、来去自由、发挥作用"的工作方针和"选、派、管、回、用"的工作机制得以最终形成。

在来华留学教育政策方面，与出国留学教育政策相匹配，加入 WTO 后我国对境外来华留学提供了支持并给予了相应的配套服务。其中，教育部先后颁发了《关于进一步加强来华留学管理工作的通知》《留学中国计划》《教育部办公厅关于试行普通高等学校外国留学生新生学籍和外国留学生学历证书电子注册的通知》等文件，以达成优化来华留学管理工作、吸引更多留学生来华留学的目标。近年来，多项有关政策相继发布，使来华留学管理制度不断完善的进程得以加快，我国来华留学教育已经开拓出"扩大规模、优化结构、规范管理、保证质量"的新局面。在 2021 年的第 22 届中国国际教育年会全体大会上，教育部部长在开幕式讲话中表示，要"继续推进高水平教育对外开放，继续引进优质教育资源，继续支持出国留学，继续提升来华留学质量"。

2）商业存在政策的优化主要涉及中外合作办学

在商业存在政策方面，为积极履行 WTO 机制下的相关承诺，相关部门于 2003 年出台了《中华人民共和国中外合作办学条例》。该条例明确地规定了中外合作办学的性质、地位、方针、权利和义务等。其中，通过将我国的教育服务贸易承诺落实到国内法上，较好地实现了 WTO 基本规则与我国教育服务承诺的衔接。教育部也相继出台了一系列相关措施，不断优化中外合作办学政策，最终形成了"扩大开放、规范办学、依法管理、促进发展"的原则。我国教育服务贸易的商业存在模式，在规模、水平及专业设置上实现了实质性推进。

6.3.2 我国旅游服务贸易和教育服务贸易发展

1964 年 7 月 22 日，中国旅行游览事业管理局（后更名为中国旅行游览事业管理总局）成立，中国旅游服务贸易自此启航。1978 年，邓小平明确提出，要把旅游业当作国民经济的一个重要产业来发展，要从整体上谋划旅游业的发展，把旅游业作为一个综合性的行业来搞。1985 年，国务院常务会议决定把旅游业纳入国家的国民经济和社会发展计划，正式确立旅游业在我国国民经济中的产业地位。之后，政府又把旅游服务贸易列入第三产业优先发展序列的第一序列中。1998 年，中央经济工作会议提出将旅游业作为国民经济新的增长点予以支持。这些都为旅游服务贸易的发展打下了坚实的基础。另外，我国自改革开放初期便放开了对自费来华留学的管控，积极促进我国教育服务贸易的出口。随着教育产业的进一步发展，国外对我国教育服务的需求也在持续增加。当前，旅游服务贸易和教育服务贸易不仅在我国服务贸易中的地位越来越重要，而且对于拉动经济增长也有十分重要的作用。

1. 我国旅游服务贸易发展

发展旅游服务贸易有两个方面的好处：一方面，他国居民入境消费可以促进我国外汇的增加，进而增加外汇储备；另一方面，我国居民出国旅游可以促进消费，弥补逆差。经济全球化使得服务贸易所占比重大大增加，服务内容也不仅仅局限于围绕货物贸易的周边服务。在此背景下，我国旅游服务贸易得到了快速发展，旅游服务贸易产业结构也进一步优化升级，成为增强国民经济实力、推动国际间文化交流与合作的重要动力。近几年，我国大力支持、积极发展旅游业，旅游服务贸易已经成为我国三大传统服务贸易的核心板块之一。根据国家旅游局相关数据统计，2019 年我国接待入境游客 1.45 亿人次，同比增长 2.9%；接待入境过夜游客超过 6500 万人次，入境外国游客接近 3200 万人次，同比分别增长 4.5%和 4.4%。2020 年，我国共接待入境游客 2747 万人次，同比下降 81%。而 2021 年，我国接待入境游客 3198 万人次，实现国际旅游收入 208 亿美元，同比分别增长 18%和 23%，恢复到了 2019 年的 22%和 16%。2010—2021 年我国对外旅游服务贸易发展趋势如图 6-2 所示。

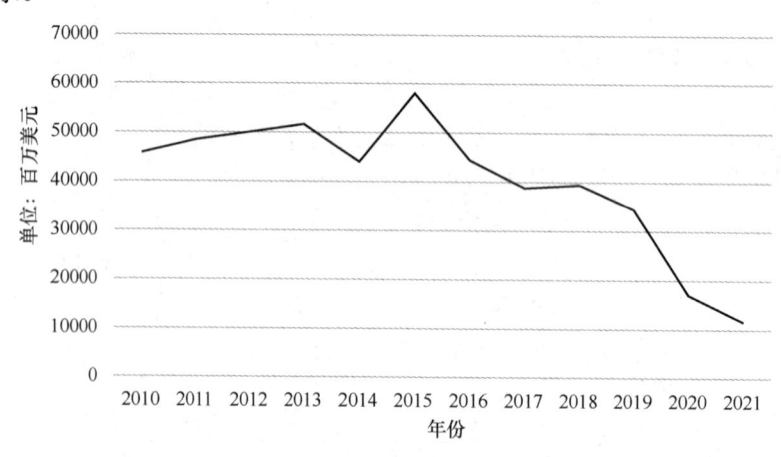

图 6-2　2010—2021 年我国对外旅游服务贸易发展趋势
资料来源：WTO 数据库

1）我国旅游服务贸易的特征

我国旅游服务贸易经过多年发展，在国际市场上呈现出以下特征。

（1）旅游服务贸易规模逐步扩大。几十年来，我国旅游业迎来快速发展，旅游贸易的进、出口额也在稳步增加。作为第三产业，我国旅游服务贸易在服务贸易发展中有着非常强劲的表现。旅游业的迅速发展与旅游服务贸易规模的逐步扩大，不仅能够不断完善旅游行业自身发展，还能带动周边文创等产业的发展，进而增加 GDP。

（2）出境旅游规模不断增加。我国人均可支配收入不断提高，以及我国在出境的限制条件上逐步放宽，居民出境旅游意愿增强、规模扩大。

（3）旅游服务贸易逆差较大。我国在国际旅游贸易中存在较大逆差，且逐年加剧。出现这种情况的原因是，我国经济的快速发展使得国民的消费能力大幅提升，但是我国的某些旅游产品依然不能满足国内消费者的旅游需求，这无疑会促进境外旅游和消费，从而增加贸易逆差。

（4）旅游服务收入地区发展不平衡。无论是从入境旅游服务收入还是从入境过夜游客数量来看，东南沿海地区一直占比最大。入境旅游服务收入方面，收入总额排名前列的为广东、浙江、上海等沿海地区，内地除云南等个别省份外，其他地区与沿海省份均有较大的差距。入境过夜游客数量方面，接待入境过夜游客数量最多的地区也主要分布在广东、浙江、山东、上海等省市。

（5）旅游服务的质量较低、产品较为单一。我国提供的旅游服务类型主要是观光型旅游和度假型旅游。但是，这两类产品的缺点也很明显：都是资源消耗型产品，容易被替代。专项旅游产品及参与体验式产品较少。另外，当前有大量的知名旅游地依然归属行政管理体系，行政化管理有其固有的缺陷，这使得我国提供的旅游服务的质量相对较低，无法满足游客多样化、个性化的需求。

2）解决旅游服务贸易问题的举措

为解决旅游服务贸易中的问题，充分发挥旅游资源方面的优势，加大旅游服务对外开放力度，加快发展国际旅游服务贸易，我国应寻求以下五个方面的路径和措施。

（1）扩大旅游服务对外开放程度，积极引进、利用外资。发展旅游，除提高管理水平和服务质量等内部措施外，最根本的是要投入大量资金。引入外资便是其中的途径之一，包括扩大旅游服务外商投资的准入范围，调整旅游服务利用外资的投资结构；大胆开展中外合资开发旅游资源，逐步鼓励外商在直接投资风景名胜区、旅游商品、旅游交通等领域进行试点，积极利用外资对旧有旅游景点进行改造、扩建。根据 GATS 的规定，我国应逐步开放旅行社市场，这对我国拓展旅游市场和提高旅行社管理水平来说，既是机遇又是挑战。

（2）积极开发新产品，优化旅游产品结构，提高旅游服务档次。目前，我国所提供的旅游产品正处于由团队向散客、由全包价向菜单式服务、由观光旅游向度假旅游和特色旅游、由标准层次向豪华层次和经济层次的结构转型时期。我国应该抓住时代赋予的这一机遇，开发具有中国特色、中国文化的旅游产品，不断创新、完善、更新旅游产品，使之定型化、系列化、标准化，从而提升我国旅游产品的国际知名度。同时，通过对旅游产品结构的优化，使我国旅游产品从供给端进行变革，满足人民日益增长的美好生活需求甚至预测需求，从而提高旅游服务档次，实现旅游服务国际化和品牌化，在激烈的国际市场竞争中保持优势。

（3）提高旅游服务的技术含量。随着互联网和 IT 技术的发展，信息技术已用于国外旅游服务的方方面面，如目的地信息系统、酒店管理系统、计算机预定系统和银行结算系统等。可以预见，未来没有信息技术支持的旅游业将无法生存。我国旅游业必须紧跟时代的步伐，充分利用信息技术这一新渠道，通过互联网去传播旅游服务、发展客源。

（4）建立大型现代化企业集团。新时代，我国要以建立共同市场为目标，以资产重组为导向，建立一些跨行业、跨地区、跨国界的大型现代化企业集团，通过企业间的强强合作，形成在旅游服务贸易方面的管理优势和人才优势，为发展国际旅游服务贸易打下良好基础。

（5）加快旅游人才的培养。任何行业的发展都离不开人才。旅游行业的进一步发展和旅游服务的不断开发，对旅游人才提出了更高的要求。为满足国际旅游服务贸易发展的需求，从业人员不仅需要在理论知识、外语运用和服务技能上都达到相当水平，还需要掌握现代科学技术和管理知识，从而在整体上提高服务质量。

2. 我国教育服务贸易发展

教育服务贸易在整个国际服务贸易构成中所占的比例日益增大，逐渐成为服务业出口的重要组成部分，并且教育国际化的一个重要标志已经体现在以境外消费方式为主的教育出口上。我国以境外消费的方式将教育服务进口到国内，特别是高等教育服务水平已连续多年在世界上排名第一。同时，以境外消费方式出口的教育服务也在逐年增加，教育领域人员的国际流动数量不断上涨，与国外人才培养机构的交流日益增多。另外，凭借互联网的强大功能，远程教育服务得以快速发展，国际教育服务贸易的商业存在模式取得重大突破，国外教育机构来华合作办学发展迅速。

1）我国教育服务贸易的发展模式

现代化建设的基础在于教育，我国重视教育服务贸易，教育服务贸易已经展现出强劲的发展态势，在出口规模、范围、层次、合作方式等方面均有较大突破。从教育服务出口方面来看，我国政府一贯重视接受和培养外国留学生工作，积极促我国教育服务出口，同时国外对我国教育服务的需求也在不断增长。从贸易方式来看，我国的教育服务进口主要以境外消费、商业存在方式为主，以迅速发展的跨境交付和自然人流动方式为辅。

（1）教育服务贸易在境外消费上主要分为教育进口和教育出口两个方面。境外教育进口指我国学生出国留学。教育发达国家发现我国教育市场的巨大潜力，通过多样化的招生机制和灵活高质量的培养模式，吸引了大批留学生出国，使得我国出国留学得到了快速发展。境外消费出口指外国学生来华留学。我国出台了一系列法律法规，以保障教育服务出口的发展。但是，我国教育服务贸易"逆差"现象依然突出。为此，我国政府采取多种措施缩减逆差。目前，在亚洲范围内，我国已经成为最大的留学目的国，来华留学生总规模持续增长，特别是在"一带一路"倡议后，沿线国家来华的学生数量增长趋势更为明显。

（2）教育服务贸易在商业存在上主要指中外合作办学。根据教育部相关数据统计，1995 年我国中外合作办学机构和项目仅有 71 家。此后，通过积极引进境外优质教育资源，鼓励中外教育机构开展强强合作或强项合作，实现了我国教育资源供给的多样化，使学生不需要走出国门就能享受高质量的国际化教育。据第十二届全国中外合作办学年会数字披露，截至 2021 年 10 月底，经教育部批准或备案的中外合作办学机构和项目增加至

2447个,其中本科以上机构和项目1295个,专科层次机构和项目900多个。高等教育中外合作办学机构、项目占总数的90%左右。高等教育中外合作办学涉及经济学、法学、教育学、文学、历史学、理学、工学、农学、医学、管理学、艺术学等11个学科门类200多个专业;合作对象涉及39个国家和地区,800多所外方高校,700多所中方高校。从合作的对象国与地区来看,中外合作办学的外方合作者主要来自经济发达、科技及教育先进的国家和地区,中外合作办学水平较高。教育国际化也不局限于高等教育,众多初高中甚至小学也开始了国际化建设。

(3) 教育服务贸易在跨境支付上主要指跨国远程教育。中国互联网络信息中心发布的第50次《中国互联网络发展状况统计报告》显示,截至2022年6月,我国网民规模为10.51亿,互联网普及率达74.4%。其中,有很大比例的网民能够通过网络完成在线学习。此类教育服务一般都以免费的方式提供。虽然也存在有偿提供服务的国际教育网站,但大多数以跨境在线支付为主。

(4) 教育服务贸易在自然人流动上主要包括进口和出口两个方面。进口方面,在华的外籍工作者数量十分庞大,主要是外籍专家和外籍语言教师。出口方面,主要以孔子学院为主。据教育部网站介绍,截至2021年10月,我国已经通过中外合作方式在159个国家设立了1500多所孔子学院和孔子课堂,累计培养各类学员1300多万人。随之而来的是,国家公派出国的教师、客座教授的数量持续增加。

2) 我国教育服务贸易的发展对策

纵观我国教育服务贸易的发展状况可知,我国发展国际教育服务贸易既有突出优势,也有相对弱势。辩证地看待这种状况,是确定相应的贸易政策和发展战略的前提和基础。作为贸易大国,我国必须尽早制定国际教育服务贸易的相关发展对策。

(1) 加大政府教育投入力度。各教育机构应当把工作重点放到加大师资投入、提高教师水平上,不断提高教师团队素质。机构要增加派遣教师、学者到国外交流的机会,吸收外国一流大学的教育经验,同时要为来华留学生创造良好的学习条件。

(2) 改革教育管理体制。树立并建立现代教育管理理念,在考虑教育社会公益性的同时,把立足点放到教育的服务化、贸易化、产业化上来。

(3) 创新教育竞争机制。在教育领域引入新的竞争机制,促使一批学校提高办学质量和效益。同时,要借鉴海外先进的教育体制、机制,推动我国教育改革的深化,使我国的教育更适应社会主义市场经济的要求,顺应世界教育发展的潮流。

(4) 加快教育品牌建设。合理地引进国外优质教育资源是缩短我国与发达国家国际教育服务贸易差距的重要途径。政府可以通过宏观调控、经费资助来帮助高校引进先进的教育资源,如鼓励各大学与国外著名大学或教育机构合作研究或办学,共同授予学位,以提升我国教育的研究水准及国际竞争力。

知识小卡片

我国正在发展为教育强国

在2022年度的泰晤士高等教育(THE)世界大学排名中,我国大陆地区首次有两家高校进入全球前20位:并列排名第16位的北京大学和清华大学。我国大陆地区名列前

200 位的高校数量与荷兰并列第 5 位（2021 年为第 7 位），超越了加拿大在该区间的高校数量。我国教育显露出了蓬勃发展的趋势。

本章小结

1．旅游服务产品，是指为实现一项旅游活动而提供的各种实物产品与服务的组合，是单个企业提供给旅游者的活动项目类产品的总和。其自身特征包括无形性、综合性、瞬时性、不可转移性、后效性和脆弱性六个方面。

2．国际旅游服务贸易，是指一个国家或地区的旅游从业人员向其他国家或地区的旅游服务消费者提供旅游服务并获得报酬的活动，包括出境旅游和入境旅游两个方面。国际旅游服务贸易具有增加外汇收入、创造就业机会、优化产业结构等作用。

3．国际旅游服务贸易总体发展趋势表现为，旅游区域重心向东转移，客源市场逐渐分散化，旅游方式多样化。我国旅游服务贸易的发展依然不是十分成熟。尽管出境旅游服务规模不断增加，旅游服务贸易规模不断加大，但是旅游逆差依然很大，区域间发展不平衡的问题依然存在。为此，我国应该扩大旅游业的对外开放，积极利用外资扩大旅游业，同时大力开发新产品、优化产业结构，提高国际旅游服务的技术含量，还要加快旅游人才的培养。

4．国际教育服务贸易，是指国与国之间主要出于经济目的而进行的教育服务输出与输入所构成的活动。教育服务贸易的对象是教育服务产品，教育服务产品是教育机构为满足人们的各种教育需求而提供的服务产品。教育服务产品具有外部经济性和准公共产品的特性。

5．从国际教育服务贸易的发展现状来看，美国是教育服务贸易进出口大国，这也使得美国服务贸易出口连年保持顺差。英国的教育服务贸易发展也是其高等教育发展的一个重要方面。

6．我国以境外消费的方式进口教育服务，特别是高等教育服务已连续多年位居世界第一。我国以境外消费的方式出口教育服务发展较快，来华留学生数量逐年增加。商业存在模式也取得很大突破，国外教育机构来华合作办学发展迅速。

复习思考题

1．简述国际旅游服务贸易的特征。
2．思考旅游服务贸易对发展中国家经济发展的作用。
3．思考发展中国家如何发展教育服务对外贸易。
4．简述我国旅游服务贸易发展趋势。
5．简述我国教育服务对外开放和贸易取得的成就。

第 7 章　国际计算机与信息和数字服务贸易

学习目标

本章介绍计算机与信息服务贸易的发展，分析信息服务贸易与竞争力的关系，梳理 WTO 中关于信息技术的协议，介绍数字服务贸易的定义、特点和发展，探讨我国计算机与信息和数字贸易发展。

要求：
- 熟悉计算机与信息服务的发展
- 了解 WTO 框架下的《信息技术协定》
- 了解数字服务贸易的定义与统计
- 掌握数字服务贸易发展的特征
- 掌握我国数字贸易发展的策略

思政目标

数字贸易的特征突出体现为贸易方式的数字化和贸易对象的数字化，它催生了新业态、新模式，创新了服务提供方式，拓展了贸易的广度和深度，对贸易模式、贸易对象、贸易结构、贸易格局产生了深远影响。本章分析数字时代背景下的我国数字贸易如何发展，以及信息技术和数字贸易的发展如何推动我国服务贸易的深入发展。

7.1　计算机与信息服务贸易

计算机技术的日益成熟和全球信息化的不断深入，使计算机与信息服务业发展迅猛，逐渐形成了服务于生产制造、金融、科学教育等领域的众多经济部门及人们日常生活的服务行业。计算机与信息服务业的发展水平也成了衡量一个国家和地区现代化水平和综合实力的重要标志。

我国的计算机与信息服务业在 20 世纪 80 年代后期才开始逐步发展，属于服务贸易中新兴的一个部门。近年来，我国采取了一些大力发展计算机与信息服务业的措施并取得了较好的成果。随着计算机技术和网络技术的不断进步,计算机与信息服务贸易已经成为推动各国经济发展的一大增长点。由于计算机与信息服务贸易具有较强的行业带动力和辐射力,这也使其成为知识经济时代一个不可或缺的支柱力量。

7.1.1 计算机与信息服务贸易的内涵和分类

1. 计算机与信息服务贸易的内涵

计算机服务业是指为满足使用计算机或信息处理的相关需要而提供软件和服务的行业。信息技术的发展使服务这种不能储存的产品问题得以克服,促使其实现了可贸易性。计算机与信息服务贸易简称信息服务贸易,其定义以服务贸易的定义为基础,指为满足使用计算机或信息处理的有关需要提供软件和服务的贸易,是一种附加值高、知识密集型的服务贸易。

计算机服务贸易的内容包括处理服务、软件产品、专业服务和综合系统等方面,以及计算机和相关设备的租赁、维修和维护等。而信息服务,是指利用信息资源提供的服务。它是为解决经济建设和社会发展中的问题提供的服务活动。信息服务以现代信息技术为手段,服务于全社会,使人类及时、有效和充分地利用信息,完善人类社会生活。信息服务的范围相当广泛,如情报搜集、检索、整理,以及图书档案、咨询业务都属于信息服务。信息服务活动通过研究用户、组织用户、组织服务,将有价值的信息传递给用户,最终帮助用户解决实际问题。从这个意义上看,信息服务实际上是传播信息、交流信息、实现信息增值的一项活动。

2. 现代信息服务的分类

当前,现代信息服务可以分为两大类。一类为一般意义上的信息服务,也称无形信息服务,如跨国数据流服务、电信服务、工程咨询服务、技术培训与教育服务、金融信息服务、商业信息服务等。这类信息服务通常要求服务提供者与消费者物理接近,服务生产与消费同时同地进行,也存在同时异地进行的情况。另一类信息服务是有形信息服务。这类信息服务与前一类信息服务的区别在于,它无须服务提供者与消费者保持物理接近,服务提供与消费之间既可以同时同地或异时异地进行,也可以同时异地或异时同地进行。信息产品贸易与现代信息服务贸易共同构成所谓的"国际信息贸易"。

根据服务贸易的定义,可以将现代信息服务交易活动划分为四类基本形式。

在第一类信息服务交易中,信息服务提供者与消费者都不移动。它包含两类具体贸易形式:①借助互联网络或电信网络等进行的远距离信息服务交易,如因特网上的信息服务、其他跨国数据流贸易、国家电信贸易、跨国金融信息服务贸易等,都属于这类可同时异地交易的信息服务贸易。②信息服务消费者和服务提供者物理分离而借助物质载体参与国际贸易,如计算机软件贸易、音像制品贸易、文学艺术作品贸易和专利许可贸易等。这类信息服务贸易可同时异地或异时异地进行交易,构成现代信息服务贸易不可缺少的组成部分。

在第二类信息服务交易中,信息服务提供者不移动而依靠消费者移动来完成服务交易,如公司派遣职员出国学习技术或进行技术培训、跨国公司内部高级职员出国轮训、进口教育服务(出国留学)等。这类信息服务一般要求服务提供者与消费者保持物理接近。

在第三类信息服务交易中,信息服务提供者移动而消费者不移动。这种形式的服务交易必然伴随信息生产要素的跨国界移动。

在第四类信息服务交易中，信息服务提供者与消费者双方都移动。这类信息服务交易通常发生在第三国，如在新加坡的一家法国公司向同在新加坡的一家美国公司购买电信服务。

> **知识小卡片**
>
> **信息服务的内涵**
>
> 信息服务的领域：科技、经济、政策法规、文化、市场、金融、投资、证券、旅游、娱乐、影视、生活等。
>
> 信息服务的形式：主动与被动，多向与单向。
>
> 信息服务的载体：文献型、电子型、网络型。
>
> 信息提供的渠道：正规与非正规，传统与现代。
>
> 信息提供的主体：专职与非专职。
>
> 服务的层次和深度：零次、一次、二次、三次，知识型服务。

7.1.2 计算机与信息服务产品的特点

计算机与信息服务产品是一种不依赖物质而独立存在的特殊产品，可以多种形式传递，一般可进行数字化处理。计算机与信息服务产品有以下几个方面的特点。

1）普遍存在性

在现实生活中，信息无处不在，通过对信息的采集、整理和分析而形成的信息服务产品也十分丰富。数字化信息产品的本质是观点或信息，因而信息产品的生产和使用没有物理界限，在社会的各个行业均发挥着重要作用。

2）时间两重性

信息产品的效用应该从短期效用和积累效用两个方面来看。多数信息产品的价值依赖时间，过期的消息，其价值就会减小，甚至毫无用处。但是，某些信息产品的部分文件，也可以被再次加工，重新组合，成为新的信息产品。从某种意义上说，原来的产品被循环利用，即已被消费过的信息产品也存在价值。信息的创造也离不开积累与合作。信息传输者和接收者有着同样的信息，因在积累、修改和传播的过程中，信息产品不断演化，于是信息产品积累性的生产与消费也为制定与其相关的定价策略增加了难度。

3）经济外部性

信息流通和信息服务具有经济外部性特征。信息产品的外部性，通常指信息产品的效用不仅仅停留于信息产品的发明者或者生产者身上，它还被运用于更加广泛的外部人群范围，而某消费者对产品的使用并未对发明人或其他使用者造成不利影响。随着互联网的普及，越来越多的信息产品都具有网络外部性特征，一项产品的价值随着使用人数的增加而增加，所以信息产品的外部性可以通过提高网络使用人数的方式来获得。

7.1.3 WTO《信息技术协定》

《信息技术协定》（Information Technology Agreement，ITA）是旨在将 IT 产品关税降为

零的多边协定。最初的《信息技术协定》于 1996 年 12 月 13 日在新加坡举行的第一届世界贸易组织部长级会议上通过"关于信息技术产品贸易的部长级宣言"达成。作为世界贸易组织自 1995 年成立以来谈判达成的第一个也是最重要的关税自由化安排文件，它取消了 2013 年估计为 1.6 万亿美元产品的进口关税，这一数字几乎是 1996 年签署时的三倍。ITA 涵盖了大量的高科技产品，包括计算机、电信设备、半导体、半导体制造和测试设备、软件、科学仪器，以及这些产品的大部分零件和配件。ITA 最初签署时有 29 个成员加入，目前涵盖 81 个世界贸易组织成员，这些成员约占世界信息技术产品贸易的 97%。ITA 要求每个参与者对协定中规定的所有产品取消并约束零关税。由于 ITA 减让包括在参与者的 WTO 减让表中，因此关税取消是在最惠国的基础上实施的。这意味着，尚未加入 ITA 的国家也可以从 ITA 关税取消带来的贸易机会中受益。

1.《信息技术协定》的基本内容

《信息技术协定》是指在世界贸易组织的货物贸易谈判框架下，从 1997 年 7 月 1 日起至 2000 年 1 月 1 日，信息技术产品的贸易关税分四个阶段等量削减至零的协定。

1996 年 12 月 13 日，世界贸易组织首届部长会议发表了"关于信息技术产品贸易的部长级宣言"，形成了《信息技术协定》的基本内容。该宣言分为两个部分，即宣言正文和附件。附件包括一个附件正本和两个产品说明表。宣言正文对信息技术贸易的意义、作用等进行了说明，并指出"为确保宣言附件中提出的义务得以实现，所有参加方都应该在 1994 年关贸总协定第二款第 1 条（b）的基础上冻结和减少下列产品的关税和任何其他收费：（a）所有本附件之附录 A 中列出的海关协调税号的产品；（b）无论是否包括在附录 A 中，所有附录 B 中列出的产品类别"，"从 1997 年开始至 2000 年结束关税实行等额减少，例外产品的实施时间和范围应该严格限制在特殊条件下"。宣言还邀请世界贸易组织的其他成员方和正在申请加入世界贸易组织的国家指派其官员参加技术性谈判并完全加入信息技术协定。

宣言附件对参加方的义务和信息技术产品的范围进行了详细说明，并就谈判的后续安排进行了规定："参加方必须在 1997 年 3 月 1 日前将包含（a）关税减让表的处理意见（b）与附录 B 中说明的产品对应的详细关税税号提交给各方，并在 1997 年 4 月 1 日前提交文件的参加方的信息技术产品的贸易量必须占到世界范围信息技术产品贸易量的 90%以上，宣言即可生效。如果达不到这一要求，各参加方还必须在 4 月 1 日前开会决定。"

宣言还对参加方的关税减让时间及幅度进行了规定，即分成四个阶段完成整个关税减让过程，每个阶段削减 25%。这四个阶段分别是 1997 年 7 月 1 日、1998 年 1 月 1 日、1999 年 1 月 1 日和 2000 年 1 月 1 日。

宣言在附录中对信息技术产品的范围进行了详细说明，大致可分为以下六类：①计算机类，包括中央处理器、键盘、打印机、扫描仪、显示设备、硬盘驱动器和电源；②电信产品类，包括电话机、电视电话、电话交换机、传真机、调制解调器、应答机、广播电视传输和接收设备等；③半导体类，包括各种型号和容量的芯片和晶片；④半导体生产设备类，包括各种生产和测试设备及其零部件；⑤软件类，包括存储硬盘、磁带和光盘等介质内的各类系统软件与应用软件；⑥科学仪器类，包括各种测量、检测等设备。另外，还涉及各种文字处理机、计算器、自动取款机、印刷电路、网络设备、光纤等，但不包括家用电器。

2.《信息技术协定》的扩围

《信息技术协定》在 1997 年生效后，其产品范围一直没有变化。对此，有竞争优势的发达成员方一直希望扩大市场。美、欧、日相继提出扩大《信息技术协定》产品范围的动议，并得到部分成员的支持。《信息技术协定》扩围磋商于 2012 年 5 月启动。

2012 年 6 月，33 个世界贸易组织成员开始了一个非正式进程，以启动扩大 ITA 产品覆盖范围的谈判。这一进程在世界贸易组织 ITA 委员会的正式框架之外专门设立了一个技术工作组，以便在日内瓦举行非正式会议。经过 17 轮谈判，2015 年 7 月 18 日，谈判代表就 ITA 扩展的产品清单达成协议。同时，附带的宣言草案阐明了该协议的具体实施细节。在 2015 年 7 月 24 日的一次会议上，全部与会者都同意通过取消对另外 201 种产品的关税，以此来扩大《信息技术协定》所涵盖的产品范围。这 201 种产品的年贸易额超过 1.3 万亿美元，约占当今全球贸易总额的 7%。新协议涵盖新一代半导体、半导体制造设备、光学镜头、GPS 导航设备，以及磁共振成像产品和超声波扫描设备等医疗设备。54 个世界贸易组织成员参加了关于扩大 ITA 覆盖范围的谈判，参加方扩围产品全球贸易额达 1.3 万亿美元，约占相关产品全球贸易额的 90%。该协定向希望加入的任何其他成员开放。

7.1.4 计算机与信息服务贸易的经济竞争力

获得低成本优势和寻求产品差异，是信息服务贸易提高厂商乃至国家经济竞争力的基础。在此基础上，信息服务贸易给予厂商或国家竞争优势的基本要素可以分解为以下六种。

1）信息技术和高技术要素

信息服务贸易或者依靠信息技术基础设施，或者借助物理载体（如光盘等），或者借助其他高技术方式来实现。信息服务贸易促使厂商及时采取各种最新信息技术，以获得成本优势和产品差异，从而提高竞争力。

2）信息资源要素

信息服务贸易的对象是数据库、网络信息、软件、音像制品、专利技术、文艺作品或其他知识产权产品。它们构成了国家信息资源的基本要素。与自身开发信息资源相比，信息服务贸易能使厂商获得相对低成本的信息资源，从而取得竞争优势。

3）信息管理要素

信息服务产品属于技术与管理密集型产品，信息服务贸易过程既是实施信息管理的过程，又是提高信息管理技术和质量的过程。信息服务贸易提高了厂商的信息管理效率。

4）服务要素

信息服务贸易为国内厂商提供了一种利用国际信息市场的可能途径，外国信息厂商进入国内市场带动和加强了信息服务市场竞争，竞争带来了信息服务市场价格的下降和信息服务质量的提高，从而给外向型厂商提供了低成本参与国际竞争的外部信息条件。

提高上述四种要素不仅能给厂商带来竞争优势，而且能给政府带来管理效率，因为信息技术、信息资源、信息管理和信息服务市场将提高政府的行政管理效率和干预经济发展的成功率，这无疑间接地提高了国家的竞争优势。

5）信息资本要素

信息服务贸易往往与外国直接投资活动紧密联系在一起。在一定程度上，信息服务贸易与信息服务业外国直接投资之间难以严格区分。信息服务贸易带来外国直接投资，而外国资本的持续流入需要各种跨国信息服务来支持，这一方面是跨国公司产业内贸易的需要，另一方面是市场全球化发展的迫切需要。外国资本的持续流入将不断提高本国市场的开放度，而本国市场的开放程度被认为是决定国家竞争力的指标之一。

6）信息产品要素

信息服务贸易里含有的信息技术、信息资源、信息管理、信息服务和信息投资诸要素的有形或无形跨国流动，必然促进信息产品的生产和销售。信息产品的生产和销售，必将促进国家产业升级（产业信息化）和信息业的规模发展（信息产业化），这将提高本国厂商的经营效益和管理效率，从而提高国家的整体竞争力。

7.1.5 计算机与信息服务贸易的发展

计算机与信息服务是无公害、不消耗自然资源、附加价值高、知识密集的新兴行业。电信、计算机和信息服务未来将聚焦于 5G 通信服务、信息服务、超高清视听服务、"碳中和"绿色技术服务等前沿领域对行业的新技术、新产品和新应用场景。2006—2021 年世界电信、计算机和信息服务贸易发展状况如图 7-1 所示。可见，世界电信、计算机和信息服务贸易飞速发展，世界电信、计算机和信息服务贸易占世界总服务贸易比例从 7%增长至 15%，总额从 2121 亿美元增长至 8964 亿美元。

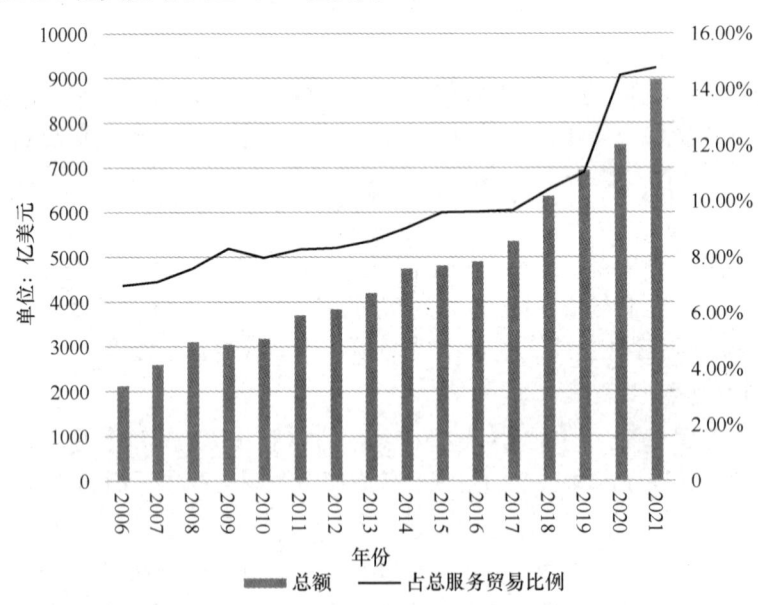

图 7-1 2006—2021 年世界电信、计算机和信息服务贸易发展状况

资料来源：根据 UNCTAD 数据整理计算

1. 世界计算机与信息服务业发展

世界计算机与信息服务贸易，包括国际技术与管理咨询服务贸易、国际经贸信息服

务贸易等，其中大部分都可通过信息网络的运送服务方式进行信息的交流和反馈。网络服务把政府机构、工商团体和个体家庭联成一体，有效地加快了信息传递速度。1993年，美国提出国家信息基础设施即"全国信息基础设施"（National Information Infrastructure）建设，引起世界关注。1995年2月25日至26日，西方7国召开部长会议，会议决定开放信息市场，鼓励私人投资，促进公平竞争，推进信息网络交互式连接及交互式操作，实现稀缺资源的公平分配。进入21世纪以来，全球信息产业发展服务化趋势日趋显著，信息服务业发展势头强劲。但是，2020年，在全球经济不景气的大环境下，世界计算机和信息技术服务业持续恢复，呈现平稳发展态势，收入和利润均保持较快增长，从业人数稳步增加；信息技术服务加快云化发展，软件应用服务化、平台化趋势明显。根据Gartner的预测，2022年全球IT支出将达到4.4万亿美元，相比2021年增长4%；2022年我国IT支出将突破5.5亿美元，相比2021年增长7.76%。另外，随着国家对网络和信息安全的重视程度不断加深，以及国家安全的刚性需求与政策的支持，网络安全板块将进一步发展。根据全球互联网数据中心（Internet Data Center，IDC）的统计，全球政府和企业对网络安全的重视程度逐年提升，市场发展潜力大。在2019—2024年，全球网络安全相关支出将实现9.41%的复合年均增长率，预计2024年将达到1892亿美元。

科学技术的发展进一步推动了世界计算机、信息和电信服务的出口，尤其是当今手机互联网的全球广泛流行，互联网用户数量不断上升而互联网接入的费用不断下降，这进一步促进了现今计算机、信息和电信服务的快速发展。据市场研究机构Research and Markets的预测数据显示，至2025年，全球通信产业市场规模将达到34610.3亿美元，2021—2025年的年复合增长率将达到6%。

知识小卡片

我国计算机产业规模居世界首位

"2019世界计算机大会"上，作为全球最大的计算机制造基地，我国计算机产业规模位居世界首位。

2021年，我国电子计算机（电脑）产量为48546.4万台，同比增长19.8%；计算机、通信和其他电子设备制造企业的数量为21740个，同比增长12.1%；计算机、通信和其他电子设备制造企业的利润总额为8283亿元，同比增长39.9%；计算机、通信和其他电子设备制造企业的营业收入为141285.3亿元，同比增长16.8%。

2. 世界计算机与信息服务贸易现状

从世界地理分布来看全球电信、计算机和信息服务贸易，欧洲国家的贸易总额最多，占全球电信、计算机和信息服务贸易总额的60%左右，总额从2006年的1333.28亿美元增长至2021年的5253.74亿美元（见表7-1）；亚洲国家贸易量居第二位，在全球贸易总量中的占比从2006年的22%增长至31%，总额从2006年的468.47亿美元增长至2021年的2723.40亿美元；北美洲的贸易总量居第三位，占全球贸易量的比重从2006年的11%下滑至8%，总额从234.89亿美元增长至2021年的728.89亿美元。由此可见，亚洲地区国家的电信、计算机和信息服务贸易潜力大于北美洲国家；南美洲、非洲和大洋洲国家的电信、计算机和信息服务贸易较少，均占全球约1%的份额。

表7-1 2006—2021年世界各大洲电信、计算机和信息服务贸易出口额（单位：亿美元）

地区	2006年	2011年	2016年	2021年
欧洲	1333.28	2192.30	2781	5253.74
亚洲	468.47	963.90	1434.42	2723.40
北美洲	234.89	394.73	503.65	728.89
南美洲	18.18	39.87	50.69	82.81
非洲	28.24	56.24	57.31	73.54
大洋洲	18.11	27.48	32.80	55.95

数据来源：根据UNCTAD数据库整理

从发达国家和发展中国家来看全球电信、计算机和信息服务贸易，发达国家以70%以上的绝对优势占据主导地位。发达国家的贸易总额从2006年的1661.71亿美元增长至2021年的6509.89亿美元，发展中国家的贸易总额从2006年的459.70亿美元增长至2021年的2454.29亿美元（见图7-2）。从比例上看，发展中国家的占比略有提升，占世界贸易总额的比重从2006年的22%提升至2021年的27%（见表7-2），但仍未突破"三七分"格局。

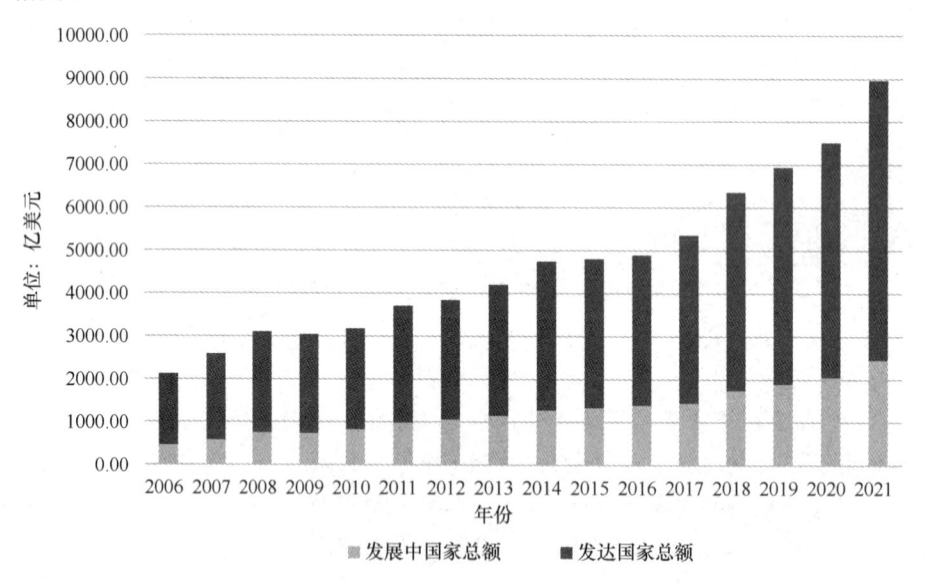

图7-2 2006—2021年发展中国家与发达国家的电信、计算机和信息服务贸易总额

数据来源：UNCTAD数据库

表7-2 2006—2021年发展中国家和发达国家的电信、计算机和信息服务贸易占比

不同国家占比	2006年	2011年	2016年	2021年
发展中国家占比	22%	27%	28%	27%
发达国家占比	78%	73%	72%	73%

数据来源：根据UNCTAD数据库整理计算

从不同国家的收入水平来看，2016年之前，中等收入国家的电信、计算机和信息服务贸易额大于高收入国家。但从2017年开始，高收入国家的电信、计算机和信息服务贸易额超过中等收入国家。2006—2021年的15年间，低收入国家的电信、计算机和信息服务贸易总额从10.34亿美元增长至37.43亿美元，中等收入国家从280.41亿美元增长至1017.15亿美元，高收入国家从168.94亿美元增长至1399.72亿美元（见表7-3）。从增长速度上看，高收入国家的增长率大于中等收入国家和低收入国家，并且以较高的增长率引领全球电信、计算机和信息服务贸易的发展（见图7-3）。总体而言，不同收入国家的电信、计算机和信息服务贸易占总服务贸易的比重都在增加，低收入国家的比例从7%增长至13%，中等收入国家的比例从17%增长至25%，高收入国家的比例从4%增长至12%。可见，中等收入国家的电信、计算机和信息服务贸易占总服务贸易的比重最高，高收入国家的电信、计算机和信息服务贸易的增长速度最快。

表7-3 2006—2021年不同收入国家的电信、计算机和信息服务贸易额（单位：亿美元）

不同收入国家	2006年	2011年	2016年	2021年
低收入国家	10.34	22.08	22.57	37.43
中等收入国家	280.41	582	691.24	1017.15
高收入国家	168.94	377.51	674.75	1399.72

数据来源：UNCTAD数据库

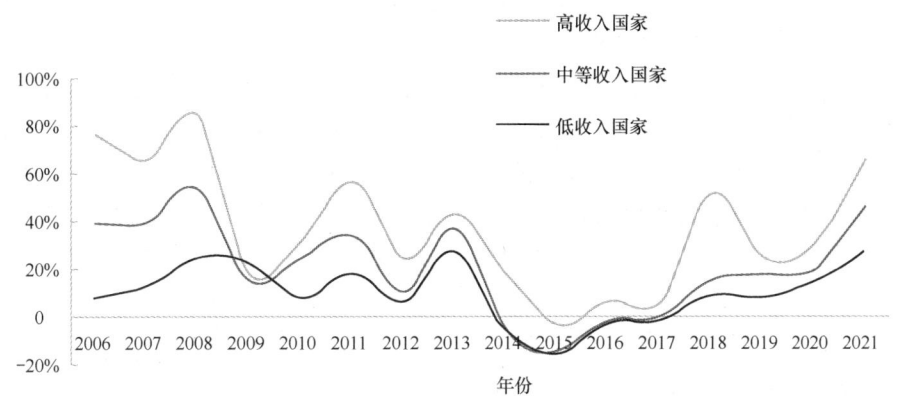

图7-3 2006—2021年不同收入国家的电信、计算机和信息服务贸易增长率

数据来源：根据UNCTAD数据库整理.

3. 我国计算机与信息服务业监管

我国计算机与信息服务业起步较晚，在20世纪80年代后期才开始逐步发展，但是近年来一直保持较快的发展速度，同时加强了与其他国家的交流，吸收了国外的先进技术和经验，扩大了海外市场。2021年，我国信息传输、软件和信息技术服务业GDP为43956亿元，比2020年增长17.2%。据海关统计，2021年，我国出口笔记本电脑2.2万台，同比增长22.4%；出口手机9.5亿台，同比下降1.2%；出口集成电路3107亿个，同比增长19.6%；进口集成电路6354.8亿个，同比增长16.9%。另外，根据工业和信息化部数据，2021年，全国规模以上的电子信息制造业增加值比2020年增长15.7%，在41个大类行业中排名第六，增速创下近十年新高，较2020年加快了8.0个百分点。2021年，我国国际收

支口径的电信、计算机和信息服务贸易收入 3289 亿元，支出 2588 亿元，顺差为 701 亿元。

我国的信息服务业受到政府相关部门的监督管理及行业协会的自律监管。行业行政主管单位包括国家发展改革委、工业和信息化部、公安部、国家保密局和国家密码管理局商用密码管理办公室等。行业自律协会有中国信息产业商会信息安全产业分会、中国软件行业协会和国家标准化管理委员会等。上述相关部门在各自职责范围内依法对涉及特定领域或内容的互联网信息服务实施监督管理，具体如下。

1）行业主管部门

（1）国家发展改革委（全称"中华人民共和国国家发展和改革委员会"）：综合研究拟定经济和社会发展政策，进行总量平衡，指导总体经济体制改革的宏观调控部门。国家发展改革委制定了《产业结构调整指导目录》，明确了"鼓励类""限制类""淘汰类"行业，以推动产业结构调整和优化升级，加快转变经济发展方式。

（2）工业和信息化部（全称"中华人民共和国工业和信息化部"）：负责拟定实施行业规划、产业政策和标准，监测工业行业日常运行，推动重大技术装备发展和自主创新，管理通信业，指导推进信息化建设，协调维护国家信息安全等。工业和信息化部是通信行业、软件和信息化行业的主管部门，下设信息通信管理局、信息通信发展司、信息化和软件服务业司、网络安全管理局、电子信息司等与通信、软件和信息化直接相关的司局级机构，负责制定《信息通信行业发展规划》《软件和信息技术服务业发展规划》等行业发展规划，是移动通信业务经营许可的审批管理机构。

（3）公安部（全称"中华人民共和国公安部"）：负责预防、制止和侦查违法犯罪活动，防范、打击恐怖活动，维护社会治安秩序，制止危害社会治安秩序的行为等。公安部下设装备财务、科技信息化、网络安全保卫等与通信设备和软件产品管理相关的局级机构。公安部负责制定与安全防范相关的法规和行业标准。

（4）国家保密局：主要负责管理和指导国家保密工作，制定或会同有关部门制定保密规章制度，负责保密法规的解释，负责计算机网络信息安全管理的保密工作，负责对涉密计算机信息系统的审批和年审，组织实施对通信及办公自动化保密技术进行检查，负责对涉密计算机网络的设计、施工单位进行资格审查。

（5）国家密码管理局商用密码管理办公室：主管全国商用密码管理工作，包括认定商用密码产品的科研、生产、销售单位，批准生产商用密码产品品种和型号等。

2）行业协会与自律组织

（1）中国信息产业商会信息安全产业分会：组织行业内企业开展各项活动，包括内部交流、发起分类安全标准的起草工作、研究抵制安全行业市场内的不正当竞争、组织跨行业的信息安全会议等。

（2）中国软件行业协会：对各地软件企业认定机构的认定工作进行业务指导、监督和检查；负责软件产品登记认证和软件企业资质认证工作；订立行业、行规、行约，约束行业行为，提高行业自律性；协助政府部门组织制定、修改本行业的国家标准、专业标准及推荐性标准等。

另外，信息安全行业还受到国家标准化管理委员会、全国信息技术标准化委员会信息安全技术分委员会、国家质检总局直属的中国信息安全认证中心、国家质检总局授权的中国信息安全测评中心、公安部计算机信息系统安全产品质量监督检验中心及国家信息安全产品认证管理委员会在安全标准和产品测评认证方面的管理。

4．我国计算机与信息服务贸易现状

当前，我国电信、计算机和信息服务贸易发展状况较好，进出口额都保持高速增长。出口增长速度有所放缓，但总体保持在 30% 左右的高速增长率；进口增长率低于出口增长率，但总体也处于增长阶段，电信、计算机和信息服务贸易进口增长率从 2006 年的 13% 增长至 2021 年的 22%（见表 7-4）。

表 7-4　2006—2021 年我国电信、计算机和信息服务贸易进出口增长率

年　份	2006	2011	2016	2021
出口增长率	59%	33%	30%	30%
进口增长率	13%	23%	12%	22%

数据来源：UNCTAD 数据库

在电信、计算机和信息服务贸易的高速增长背景下，该部门在服务贸易中的比重越来越高，成为服务贸易中不可或缺的重要组成部分。我国电信、计算机和信息服务贸易占服务贸易总额的比重从 2006 年的 4% 增长至 2021 年的 20%（见表 7-5），并维持在贸易总额 1/5 左右的水平。

表 7-5　2006—2021 年我国电信、计算机和信息服务贸易占服务贸易总额的比重

年　份	2006	2011	2016	2021
比　重	4%	7%	13%	20%

数据来源：UNCTAD 数据库

7.2　数字服务贸易

步入大数据时代后，数据已经成为重要的生产要素，成为推动经济发展、质量变革、效率变革、动力变革的新引擎。数字经济蓬勃发展，数字技术不断驱动全球价值链与服务业融合发展，数字服务贸易应运而生。数字服务贸易推动传统服务贸易方式发生了根本改变，贸易模式、贸易结构、贸易格局因而变化，促使全球服务贸易产生重大变化，成为服务全球化的重要推动力。数据流带动技术流、资金流、人才流，促进了资源配置优化和全要素生产率提升。全球价值链的发展、服务在制造业生产中日益增加的重要性和数字贸易的扩张对全球数字服务贸易产生巨大助力，推动了全球产业链、供应链、价值链和创新链的深刻变革，促进了世界范围内数字服务贸易的不断发展壮大，成为国际服务贸易与经济增长的新动力。

7.2.1　数字服务贸易的含义和分类

当前国际上普遍认为数字服务贸易是指通过网络传输交付的数字产品和服务的贸易，但对具体服务类别和范围的认识尚不统一。

1. 数字服务贸易的含义

1）国际组织对数字服务贸易含义的界定

目前，国际上尚未对数字服务贸易形成统一定义，主要国家和国际组织对数字服务贸易的界定都包含于数字贸易中。联合国和世界贸易组织等 6 个国际组织共同制定的《国际服务贸易统计手册》将数字贸易定义为，通过线上订货的交易，并分为有形商品和无形商品。其中，无形商品的数字贸易就是数字服务贸易。世界贸易组织在 1998 年通过的《电子商务工作计划》中，用电子商务表示数字贸易，并将其定义为"通过电子方式生产、分销、营销、销售或交付货物和服务"。

经济合作与发展组织是数字服务贸易研究的先行者。经合组织将数字服务贸易定义为"通过电子网络提供的服务"。从定义本身来看，数字服务贸易包括狭义和广义两种。狭义的数字服务贸易可以理解为服务贸易的数字化形式，包括旅游、教育、医疗的数字化，以及数字内容的服务贸易，包括数字电影、数字音乐、数字动漫和软件贸易等。广义的数字服务贸易是在狭义服务贸易数字化的基础上，加上新兴的数字服务内容，如搜索引擎、云端提供的数字服务和数据跨境流动带来的服务等。其重点研究领域包括数字技术中人工智能、物联网和大数据等技术的应用，产业和贸易的数字化转型，数字贸易的市场开放和主要壁垒，以及跨境数字流动对贸易产生的影响等。根据 OECD 的统计分析框架，可以从交易方式、产品和参与者三个维度理解数字服务贸易的定义。从交易方式来看，数字服务贸易包括交易维度中的数字订购、应用平台和数字交付。从产品类型来看，数字服务贸易主要包含服务、信息和数据。从参与者角度来看，数字服务贸易包括企业、家庭、政府、居民与服务组织等。

联合国贸易和发展会议（United Nations Conference on Trade and Development，UNCTAD）将数字服务定义为"通过信息通信网络（语音和数据网络）远程交付的服务产品"，将数字服务贸易定义为"借助信息通信网络进行交付的产品"。

2）美国对数字服务贸易含义的界定

美国是最早关注数字贸易并对其进行定义的国家。2013 年 7 月，美国国际贸易委员会（USITC）在《美国与全球经济中的数字贸易 I》中初次提出数字贸易的概念，即通过互联网传输实现产品和服务的商业活动。2014 年 8 月，USITC 在《美国与全球经济中的数字贸易 II》中扩大了数字贸易的范围，将实体货物纳入数字贸易的交易标的中，强调数字贸易是由数字技术实现的贸易。2017 年，美国贸易代表办公室发布了《数字贸易的主要障碍》，进一步拓展了数字贸易的外延，认为数字贸易不仅包括个人消费品在互联网上的销售及在线服务的提供，还包括实现全球价值链的数据流、实现智能制造的服务及无数其他平台和应用，并将数字贸易分为数字内容、社交媒介、搜索引擎和其他等四大类。

3）我国对数字服务贸易含义的界定

我国商务部、网信办、工业和信息化部在《关于组织申报国家数字服务出口基地的通知》中，将数字服务界定为"采用数字化技术进行研发、设计、生产，并通过互联网和现代信息技术手段为用户交付的产品和服务"。而数字贸易不同于电子商务，它是采用数字技术进行研发、设计、生产并通过互联网和现代信息技术手段为用户交付的产品和服务，是以数字服务为核心、数字交付为特征的贸易新形态。

而中国信息通信研究院认为，数字服务贸易是指通过信息通信网络（语音和数据网络等）跨境传输交付的贸易；除数字化产品和服务贸易外，它还包括数据的贸易。中国信息通信研究院发布的《数字贸易发展白皮书（2020年）》指出，数字服务贸易是数字技术发挥重要作用的贸易形式，它与传统贸易最大的区别在于其贸易方式数字化和贸易对象数字化。其中，贸易方式数字化是指数字技术与国际贸易开展过程深度融合，带来贸易中的数字对接、数字订购、数字交付、数字结算等变化；贸易对象数字化是指以数据形式存在的要素、产品和服务成为重要的贸易标的，导致国际分工从物理世界延伸至数字世界（见图7-4）。

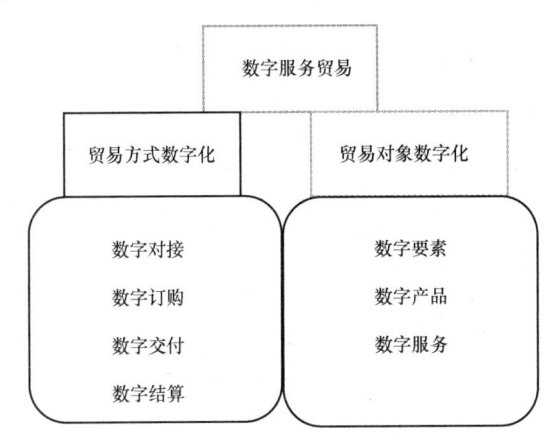

图7-4 数字服务贸易的本质

资料来源：中国信息通信研究院《数字贸易发展白皮书（2020年）》

我国的研究机构关于数字贸易的定义有三种代表性观点。第一种观点认为，数字贸易是依托有线或无线数字网络，通过数字交换技术提供的一种基于数字化电子信息为贸易标的的创新商业模式。第二种观点认为，数字贸易是以数字形式或以数字技术作为基础工具所实现的有形产品、货物和无形服务的跨境交付，包括数字化的贸易、数字支持的贸易和数字驱动的贸易三个范畴。第三种观点认为，数字贸易是不同行业的企业通过相关设备在网络上进行的产品和服务的交易。总之，三者对数字贸易的定义角度各异，表述各有不同。

综上分析可知，数字服务贸易包含于数字贸易中，可以说数字服务贸易是剔除了货物贸易数字化的数字贸易，也可认为是狭义的数字贸易。另外，数字技术是数字服务贸易得以实现的载体。数字技术的涌现和渗透，将传统服务嵌入不同的数字化载体，实现了交付和销售；同时，无形的数据流也有了贸易价值。因此，数字服务贸易既包括传统服务产业的数字化，也包括技术迭代后所催生的全新经济模式或业态，也就是数字产业化。

2. 数字服务贸易的分类

数字服务贸易按照具体领域分为三大类：第一类是软件、社交媒体、搜索引擎、通信、云计算、卫星定位等信息技术服务贸易；第二类是数字传媒、数字娱乐、数字学习、数字出版等数字内容服务贸易；第三类是其他通过互联网交付的离岸服务外包（见图7-5）。

```
数字服务贸易 ┬── 信息技术服务贸易 ── 软件、社交媒体、搜索引擎、通信、云计算、卫星定位等
            ├── 数字内容服务贸易 ── 数字传媒、数字娱乐、数字学习、数字出版等
            └── 其他 ── 其他通过互联网交付的离岸服务外包
```

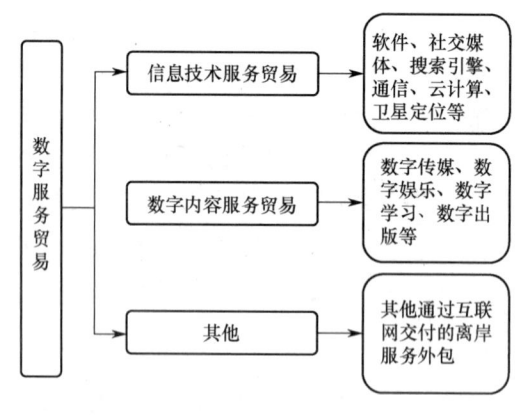

图 7-5　数字服务贸易分类

7.2.2　数字服务贸易的主要特征

数字化颠覆了传统理论对服务业低效率、高成本、不可贸易的判断，其特征表现突出。具体而言，数字服务贸易的特征如下。

（1）虚拟化。数字服务贸易的虚拟化包括要素虚拟化、交易虚拟化、流通虚拟化。生产过程中使用数字化知识与信息，即要素虚拟化；交易在虚拟化的互联网平台上进行，并使用虚拟化的电子支付方式，即交易虚拟化；数字产品与服务通过虚拟化的方式传输，即流通虚拟化。

（2）平台化。互联网平台是协调和配置资源的基本经济组织，它不仅是汇聚各方数据的中枢，更是实现价值创造的核心。

（3）普惠化。数字技术的广泛应用大大降低了贸易门槛，使中小企业、个体商户和自然人都可以通过互联网平台向全球消费者提供服务，在传统贸易中处于弱势地位的群体也能积极参与并从中获利。

（4）个性化。根据消费者的个性化需求提供定制化服务成为提升竞争力的关键。

（5）生态化。平台、企业、消费者遵循共同的契约精神，共享数据资源、共创价值，形成了一个互利共赢的生态体系。

（6）全球化。数字化带动了服务业生产效率和全球化水平显著提高，规模经济和范围经济极为显著。由数字技术搭建的全球网络空间将来自各国的产品和服务内容提供给全球市场，且效益递增几乎没有边界，使服务的供给方、消费方和相关生产要素均成为服务业全球化的内在动力，推动了服务生产全球化、消费全球化、投资全球化不断加速。

7.2.3　数字服务贸易规则与统计

1. 数字服务贸易规则

数字贸易的迅速发展带来了对传统贸易方式和贸易内容的变革，以及对现有国际经贸规则体系的挑战。多边层面上，目前 WTO 并无专门规则规范数字贸易/电子商务，相关规则多散见于 WTO 框架下的一些协定文本及其附件，如《服务贸易总协定》（GATS）、《信息技术协定》（ITA）、《与贸易有关的知识产权协议》（TRIPS）、《全球电子商务宣言》（DGEC）等，这些都难以适应 21 世纪以来数字贸易快速发展的现实需求。2019 年 1 月，

包括我国在内的 76 个国家已经开启与贸易有关的电子商务议题谈判并进行了多轮磋商，但各国对全球数字贸易规则未来走向的分歧较大，谈判前景仍存在较大的不确定性。

《区域贸易协定》（Regional Trade Agreement，RTA）层面的数字贸易规则"积极有为"，与 WTO 框架下的数字贸易规则停滞形成鲜明对比，数字贸易的全球治理逐步向双边和区域贸易协定层面过渡。根据上海社会科学院世界经济研究所的研究，截至 2020 年 6 月，全球范围内已签署的 RTA 中，有 185 条含有与数字贸易相关的特定条款（Provisions Related to Digital Trade），其中有 110 条包含特定的电子商务条款（Specific E-commerce Provisions），有 80 条纳入了电子商务专章（Dedicated E-commerce Chapters）。

总体上看，RTA 层面的数字贸易规则条款呈"碎片化"状态，特别是美国、欧盟、中国等主要经济体主导和/或参与的数字贸易规则存在明显的异质性。美国作为首个全面接受并投入数字经济的国家，希望确保自由和开放的互联网，塑造全球规则，增强网络基础设施、信息通信设备联通和相关技术规范标准协调，特别强调降低数据流动的壁垒。《美墨加协定》（USMCA）更是在体例上将数字贸易问题作为独立一章进行了详细说明，力求占领数字贸易规则制定的高地。欧盟致力于建立统一的数字市场，主张保护隐私、立法先行，2016 年出台的《通用数据保护条例》（General Data Protection Regulation，GDPR）于 2018 年 6 月正式生效。该条例适用范围广泛，任何收集、传输、保留或处理涉及欧盟所有成员方个人信息的机构组织均受该条例约束，被称为最为严格的个人数据保护方案。此外，有些国家为降低监管风险、保护隐私等，倡导严加管制，如跨境数据流动限制、数据存储本地化要求、网络安全风险防范等。与美国和欧盟相比，我国在数字贸易规则的参与上起步较晚，已生效的含有"电子商务"条款的 RTA 规则重心是贸易便利化与透明度等条款，与美国和欧盟主导的 RTA 数字贸易规则深度相比存在一定差距。

2. 数字服务贸易统计

在统计测度上，数字服务贸易由于数据在获得的途径、方式及准确度方面难以形成统一，现有国际服务贸易统计规则无法按照服务贸易的提供方式——跨境交付、境外消费、商业存在和自然人流动等进行分类统计，跨境提供服务和网络交付服务尤其难以识别统计。UNCTAD 提供了一套数字服务贸易的统计方案。该方案基于主要产品分类，以是否可以通过网络跨境传输交付为标准，将服务贸易分为数字服务贸易和非数字服务贸易；其中数字服务贸易主要分为 9 类：通信服务，计算机服务，销售和营销服务，信息服务，金融、保险、养老金服务，管理行政和后台服务，许可服务，工程及相关科技研发服务，教育和培训服务。美国商务部《北美数字贸易报告》也采用类似的方法进行分类，但是没有进一步根据数字服务贸易的分类标准进行数据汇总。虽然 UNCTAD 对数字服务贸易的统计方法与全球货物贸易统计相比存在一定不足，却是现行统计基础上较为可靠的统计方法。

为应对数字贸易和可比数据日益增长的需求，经济合作与发展组织、世界贸易组织和国际货币基金组织共同发布了《数字贸易测度手册》（*Handbook on Measuring Digital Trade*）。该手册定义了数字贸易的概念框架，提出数字贸易由"以数字方式订购"和"以数字方式交付"两大模式组成，并强调了这两个概念下数字中介平台的重要性。该手册根据其概念框架，提出了目前比较可行的测度数字贸易的一般方法。不过，该手册编者也强调，当前测度数字贸易的许多领域仍然处于初级阶段，手册将随着新的国家和国际测度经验的出现而不断更新。

由于数字平台同时具备网络效应和规模效应，这使得全球数字服务的出口呈现出集中度上升的态势。前瞻产业研究院根据 UNCTAD 和国务院发展研究中心的数据整理计算出，2014—2020 年，数字服务出口排名前 10 位国家的市场占有率由 64.4%增加至 66.1%，数字服务进口排名前 10 位国家的市场占有率由 49.5%增加至 51.8%。

3. 数字服务贸易的特点与发展

以数据为生产要素、数字服务为核心、数字交付为特征的数字贸易蓬勃兴起，数字贸易正在成为数字经济的重要组成部分和全球贸易发展的重要趋势，其发展也呈现出相应的特点。

1）全球数字服务贸易稳步增长

在全球数字经济蓬勃发展的背景下，基于数字技术开展的线上研发、设计、生产、交易等活动日益频繁，极大地促进了数字服务贸易的发展。数字贸易也将继制成品贸易、中间品贸易后，成为国际贸易的主体，在服务贸易中的主导地位也逐步显现。根据联合国贸易和发展会议报告相关数据可知，全球数字服务贸易的占比由 2011 年的 48% 增长至 2020 年的 63.6%；预计到 2030 年，全球贸易年均增长将提高 2 个百分点，服务贸易出口占全球贸易的比重将超过 1/4。

近年来，数字服务贸易占比大幅提升，数字服务出口和其他服务出口增速差距不断扩大，数字服务出口在服务出口中占比将大幅上升。2021 年，在中国服务贸易博览会上发布的《中国数字贸易发展报告 2020》显示，预计到 2025 年，我国可数字化的服务贸易进出口总额将超过 4000 亿美元，占服务贸易总额的比重达到 50%左右。

2）其他商业服务、ICT 服务、金融服务占据主导

根据 UNCTAD 报告，扩大国际收支服务分类（EBOPS）的 12 类细分服务贸易中有 6 类涉及可数字交付的服务贸易，即数字服务贸易，分别是保险服务、金融服务、知识产权服务、ICT 服务、其他商业服务、个人文娱服务。6 类细分数字服务贸易的对应产业发展和国际化分工程度差异巨大，因此其在数字服务贸易中的占比各不相同，数字化程度高且正处于扩张期的 ICT 服务、知识和信息高度密集的知识产权服务增长居前。根据前瞻产业研究院的数据可知，从数字贸易结构上看，2020 年全球其他商业服务、ICT 服务、金融服务、知识产权服务、保险服务、文娱服务，出口规模分别为 13999 亿美元、6782 亿美元、5204 亿美元、4092 亿美元、1370 亿美元、822 亿美元，在数字贸易出口中的占比分别为 43.4%、21.0%、16.1%、12.7%、4.2%、2.5%；从结构变化趋势上看，2010—2020 年年均增长率分别为 6.1%、8.7%、4.2%、5.8%、4.1%、5.0%，对数字贸易出口增长的贡献率分别为 43.5%、26.8%、12.2%、12.2%、3.1%、2.2%。

3）全球数字服务出口高度集中

发达经济体在数字服务贸易领域具有更突出的优势。发达经济体资本、技术实力雄厚，数字服务产业具有资本、技术密集型特征，在培育数字服务贸易上优势明显，而优势一旦建立便将不断强化，发展中经济体和转型经济体超越困难。

根据前瞻产业研究院的数据可知，2020 年美国数字贸易出口排名全球第一；英国以其具有优势的金融、保险服务产业排名全球第二；爱尔兰、德国、荷兰、印度、法国分列第三至第七；我国排名第八。2020 年，发达经济体、发展中经济体和转型经济体的数字贸易

出口规模分别为 24310 亿美元、7204 亿美元和 412 亿美元，在全球数字贸易出口中的占比分别为 76.1%、22.6% 和 1.3%。从短期增长看，转型经济体、发展中经济体和发达经济体在数字贸易出口方面分别同比增长 8.8%、5.5% 和 3.2%；从长期增长看，三者年均增速依次为 4.7%、5.6% 和 8.2%。

从细分行业看，发达经济体虽占绝对地位，但各国也形成了自身发展重点和比较优势。2020 年发达经济体在各细分数字贸易的国际市场占有率均超过 60%，其中知识产权服务占有率超过 90%，金融和文娱服务占有率在 80%～90%，其余则在 70% 上下。横向比较，各经济体数字贸易出口结构大体相似，以约 50% 的其他商业服务和约 20% 的 ICT 服务为主导。纵向比较，不同国家发展各细分领域有所侧重，从各行业出口规模占该国数字贸易出口总规模比例来看，保险服务排名前三的国家是瑞士、英国、德国；金融服务排名前三的是卢森堡、瑞士、英国；知识产权服务排名前三的是日本、荷兰、瑞士；ICT 服务排名前三的是爱尔兰、芬兰、印度；其他商业服务排名前三的是泰国、印度尼西亚、巴西；文娱服务排名前三的是南非、加拿大、澳大利亚。

随着世界各国服务业进一步开放及数字贸易的发展，计算机和信息服务贸易与数字贸易作为服务贸易的重要组成部分，将得到进一步发展。

7.3 我国计算机与信息、数字服务贸易

全球数字贸易蓬勃发展，我国数字贸易规模也在快速扩大，数字贸易发展基础更加坚实，数字贸易法律法规政策体系初步形成，数字贸易领域有序开发，市场主体发展活跃，数字贸易国际市场拓展正在持续。

2020 年，按联合国贸易和发展会议的统计口径计算，我国可数字化交付的服务贸易额为 2947.6 亿美元，同比增长 8.4%，占服务贸易总额的比重达 44.5%，成为服务贸易新的增长点。

7.3.1 我国计算机与信息的发展

数字经济合作相关议题已经成为国际双边、多边和区域交流对话的重要领域和关注焦点。我国计算机与信息服务业开放有限，而新兴发展的数字服务业虽然发展较快，但在开放中仍然面临多方面的限制。

1. 我国计算机与信息服务发展状况

通信、计算机与信息服务贸易是产业技术积累的重要来源和提升自主创新能力的重要基础。全球已经进入数字技术驱动和引领的技术创新时代，计算机、信息通信技术已经成为一个国家近期经济社会发展的重要基础和产业、贸易竞争力的重要标志，是新一轮科技革命和产业革命的关键性领域。

在 2006—2021 年，我国通信、计算机与信息服务出口占世界的比重不断增加，几乎是直线式地从 1.74% 上升至 8.59%（见图 7-6）；通信、计算机与信息服务的进出口同步增长，出口增速大于进口增速。2021 年，我国通信、计算机与信息服务出口额约为 770 亿美元，进口额约为 401 亿美元（见图 7-7）。

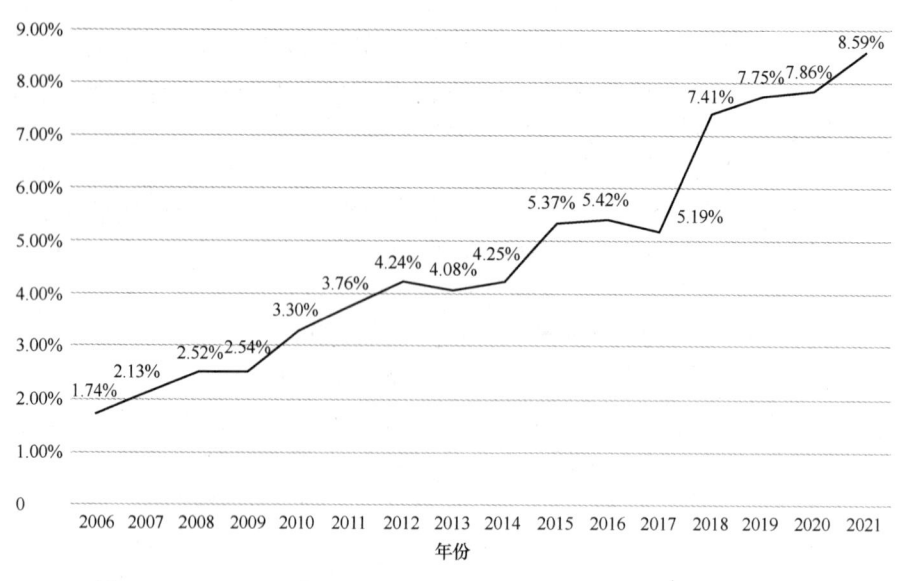

图 7-6 2006—2021 年我国通信、计算机和信息服务出口占世界的比重

数据来源：UNCTAD

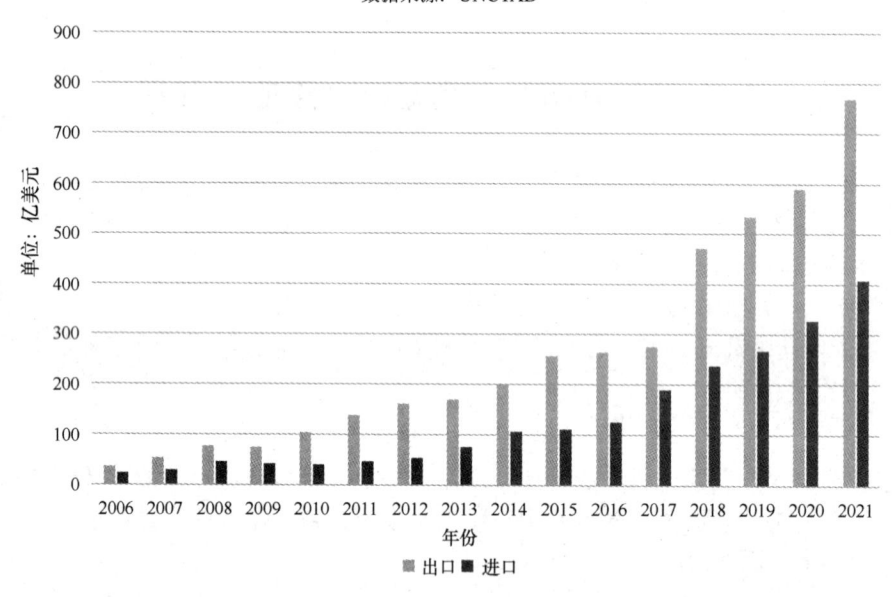

图 7-7 2006—2021 年我国通信、计算机和信息服务的出口额与进口额

数据来源：UNCTAD

2. 我国计算机与信息服务的竞争力提升

我国软件和信息技术服务业运行良好，一批制造、商务、金融、交通和医疗等大数据平台实现了快速发展；阿里云跻身云计算领域世界前三，腾讯、百度等积极发展 PaaS 和 SaaS 服务，推出 AI，即服务云、云计算加速芯片等新产品与服务框架等，软件业务收入同步快速增长，盈利能力稳步提高，软件业务出口不断增加，员工规模不断扩大。据工业和信息化部数据显示，2021 年，我国软件和信息技术服务业规模以上企业达 4 万多家，软件业务累计收入 94994 亿元，同比增长 17.7%；软件行业利润总额达 11875 亿元，同比增长 7.6%；主

营业务利润率上升 0.1 个百分点，达到 9.2%；软件业务出口额达 521 亿美元，同比增长 8.8%。其中，软件外包服务出口额为 149 亿美元，同比增长 8.6%；嵌入式系统软件出口额为 194 亿美元，同比增长 4.9%；软件行业平均从业人员为 809 万人，同比增长 7.4%。总体来看，我国软件和信息技术服务业发展规模效益快速增长，整体竞争力实现了新跨越。

7.3.2 我国数字服务贸易的特点与发展

1. 数字服务贸易规模稳步提升

随着全球数字经济快速发展，我国数字经济规模也在持续扩大。数字经济占 GDP 的比重在持续增加。2022 年，我国数字经济规模达 50.2 万亿元，总量稳居世界第二，占 GDP 比重提升至 41.5%。数字经济俨然已经成为稳增长促转型的重要引擎。在数字经济快速发展过程中，我国数字服务贸易发展速度也在不断加快，数字贸易规模在持续扩大。2011—2020 年我国数字服务贸易规模从 1648.4 亿美元增加到 2939.8 亿美元，全球排名从第 7 位上升至第 5 位，占服务贸易的比重从 36.7% 上升至 44.4%。在增长速率上，2011—2020 年我国数字服务贸易复合增长率高达 6.6%，超过同期服务贸易和货物贸易（分别为 4.4% 和 2.7%），在主要经济体中位居前列。在竞争力上，我国数字服务净出口由负转正，从 2011 年的逆差 148.2 亿美元变为 2020 年的顺差 147.7 亿美元。新冠疫情期间，我国数字服务贸易同样实现逆势增长，在数字服务贸易规模排名前十的国家中列居首位。

另外，我国还是十大电子商务国家和地区中唯一一个发展中国家，在全球跨境电子商务中有着突出表现。不管是零售出口量还是零售额，我国均位列全球第一。2022 年，我国网络零售市场总体稳步增长。国家统计局数据显示，2022 年全国网上零售额 13.79 万亿元，同比增长 4%。其中，实物商品网上零售额 11.96 万亿元，同比增长 6.2%，占社会消费品零售总额的比重为 27.2%。2022 年我国跨境电商进出口（含 B2B）2.11 万亿元，同比增长 9.8%。其中，出口 1.55 万亿元，同比增长 11.7%，进口 0.56 万亿元，同比增长 4.9%。

2. 数字服务贸易相关利好政策不断

作为数字经济表现突出的贸易模式之一，数字服务贸易在推动国家经济结构优化、经济发展转型方面有着重要的意义。因此，自 2019 年数字贸易首次出现在我国政策文件中以来，相关政策、法规制定进入"快车道"，已初步形成涵盖出口促进、产业发展、安全保障、市场开放、制度建设、地区实践等多个方面的发展管理政策体系，给予数字服务贸易良好的发展环境（见表 7-6）。

表 7-6 数字服务贸易相关政策

政策名称	核心内容
《国家信息化发展战略纲要》	该战略纲要对信息化发展提出了战略性、全局性、体系化、融合性、创新性及国家化六个方面的发展导向
《"十四五"国家信息化规划》	规划将在九个方面着手落实，如优化信息基础设施、加快部署 5G 网络规模化、超前性储备 6G 技术、全面推动部署 IPv6 应用、加快数字技术的融合运用、推动科技创新体制机制的完善等
《二十国集团数字经济发展与合作倡议》	提出包含鼓励国际多层次交流、推进政策立法、实践经验分享在内的七项发展合作共同原则，并提出推进数字经济发展的具体行动方案

（续表）

政策名称	核心内容
《"一带一路"数字经济国际合作倡议》	该倡议对宽带质量、电子商务合作、互联网创新、数字技能培训、信息领域投资等多方面做出了具体的规定
《关于积极推进"互联网+"行动的指导意见》	该指导意见针对"互联网+"的发展提出了包括电子商务、普惠金融、现代农业在内的11项"互联网+"具体行动和7项保障支撑

在顶层设计方面，党中央、国务院将数字贸易作为我国外贸发展工作的重点，文件中多次提出要加快数字贸易发展。党的二十大报告将数字贸易与货物贸易、服务贸易并列提出，对数字贸易的重视程度进一步加强。在出口促进方面，围绕扩大数字服务出口目标，提出建设国家数字服务出口基地，推动服务贸易数字化转型，支持数字产品、数字服务、数字技术和数据的贸易，积极培育数字服务新主体、新平台。在产业培育方面，一方面推动5G、云计算、人工智能等前沿数字技术产业创新发展，提升关键数字服务供给能力；另一方面，鼓励传统产业数字化转型，支持服务型制造、互联网医疗、短视频等线上服务发展。在传统对外开放方面，进一步缩减外资准入负面清单，放宽金融领域外资股比限制，发布首份跨境服务贸易负面清单。在制度型开放方面，依照《建设高标准市场体系行动方案》要求，促进内外贸法律法规、质量标准、检验检疫等制度相衔接，进一步完善市场竞争、知识产权保护、政府采购等重点领域的标准和规则。在安全保障方面，立足《网络安全法》，出台《数据安全法》《个人信息保护法》《关键信息基础设施安全保护条例》，彼此相互衔接、相互配合，为数字贸易发展提供必要的安全保障。此外，上海、北京、浙江等多个地区先后出台数字贸易发展规划，根据区位优势和产业特点建设数字贸易先行区或试验区，率先推动跨境数据流动、云服务开放等试点工作，探索与国际高水平自由贸易协定规则的对接。

3. 数字贸易规则谈判更加积极

在WTO层面，我国积极参与数字贸易相关规则谈判。在WTO第12届部长级会议期间，我国与有关各方达成《关于〈电子商务工作计划〉的部长决定》，就重振电子商务规则协调工作、重视发展维度、延长电子传输临时免征关税期限等达成共识。2021年，我国已提交了4份提案，对无纸贸易、电子签名认证、消费者保护等传统电子商务议题进行了讨论。同时，在网络安全、数据安全、相关网络设备产品非歧视性待遇等数字服务贸易相关议题上，也形成了初步立场和主张。在区域贸易协定层面，中澳、中韩、中新等自贸协定中均加入了电子商务专章，签署的《区域全面经济伙伴关系协定》对数字经贸领域做出了更全面和更高水平的开放承诺。在电子商务章节，不仅包含传统跨境电子商务类规则，还首次加入了通过电子方式跨境传输信息、计算设施位置等数字服务贸易类规则。

自2021年以来，我国参与数字领域国际规则制定的进程进一步加快，正式提出了加入《全面与进步跨太平洋伙伴关系协定》（CPTPP）、《数字经济伙伴关系协定》（DEPA）申请，启动了中国东盟自由贸易区3.0版建设，和东盟达成《落实中国-东盟数字经济合作伙伴关系行动计划（2021—2025）》，和金砖国家达成《金砖国家数字经济伙伴关系框架》等。

本章小结

1. 计算机服务贸易是为满足使用计算机或信息处理的有关需要提供软件和服务的贸

易，是一种附加值高、知识密集型的服务贸易。计算机服务贸易的内容包括处理服务、软件产品、专业服务和综合系统，以及计算机和相关设备的租赁、维修和维护等。而信息服务是指利用信息资源提供的服务，它是为解决经济建设和社会发展中的问题提供服务的活动。

2．现代信息服务交易活动分为四类基本形式。具体来说，在第一类信息服务交易中，信息服务提供者与消费者都不移动。在第二类信息服务交易中，信息服务提供者不移动而依靠消费者移动来完成服务交易。在第三类信息服务交易中，信息服务提供者移动而消费者不移动，这种形式的服务交易必然伴随信息生产要素的跨国界移动。在第四类信息服务交易中，信息服务提供者与消费者双方都移动。

3．《信息技术协定》是指在世界贸易组织的货物贸易谈判框架下，从 1997 年 7 月 1 日至 2000 年 1 月 1 日，信息技术产品贸易的关税分四个阶段等量削减至零的协议。2015 年 12 月 16 日，《信息技术协定》扩围谈判参加方在 WTO 肯尼亚内罗毕部长级会议上，宣布扩围达成全面协议。

4．数字服务贸易是指数字技术发挥重要作用的服务贸易形式，它与传统服务贸易最大的区别在于贸易方式数字化和贸易对象数字化。

5．全球数字服务贸易稳步增长，在服务贸易中的主导地位逐步显现。在全球数字经济蓬勃发展的大背景下，基于数字技术开展的线上研发、设计、生产、交易等活动日益频繁，极大地促进了数字服务贸易的发展。发达经济体在数字服务贸易领域具备更突出的优势，美欧主导着全球数字服务市场。

6．UNCTAD 提供的数字服务贸易统计方案基于主要产品分类，以是否可以通过网络跨境传输交付为标准，将服务贸易分为数字服务贸易和非数字服务贸易。其中，数字服务贸易主要分为 9 类：通信服务，计算机服务，销售和营销服务，信息服务，金融、保险、养老金服务，管理行政和后台服务，许可服务，工程及相关科技研发服务，教育和培训服务。

7．随着数字技术与服务贸易加速融合，我国数字贸易保持高速增长，规模持续扩大，占服务贸易的比重明显提高，展现出亮眼的发展潜力。在进一步推动数字贸易发展上，我国具有产业基础雄厚、数字经济创新活跃等诸多方面的明显优势。

8．为推进我国数字服务贸易发展，推进数字新型基础设施建设，推动实体产业与数字技术深度融合，推动数字服务贸易高水平对外开放，加强数字服务贸易知识产权保护，加快数字服务贸易相关政策和法律法规建设，争取数字服务贸易规则制定主动权，我国应该营造良好的外交环境，为数字服务企业"出海"护航。

复习思考题

1．影响计算机与信息服务贸易的因素有哪些？
2．信息服务贸易的经济竞争力体现在哪些方面？
3．简述我国计算机与信息服务贸易发展现状。
4．简述数字服务贸易领域现有的统计体系。
5．简述全球数字服务贸易发展的特征和我国发展数字贸易的对策。

第8章 国际专业服务贸易

学习目标

本章阐述国际专业服务贸易的定义、分类和内容,重点介绍国际专业服务贸易两大部门——国际法律服务贸易和国际咨询服务贸易,分析国际法律服务贸易的特点与壁垒,概括现代咨询服务行业的分类与发展,总结国际咨询服务贸易的发展进程,梳理我国专业服务贸易对外开放状况和发展对策。

要求:
- 掌握国际专业服务贸易的定义
- 掌握国际法律服务贸易的壁垒
- 熟悉国际咨询服务行业的结构
- 掌握我国专业服务贸易的对外开放状况
- 熟悉我国专业服务贸易的发展对策

思政目标

中国国际服务贸易交易会是全球唯一涵盖服务贸易 12 大领域的综合型服务贸易交易会。其宗旨是聚焦我国法律服务业对外开放发展情况,推进北京国际仲裁中心建设,进一步全方位打造面向世界的国际商事纠纷解决中心,促进法律服务业向专业化、高端化、国际化发展。本章运用新发展理念分析我国专业服务贸易如何深入开放、如何培育竞争优势。

8.1 国际专业服务贸易概述

专业服务是指以有偿方式,运用专业知识提供各种知识、技术、信息、智能等方面的服务。它是传统服务业发展的产物,具有知识密集与资本密集的特点,是与国计民生息息相关的高端服务业。专业服务产业化能够通过吸纳社会劳动力来优化社会结构,从而产生巨大的经济效益。当前,专业服务已被世界各国当作衡量经济发展水平的一项重要指标,是国民经济发展的关键渠道。

8.1.1 国际专业服务贸易的定义和分类

1. 国际专业服务贸易的定义

专业服务，一般是指当事一方运用自己的专业知识、技术、经验和有关信息，采用先进方法和科学手段，按照客户需求，为客户在某一领域提供可靠的数据、法律依据、客观理论和具体意见的特殊服务。专业服务是知识密集型服务，从知识角度可分为专业型与技术型两大类。专业型服务更专注于密集使用咨询、管理、法律、会计等专业知识，技术型服务则更专注于计算机软件、工程、研发等技术知识。专业服务通常表现出几个特质：①需要大量的专业知识；②服务质量不容易被普通人评估；③消费者认为该服务至关重要。

专业服务的国际化发展起步于 20 世纪初，在 80 年代发展迅速且规模急剧增大，跨国专业服务公司在全球地理位置的扩张及获利水平上增长速度更是惊人。随着从事专业服务业的国际专业服务公司全球跨国投资的发展，使专业服务由不可贸易、当地化极强转向跨国界国际化发展。国际专业服务贸易被 WTO 机构列为商业服务贸易的一种，它是指国家之间专业服务的交换，涉及的范围广泛，类型多样。它是随着科技进步和经济生活专业化、国际化发展而兴起的一个新兴服务贸易领域，有着广阔的市场前景。

2. 国际专业服务贸易的分类

根据联合国服务贸易统计数据库所采用的扩大的国际收支服务分类（EBOPS），专业服务是其他商业服务中的一部分，被称为"各种各样的商务专业技术服务"，具体分为 7 类：法律、会计、管理咨询和公关服务；广告、市场研究和民意调查服务；研究与开发服务；建筑、工程和其他技术服务；农业、矿业和现场处理服务；其他商务服务；关联企业间服务。

《中国服务贸易具体承诺减让表》中列举的国际专业服务贸易包含：法律服务（CPC861，不含中国法律业务）；会计、审计和簿记服务（CPC862）；税收服务（CPC8630）；建筑设计服务（CPC8671）；工程服务（CPC8672）；集中工程服务（CPC8673）；城市规划服务（城市总体规划服务除外）（CPC8674）；医院服务（CPC9311）；医疗和牙医服务（CPC9312）。

8.1.2 国际专业服务贸易的方式

国际专业服务贸易按国际服务贸易的分类对应如下：①跨境交付，指一国专业服务提供者不需要与消费者直接接触，而是通过一定的媒介来完成服务；②境外消费，指一国消费者到另一国接受专业服务；③商业存在，指一国允许专业服务提供者以经营实体的方式到本国来开店；④自然人流动，指一国专业服务提供者个人以自然人身份进入他国提供专业服务。

8.2 国际法律服务贸易和国际咨询服务贸易

8.2.1 国际法律服务贸易

在日益频繁的国际经济活动中，跨国纠纷增多，产生了对国际法律服务的巨大需求，而法律服务的国际化发展又推进了法律服务贸易的国际化程度。

1. 国际法律服务贸易的定义

法律服务本身就是一种特殊形式的商业服务,通常是指法律专业人员为当事人提供的一切有偿性质的法律帮助活动。法律服务为服务贸易中商业服务项下的专业服务。

在狭义上,法律服务是指律师依法通过担任法律顾问、代理刑事、民事、行政诉讼、代理各类诉讼案的申诉,参加调解、仲裁,代理诉讼文书及有关法律事务文书等,为社会提供与法律有关的服务。在广义上,法律服务则泛指一切法律专业人事或机构为当事人提供的一切有关法律服务的活动,如律师、公证人员等为当事人提供的一切诉讼或非诉讼及公证活动。

法律服务贸易是服务贸易的一个种类。国际法律服务贸易是指一国的法律服务提供者为另一国的法律服务需求者提供服务并收取费用的经济活动,或一国的法律服务需求者获得外国法律服务提供者的服务并支付费用的经济活动。具体来说,就是律师与其当事人分属不同的国家,或法律服务的生产、销售或消费环节涉及两个或两个以上国家所进行的贸易活动。GATS 中,服务贸易承诺表列举的法律服务范围主要包括以下五个方面:①东道国的法律服务(咨询/出庭);②律师本国法和/或第三国法律服务(咨询/出庭);③国际法服务(咨询/出庭);④提供法律文件和证明服务;⑤其他法律咨询和信息服务。在所有这些情况中,承诺可以仅仅包括咨询服务,也可以扩展到出庭服务。成员方可以遵照具体承诺允许外国的律师从事东道国法律、国际法、律师本国法和第三国法的服务。

2. 国际法律服务贸易的形式

GATS 将服务贸易分为四种形式,所以国际法律服务贸易对应以下四种方式:①跨境交付,指一国的法律服务提供者在本国为身居另一国境内的当事人提供服务,如德国律师在德国通过电话和电子邮件,为中国的一家公司提供有关欧盟法律服务。②境外消费,指一国的法律服务提供者在本国为来自另一国的当事人提供服务,如中国的律师为来自英国的当事人提供有关中国法律的意见。③商业存在,指一国的法律服务提供者或法律服务机构在另一国境内设立分支机构,在该国境内提供法律服务,如美国的一家律师事务所在韩国设立分所,在当地提供法律服务。④自然人流动,指一国律师进入另一国境内,没有设立服务机构但在东道国提供法律服务,如中国律师进入美国,在没有设立服务机构的情况下,为当事人提供有关 WTO 框架下的法律服务。

信息技术的发展创立了更有效的可接近方式,为法律服务提供了便利,法律服务贸易将因国际网络与电子商务的不断发展而受益,因为除出庭外,大部分涉及法律服务的传输业务都可使用电子方式传输。从目前的国际法律服务贸易来看,因东道国对外法律服务开放的限制和高昂的成本,多数法律服务贸易以"跨境交付"和"自然人流动"的方式提供。但对于一些大型跨国法律服务机构来说,"商业存在"则是其在国外提供法律服务的主要方式与趋势,且主要集中在世界重要的国际商务中心,如伦敦、纽约、法兰克福、布鲁塞尔、巴黎、新加坡、东京等。

国际法律服务贸易是以跨境交付，或自然人流动，或通过总部设在外国的法律事务所以雇员或者合伙人身份临时居留的方式进行的。由于服务提供者发现设立商业存在费用相当高，且难度较大，所以以永久居留方式移居海外的律师数量相当少。

3. 国际法律服务贸易壁垒

由于各国法律服务水平发展不平衡及法律服务的特殊性，国际法律服务贸易面临各种类别的贸易壁垒，并且贸易壁垒多涉及法律服务提供者国籍、资格等国内规定，阻碍着法律服务的国际化、自由化发展。以经济合作与发展组织成员方为例，主要的国际法律服务贸易壁垒包括以下几个方面。

1）对国籍的规定

虽然对于某些行业的影响要超过其他的规定，但法律服务中有关国籍的规定仍然相当普遍。受到国籍规定规范最常见的行业是公证服务与出庭服务（这是针对所有法律领域而言的）。在某些国家，公证人一职要由公职人员担任。国际法与原资格国第三国法律中的顾问服务（外国法律顾问服务）几乎不会牵涉国籍规定。然而，对于法律服务一律设有国籍规定的国家，这些外国顾问服务可能无法进入。

2）对专业管理与技术人员流动的限制

这项限制是重要的市场准入壁垒，因为这些人员流动往往构成一个国家移民政策不可分割的一部分。这些限制可适用于那些寻求定期或永久居住的自然人或短期商业旅行的个人。

3）对法律形式的种种限制

这种限制在经济合作与发展组织国家中非常普遍，有些国家允许特定的公司形式，特别是那些没有针对专业法律清偿责任提供防护的国家。然而，在大多数情况下，因为其平等适用于本国与外国服务供应者，因此这并不是歧视性的限制。

4）加之于外国权利的种种限制

对于法律服务而言，这种限制并不是很普遍的。最常见的情形是，在一般投资立法中所规定的限制也适用于法律服务业。由于大多数的法律事务所依然倾向采用合伙关系的方式成立事务所，因此针对事务所外国合伙人的人数限制也可达到限制外国权益的效果，只是这种做法在 GATS 中会被认为是国民待遇的限制，而不是市场准入的限制。

5）国民待遇限制

主要的国民待遇限制包括与原资格国专业人士合伙关系的限制、对雇用原资格国专业人士的限制、对使用国际与外国事务所名称的限制、居留规定及在发证方面的一般差别待遇。

对与原资格国专业人士合伙关系的限制及对雇用原资格国专业人士的限制，使担任外国法律顾问的法律事务所，因仅限于执行国际法与外国法的业务，而无法借着与原资格国合格律师合伙或雇用他们往里延伸到代表出庭与当地国法律的领域。对使用国际与外国事务所名称的限制代表国民待遇的限制，因为这些限制对外国服务提供者不利。然而，对事务所名称的其他限制虽然不影响外国服务提供者与原资格国服务提供者之间的竞争条件，但仍应视为原资格国法规措施。其中，有部分国家允许外国事务所只要提到合伙人之一的名称即可使用事务所本身的名称。居留规定原则上是来源地中立的措施，这些规定并非直接针对外国人而定，而是对本国及外国服务提供者赋予相同的法定义务。

知识小卡片

国民待遇标准

东道国对在本国境内从事社会经济活动的外国自然人、法人提供不低于本国自然人、法人所享有的民事权利。它可以规定在本国的法律中，也可以规定在国际条约中。国民待遇分有条件的国民待遇和无条件的国民待遇两种。前者又有三种情况：一是只给在本国领土上有住所的外国自然人和有营业所的外国法人以国民待遇；二是根据国际公约给予缔约国的自然人和法人以国民待遇；三是根据对等原则，互相给予国民待遇。

其他诸如对外国律师提出比东道国律师更高的经费等方面的要求，对服务方式的限制，对外国律师执业身份的限制，对外国律师执业地域范围的限制，对外国律师、外国律师在东道国设立的服务机构或外国律师事务所驻东道国服务机构数量的限制，对外国律师在东道国最低居留期限的要求等，这些法律服务贸易限制措施严重阻碍了国际法律服务贸易的自由化发展。

4. 国际法律服务贸易发展趋势

网络技术和信息产业的迅速发展，加速了经济全球化步伐，国际贸易的增长及新的贸易领域和贸易方式出现，国际法律服务贸易在形式、内容、规模等方面都出现了新的发展趋势，主要体现在以下几个方面。

1）国际法律服务趋向产业化

经济全球化加快了国际间经济贸易的活跃程度，特别是跨国公司的发展——跨国间的公司兼并与收购、金融机构的全球资本运作、工业知识产权的跨国交易、跨国项目投资的发展，使得相应的国际法律服务需求迅速增长。随着全球经济一体化的进一步深化，法律服务贸易作为一种全球产业，将会趋向产业化并继续高速发展。

2）国际法律服务开放化和自由化

GATS 确立了包括法律服务在内的服务贸易自由化的法律框架，其中有关非歧视待遇、透明度市场准入等基本原则为国际法律服务贸易自由化提供了国际法方面的依据，推动了法律服务贸易国际化与自由化的深入发展。从 WTO 成员方提交的具体承诺减让表来看，2021年，世界贸易组织现有的 164 个成员中有 91 个成员对法律服务部门做出了具体承诺。在做出具体承诺的 91 个成员中，大多数成员在其允许外国服务提供者进入的领域内对法律服务形式没有限制，整体还是呈现出开放化和自由化趋势。

3）法律服务机构规模化和全球化

国际贸易新领域的出现及国际贸易的跨国性，决定了国际法律服务业务绝大多数涉及多个国家及多个国家的不同法律，服务领域的专业化程度也越来越高，而传统的、小型的、仅靠一名执业律师的法律服务机构已经难以胜任这种国际化的综合性法律服务，大型的、规模化的法律服务机构正顺应这一发展要求,许多大型律师事务所已经在国外设立分支机构,开始了国际化发展。大型法律服务机构一般具有综合性,且有一定整体规模,内部分工明确,管理严格、科学、规范,能够集中高水平法律专家为客户提供完善的、多层次的国际法律服务。

4)国际法律服务提供和交易形式复合化

从20世纪80年代中后期开始,国外的一些大型律师事务所出现了兼并和重组的倾向。许多大型律师事务所都是在这一阶段通过重组之后扩张规模的。根据新加坡的经验,境外律师事务所可以同本地律师事务所组成新的联合体,开展新的法律服务,因此需要提供的法律服务也往往是复合形式的。法律服务业务不仅涉及所在国的法律,而且不同程度地涉及其他国家、国际组织和民间机构的规范和商业惯例。如果一个律师事务所的业务范围被严格地局限于某一方面的法律事务,按照传统的律师事务所组织模式和业务范围划分,则它难以满足客户的要求。而这种跨境的律师事务所联合体可以有效地调动全球范围内的法律服务资源,更好地满足这些新型的法律服务需求。另外,国际法律服务在提供服务的方式上也出现了新的变化。商业存在成为法律服务自由化最主要的形式。例如,近年来新加坡为了发展和强化其在亚洲国际金融市场中的地位,对法律服务市场的开放程度较高,目前已有多家国外大型律师事务所获准与新加坡本地律师事务所联合,形成新型的国际化律师事务所,为客户提供"一站式"(One-Stop-Shop)的法律服务。

5)国际法律服务市场竞争激烈化

由于法律服务市场存在巨大利润和巨大潜力,不仅法律服务业内部的竞争在加剧,而且国际上一些大型会计师事务所、咨询公司也参与到了法律服务市场的竞争中。这些公司中也有大量的律师,且国际法律服务市场的业务以咨询为代表的非诉讼业务为主,它们所从事的咨询业务与律师事务所的相关业务有诸多相似之处。正因为如此,国际法律服务市场的竞争将更加激烈。在法律服务国际化与自由化的全球趋势下,很多国家为了顺应趋势,提高本国法律服务贸易的竞争力,也都纷纷开始制定或修改对外法律监管规则,提高本国的法律服务国际化水平。

8.2.2 国际咨询服务贸易

咨询服务对于企业长期稳定发展至关重要,因此越来越受到社会各界的重视。由于咨询服务包含的内容不断扩展,对咨询服务的定义也就说法不一。英国管理咨询协会将咨询服务定义为,针对有关管理问题提出独立的建议和帮助,一般包括确定和考察相关的问题,以及推荐合适的行动方案,并且为所提出的建议提供帮助。管理咨询顾问学会将咨询服务定义为,合格的独立人员或者人员小组,为企业、公众、组织或其他事业组织提供有关服务,确定和考察有关政策组织和程序方法等。

1. 国际咨询服务贸易的定义

咨询服务业是以知识和技术为手段,以协助客户解决复杂的决策问题为目的,向社会提供智力服务的行业。咨询服务业是随着社会经济发展而迅速成长起来的知识密集型产业。它的特点包括:

（1）现代咨询服务业主要是依靠信息、知识、智慧及先进科技手段进行服务的。信息不仅包括我们一般所了解的信息，同时非常注重竞争情报，因为竞争情报能够产生行动信息。知识不仅包括理论方面的知识，还包括咨询专家本人的经历和经验。智慧即咨询专家本人的才能，这是咨询服务业所特有的。现代咨询服务业的开展需要充分应用现代信息技术和网络技术手段。现代咨询服务的全球化，使得先进的信息技术成为其必要的支撑手段。

（2）现代咨询工作是一种人才密集的横向联系，注重发挥集体智慧。过去的咨询服务人数较少，但现代咨询工作的一个典型特点是团体性较强，是咨询机构集体参与的一种成果。

（3）现代咨询是以周密的调查和科学的方法作为咨询依据的。咨询不仅要做周密、详细、广泛的调查，还要有一套理论知识、分析方法作为咨询依据。所以，现代咨询服务业的咨询结论的可靠性大大提高。

（4）提供咨询服务的大多属于有自主权的机构。起初，我国的一些咨询机构是属于单位内部的，但是现在它们开始走向社会，进行独立自主研究。因此，现代咨询服务业能够比较客观、实事求是地提供咨询报告。

（5）现代咨询服务的领域，已经从早期的经济领域扩大到政治、军事、外交、法律和社会生活的各个领域，从宏观咨询到微观咨询，服务领域十分广泛。

（6）现代咨询服务业主要集中于发达的中心城市，尤其是智力和人才资源丰富、对于国家和地区政治与经济决策具有重要影响的枢纽城市。例如，美国的华盛顿咨询服务业很发达，咨询机构很密集；我国的北京、上海、广州等大城市，咨询服务业也很活跃。

现代咨询服务业已经经历了一个高速发展机遇期。有研究统计表明，20 世纪 80 年代到 20 世纪末，全球咨询服务业平均增长 12%，高于全球国内生产总值的增长率。从世界范围来看，现代咨询服务业是全球增长最快的高端产业之一，与此同时出现了跨国经营服务的全球性咨询机构和多国联合组织的国际咨询机构。

知识小卡片

国际咨询

国际咨询是指咨询机构在国际间运用其成员的知识和技术向决策者提供一种特殊的劳务，以帮助决策者找到解决各种复杂问题的办法。国际咨询的经营机构在国际上被称为"思想库""头脑公司"。它不仅对社会上已经发生和正在发生的事，或对过去的某些成果、已经储存的信息进行分析，还对当前某项政治或经济事态进行预测，特别是对于社会上将发生的某种活动或某件事物，能够通过调查研究和分析预测它们的发展方向和效果，并提出相应的对策，为决策者提供科学决策的依据。

2. **咨询服务行业的结构**

从目前来看，咨询服务行业的结构已经发生了巨大的变化，这一方面是客户要求的变化导致的，另一方面是大型新进入公司带来的结果。客户要求咨询公司拥有更多的 IT 专长，从而鼓励大型公司大胆进入咨询市场，如 IBM 公司已经开始提供咨询服务。因此，IT 公司在咨询行业中的增加正在日益改变咨询行业的面貌。

当前，咨询行业的结构变得非常复杂，很多咨询公司的收入来源不仅包括咨询活动和非咨询活动，而且咨询公司之间的业务也出现了交叉。从目前情况来看，从事管理咨询行业的公司包括以下 8 种类型，即会计咨询公司、IT 公司、跨国咨询公司、独立咨询公司、保险精算公司、认证公司、以商学院为基础的咨询活动及个体咨询从业者。

1）会计咨询公司

会计咨询公司是以会计公司为基础的咨询公司，如安永、毕马威、普华永道、德勤等。这些公司都提供全方位的咨询服务。2000 年秋，安永公司的咨询业务成为凯捷安永公司的一部分，而毕马威公司的咨询分部在 2001 年分离出来，成为一家完全独立的公司，由此形成了三大会计咨询公司，分别是普华永道、德勤和埃森哲。

2）IT 公司

参与咨询领域的 IT 公司的数量越来越多，包括 IBM 公司、微软公司和 EDS 公司等。这些公司主要提供 IT 方面的咨询服务。许多公司还提供诸如金融管理、知识管理和人力资源管理等其他服务。我国的联想公司、用友公司、金蝶公司等也都开始涉足管理咨询领域。

3）跨国咨询公司

这类公司以美国咨询公司居多。它们的领域是提供战略建议，包括市场营销和品牌管理。不过，它们在组织开发上也很活跃，尤其是在业务流程重组方面。这些公司还同美国的学术中心有着非常紧密的联系，而且偏向于聘用 MBA 的毕业生，主要以麦肯锡、安达信、兰德、波士顿、罗兰贝格、科尔尼、贝恩等"领头羊"为代表的国际跨国公司为主。它们以其丰富的咨询经验、优秀的人才准备和悠久的咨询历史，迅速成为我国咨询市场的主体，所占据的市场份额估计在 50%以上。

4）独立咨询公司

独立咨询公司主要是有 10 年以上从业历史，并有良好客户群、比较持续稳定发展的咨询公司。它们构成了目前我国咨询市场的主力。代表公司有和君创业、华嘉机构、理实、北大纵横等咨询公司，它们占据 10%～20%的市场份额。这个阵营内的公司数量虽然不多，但它们紧跟国际咨询公司潮流，能够引导国内市场发展方向，是今后我国咨询市场的主力军。其中，有些公司由于战略明确而发展迅速，有些公司目前正在走向专业化或细分化，有些公司则由于各种原因而进入稳步发展期。与此同时，国内一些新兴咨询公司出现，主要是那些成立不到 3 年，在某一领域有一定的特长，且拥有一定客户群的公司，如朴质、华夏基石等。这类公司分类相对明确，口碑较好，其所占的市场份额为 30%～40%。此外，一些公司有明显的地域优势，如珠三角地区的咨询公司。

5）保险精算公司

保险精算公司也是咨询公司。保险精算公司最初的业务是员工福利和薪酬咨询，现在已经扩展到人力资源领域。主要的保险精算公司有通能太平国际业务顾问公司、伟世公司、华信惠悦公司等。在 2022 年 Vault 咨询公司世界排名中，伟世公司的人力资源咨询排行第一，其金融咨询、公共部门咨询、运营咨询、医疗保健咨询也居世界前二十。

6）认证公司

认证公司是中国特色之一，随着现代企业制度的建立及经济全球化浪潮的涌入，我国企业在需要国际化的管理标准的同时,也需要有专业的机构与专业的咨询人士依照国际化的标准,对企业进行诊断与整合,于是催生了以认证为切入点的咨询机构,如活跃在珠三角地区的南盛德公司。

7)以商学院为基础的咨询活动

各大商学院也纷纷进入咨询行业,不过并不是以商学院本身的名义进入咨询市场的。其中,有一些商学院建立了自己的咨询公司,如北京大学、清华大学。

8)个体咨询从业者

咨询市场上还存在大量的个体咨询从业者,他们可能来自大型咨询公司,也可能来自企业或行业中的管理人员。个体咨询从业人员数量很难确定。不过,绝大多数个体咨询从业者基本上都从事其他的咨询活动,如为他人提供培训和著书立说。

3. 世界咨询服务业的发展进程

从历史的角度看,管理咨询产生于19世纪末的美国。当时,以泰勒(F. W. Taylor)为代表的效率顾问工程师将其科学管理理论运用于企业生产中,提高了企业的生产效率,从而很快被社会所接受和承认。20世纪30年代以后,美国又形成一代新型的管理咨询顾问队伍,他们在提供各种专门服务的同时,也向经理和委托人提供所需的目标及其实现方法的服务,其中最著名的当属麦肯锡咨询公司。在这些管理咨询公司中,管理咨询顾问形成了强有力的管理专家集团,通过开展具有独立性和开创性的管理咨询活动,帮助企业经理人做出客观、有利的选择。凭借把专门的管理知识转变为具有高效生产性的能力,管理咨询组织为管理咨询建立了信誉,扩大了咨询服务的应用范围,促进了咨询业的发展。

第二次世界大战后,西方国家先后进入经济发展的新时期,科学技术和工业生产迅速发展,企业规模进一步扩大。20世纪70年代以后,世界经济、科技、社会等方面发生了巨大的变革,高新技术不断涌现,新产品换代加快,企业间竞争加剧,以用户为中心的买方市场逐渐形成,企业经营难度加大,这个复杂多变的市场环境却为咨询服务业的深入发展创造了机会。

传统咨询公司的运作模式一百多年来都未曾改变,即向企业派遣咨询顾问进行问题诊断并给出建议和解决方案。虽然咨询行业利润丰厚,但同样面临发展难题。也就是说,如果一家咨询公司想让收入增长,则需要员工人数增长,因为每个员工能给公司带来的收入基本上是有一个上限的。目前,"四大"(德勤、普华永道、毕马威、安永)、埃森哲和IBM等公司都开始热衷于开发新的产品或工具,或开发新的服务,或提升现有服务的交付速度和质量,以逐渐改变其商业模式。追求大数据、人工智能、区块链等新技术的应用,新产品的开发或由自建的技术团队来实施,或通过收购中小型软件企业或与大型软件公司进行战略联盟的方式来实现,德勤和苹果、普华永道和谷歌、毕马威和微软、安永和Adobe的战略联盟即有此意。

4．我国的咨询服务业

1）我国咨询服务业的现状

由于起步晚、基础弱等原因，我国的现代咨询业与发达国家有着一定的差距。然而，入世后，我国咨询市场一直处于增长状态，成为世界咨询服务市场的重要组成部分。以我国的会计服务为例，随着我国加入 WTO，会计市场也逐步对外开放，随着制度和法律的不断完善，我国会计服务贸易也有很大的提升。中国注册会计师协会（简称"中注协"）公布的会计师事务所的排名，其判断依据也增加到七个维度，分别是年度业务收入、与事务所统一经营的其他专业机构业务收入、注册会计师数量、从业人员数量、分所数量、事务所所属的同一国际会计网络或国际会计联盟的成员数量、最近三年内受到的处罚和惩戒情况。

2）我国咨询服务业的优势

咨询服务业在我国的发展历经了 20 余年。在此期间，国内的咨询公司获得了长足的发展。相对于世界著名咨询服务企业，我国本土咨询服务企业有以下三个方面的优势：

（1）本土化优势。与国外公司相比，我国的咨询公司更了解国内的企业、国情及文化，对国内企业的现状、历史与文化背景要比国外的管理咨询公司理解得更透彻、更全面、更具体。由于对市场信息有着更多的了解，我国的咨询公司也更能有效地与客户沟通，建立稳定的客户关系，所提供的咨询产品往往也更能切合国情，具有更强的可操作性。国外的一些大公司虽然咨询能力强，经验丰富，但由于文化背景及观念的不同，常常对我国的文化方式不能理解，对我国企业的体制和我国的市场感到困惑，提出的方案可操作性较差。

（2）灵活性优势。国外大公司基本上规模都较大，主要咨询对象为一些大型的、管理模式较西方化的企业。它们通常对项目小、价格低的业务不屑一顾。而我国的咨询公司与国外的大公司相比，规模有大有小，对咨询对象的选择较灵活，且主要是针对一些中小型企业的管理咨询；服务的业务内容也较灵活，可以是单一性的，也可以是综合性的。由于我国大部分企业均为中小型企业，因而我国的咨询服务目标具有更大的覆盖面，有利于占据市场上的小空隙。

（3）价格优势。国外知名的咨询机构在我国的收费都普遍偏高，动辄数百万、数千万人民币。当许多大型企业对"洋咨询"怀有神秘感和过高的期待时，这种偏高的报价是能够接受的。但就我国目前的企业管理水平和现有人员的知识结构、执行意识及能力来看，许多高价方案的执行往往无法达到预期效果，咨询产品带来的投资回报率较低。其结果是，"洋咨询"的高价让中国企业难以接受。但是，国内咨询公司比较了解国内企业的现状，知道它们最关心什么，能最大限度地发挥低成本及低交易费用的优势，相对比较务实，要价比较实际，因而在价格上占有较大的竞争优势。

3）我国咨询服务业面临的难题

尽管我国的咨询服务企业有上述三个方面的优势，但同时也要看到，当前我国的咨询服务业也面临一定的困难和瓶颈。

（1）缺乏咨询专业人才和理论。作为知识密集型的行业，咨询企业以渠道信息和管理经验帮助企业，所以专业群体及专家网络就显得非常重要。由于我国咨询业发展历史短暂，发展过程中缺乏人才的积聚，缺少与我国国情相适应的企业经营管理理论和经验的现象变得十分严重。同时，我国咨询机构对咨询人员的培训不够重视，超过 40%的咨询机构没有人员培训计划，即使有培训也缺乏针对性、层次性，高校也没有相应的咨询专业。为解决咨询人才缺乏的问题，首先，应该提高现有咨询从业人员对咨询业的认识，加强对他们的专业培训，这样有利于整个行业的规范化。其次，可以聘用不同专业的高学历、高智商、有实践经验的人才加入咨询行业。最后，在国内咨询业快速发展和人才缺乏的今天，大学应该以市场需求为导向，在信息管理专业中设置相关咨询专业，培养咨询顾问，加强对管理咨询的研究，或在其他非信息管理专业开设咨询选修课，以增加咨询方面的知识。

（2）行业管理亟待规范。西方国家对咨询业的管理途径主要有两个：一是行业协会，二是政府。相对于国外咨询业近百年的发展历史，咨询业在我国还是个新兴行业，国家应对咨询业的发展做出长期的统筹规划，在税收、信贷、投资、规模控制等方面制定优惠政策。另外，国外一些著名的咨询公司（如美国兰德公司）每年都有一大部分研究报告是为美国政府下达的重大课题服务的，这些课题涵盖美国的政治、军事、外交、经济等一系列重大事务的决策。与政府合作所获得报酬和政府的赠金，也是兰德公司收入的主要来源。而我国咨询企业所开展的面对政府的政策咨询服务很少，不能发挥为政府提供决策的作用，因此也得不到政府在政策和财政上的支持。为了让我国的咨询业有一个健康良好的成长环境，应尽快设立和完善咨询行业的管理结构，制定相关的法规。另外，还应建立咨询行业协会和相关的行业监督部门，这样做有利于组织各咨询公司和单位进行技术与经验交流，通过交流达成联合，最终形成统一的行业规范。

（3）企业规模相比世界知名企业过小。在我国咨询机构中，年营业额在 100 万元以下的企业在所有咨询机构中数量较大。但是，数量不代表产业规模，按照国际划分标准，这些咨询企业都属于中小型企业。而且，国内这些中小型企业综合类的服务机构居多，主要限于一些热门领域和行业，无法做到"广"。在一些不太热门的领域，这些咨询企业又无法做到"专"。这样看来，国内咨询企业如果无法形成一定的产业规模，是无法与国外大型咨询公司相抗衡的。在新经济时代，合并是大势所趋。美国的普华公司和永道咨询公司合并成了一家咨询公司，合并后的普华永道在全球 150 多个国家拥有 800 多个办事处。我国的咨询业只有走连横合纵之路，形成一定的产业规模，才能找到相应的生存空间。

8.3 我国的专业服务贸易

8.3.1 我国专业服务开放承诺

不论是发达国家还是发展中国家，为实现全球服务贸易的自由化，都会逐渐对外资开放自己的服务市场。贸易壁垒的降低，以及政府或者专业限制的放松，是对专业服务公司的大量国际扩张有竞争力的解释之一（UNCTC，1988）。鉴于专业服务的特殊性（如法律的特殊政治原因、广告的特殊文化原因），专业服务一般严格受国家或者行业协会的管制（如会计、法律），这制约了专业服务的国际化发展。在 20 世纪 70 年代末恢复律师制度时，我国对从事律师职业没有专门性的要求，也没有建立律师资格考试制度，当时国内很少有律师熟悉国际条约、惯例及外国法律。1992 年以前，我国的法律服务市场处于完全封闭状态，不允许外国法律服务以任何形式进入我国，所以许多外国律师或律师事务所只能以各种隐蔽的形式（如设立咨询公司）在我国开展业务。我国加入世界贸易组织后，反映我国法律服务市场开放程度的标准为我国在 GATS 下对法律服务所做的具体承诺及我国国内的涉外法律服务贸易立法。

（1）法律服务（CPC861，不含中国法律业务）：同绝大多数 WTO 成员一样，我国对跨境交付和境外消费没做任何限制，而是对商业存在——这种现今主要的国际法律服务贸易形式——做出了比较严格的限制；而自然人流动，参照我国对服务贸易做出的水平承诺执行。外国律师事务所只能以代表处的形式提供法律服务。代表处可从事营利性活动。外国代表处的业务范围仅限于下列内容：①就该律师事务所律师允许从事律师业务的国家/地区的法律及就国际公约和惯例向客户提供咨询；②应客户或中国法律事务所的委托，处理该律师事务所律师允许从事律师业务的国家/地区的法律事务；③代表外国客户，委托中国律师事务所处理中国法律事务；④订立合同以保持与中国律师事务所有关法律事务的长期委托关系；⑤提供有关中国法律环境影响的信息；按双方议定，委托允许外国代表处直接指示受委托的中国律师事务所的律师。外国律师事务所的代表应为执业律师，为一 WTO 成员方的律师协会或律师公会的会员，且在中国境外执业不少于 2 年。首席代表应为一 WTO 成员方的律师事务所的合伙人或相同职位人员（如一有限责任公司律师事务所的成员），且在中国境外执业不少于 3 年。所有代表在华居留时间每年不得少于 6 个月。代表处不得雇用中国国家注册律师。

（2）会计、审计和簿记服务（CPC862）：合伙或有限责任会计师事务所只限于中国主管机关批准的注册会计师。允许外国会计师事务所与中国会计师事务所结成联合所，并与其在 WTO 成员中的联合所订立合作合同。在对通过中国国家注册会计师资格考试的外国人发放执业许可方面，应给予国民待遇。申请人将在不迟于提出申请后 30 天以书面形式被告知结果。提供 CPC862 中所列服务的会计师事务所可以从事税收和管理咨询服务，它们不受在 CPC865 和 CPC8630 中关于设立形式要求的约束。

（3）税收服务（CPC8630）：允许设立外商独资子公司。

（4）建筑设计服务（CPC8671）、工程服务（CPC8672）、集中工程服务（CPC8673）、城市规划服务（城市总体规划服务除外）（CPC8674）：允许设立外商独资企业，外国服务提供者应为在其本国从事建筑/工程/城市规划服务的注册建筑师/工程师或企业。

（5）医院服务（CPC9311）：允许外国服务提供者与中国合资伙伴一起设立合资医院，总体数量须符合中国的需要，外资股比不超过 70%，合资医院和诊所的大多数医生和医务人员应具有中国国籍。

（6）医疗和牙医服务（CPC9312）：允许外国服务提供者与中国合资伙伴一起设立合资医院或诊所，设有数量限制，以符合中国的需要；允许外资拥有多数股权；允许持有其本国颁发的专业证书的外国医生，在获得国家卫生和计划生育委员会的许可后，在中国提供短期医疗服务，期限为 6 个月，并可延长至 1 年；合资医院和诊所的大多数医生和医务人员应具有中国国籍。

8.3.2 我国专业服务贸易发展

目前我国的专业服务业发展较落后、专业服务贸易限制水平仍较高、专业服务项目发展不平衡，国际专业服务贸易快速发展给我国的专业服务企业带来了巨大机遇与挑战。我国需要进一步扩大专业服务业对外开放，提高专业服务水平，提升专业服务质量，通过政策引导扶持，逐步培育管理咨询、会计、法律、广告、人力资源等重点专业服务领域的比较优势；同时支持本土专业服务企业扩大跨境服务，积极为我国企业海外投资提供专业服务，培育一批具有全球影响力的专业服务品牌。

1. 推动法律服务双向开放

在商业存在和自然人流动模式下，特别是在商业存在模式下，我国对法律服务的限制水平远远高于全球平均水平。而在跨境交付模式下，则无限制。我国应加大法律服务的开放程度，缩小商业存在与跨境交付模式下法律服务限制水平差距，以促进外资律师事务所的投资，同时在自贸区建设中积极探索中国律师事务所与外国律师事务所业务合作的新机制。

首先，与港澳地区开展法律服务合作试点，如试点港澳律所与内地律所合伙联营，在账户开设、管理模式等领域与司法、外汇、银行等部门协同，创新联营所落地机制。其次，构建与"一带一路"相适应的法律服务机制，建设"一带一路"法律服务创新中心；聚焦项目对接、风险化解和纠纷调解，联动"一带一路"沿线国家和地区的商会及金融、法律、商务中介等服务机构，为"走出去"企业提供投资政策、法律咨询、金融保险、风险防范、信息共享等全方位服务。最后，建立多元化国际商事争端解决机制，即支持律所与法院、仲裁机构、公证处等法律服务机构联动，建立诉讼、仲裁、公证、调解等有机衔接的国际商事多元化纠纷解决机制。

2. 鼓励中外会计、审计企业加强合作

中外会计、审计企业合作的加强，以及服务的跨境交付，增加了我国会计、审计的市场竞争，最终将从溢出效应和竞争效应两个方面提升我国会计、审计企业的管理水平和竞争能力。在会计、审计开放方面，可以考虑适当放宽合资企业合作伙伴资格的限制，降低外资企业进入我国会计、审计服务市场，以及与我国相关企业合作的门槛，以进一步活跃我国服务市场，增强我国会计、审计服务企业竞争力。因而，我国会计、审计企业在具备足够的竞争实力时，就可以考虑通过实施"走出去"战略，突破国外对跨境交付模式下会计、审计服务的贸易限制，推动我国会计、审计服务出口的增长。

3. 开放广告、调查等生产性服务，促进产业发展

广告、调查等生产性服务对产业结构的优化升级具有明显的支撑作用。因此，应该大力发展广告业，鼓励第三方调研机构的发展，引导广告企业加强品牌建设，提升企业价值，提高规模化水平，提高广告业集约化、专业化和国际化发展水平；可在自贸区内加强与外国先进广告企业的合作，利用外国企业的市场资源积极承接国际广告业务，促进广告服务出口。另外，可以通过优惠政策，鼓励境内外企业在自贸区内投资设立市场调查公司，并最终允许国内企业与国外优质企业进行合资与合作。通过向我国市场提供调查服务，一方面有利于减少企业经营中的各种市场风险，提高经济效益，并扩大调查服务进口规模，另一方面可以促进我国市场调查公司评估技术水平的提高，从而带来市场调查服务出口能力的提升和出口规模的扩大。①

---

① 鲍晓华，高磊. 中国专业服务贸易：发展现状、国际经验及政策建议. 外国经济与管理，2014（9）.

本章小结

1. 专业服务贸易是指国家之间专业服务的交换。它涉及的范围广泛，类型多样，是随着科技进步和经济生活专业化、国际化的发展而兴起的一个新兴服务贸易领域，有着广阔的市场前景。WTO 把专业服务贸易列为商业服务贸易的一种，有跨境交付、境外消费、商业存在和自然人流动四种提供方式。

2. 国际法律服务贸易概念有广义和狭义之分。法律服务贸易大多数是以服务提供的第一种模式（跨境交付），或者是通过第四种模式（自然人流动），或通过总部设在外国的法律事务所，以雇员或者合伙人的身份临时居留的方式进行的。由于服务提供者发现设立商业存在费用相当高，而且难度较大，所以以永久居留的方式移居海外（模式三或者模式四）的律师数量相当少。

3. 国际咨询是指咨询机构在国际间运用其成员的知识和技术向决策者提供一种特殊的劳务，以帮助决策者找到解决各种复杂问题的办法。咨询服务业是以知识和技术为手段，以协助客户解决复杂的决策问题为目的，向社会提供智力服务的行业。咨询服务业是随着社会经济发展而迅速成长的知识密集型产业。从目前情况来看，从事管理咨询行业的包括以下 8 种类型，即会计咨询公司、IT 公司、跨国咨询公司、独立咨询公司、保险精算公司、认证公司、以商学院为基础的咨询活动及个体咨询从业者。

4. 目前，我国在多边和区域经济合作中积极参与和推动专业服务自由化，但我国专业服务业发展较落后、专业服务贸易限制水平仍较高、专业服务项目发展不平衡，国际专业服务贸易快速发展给我国专业服务企业带来了巨大的竞争与挑战。我国需要进一步推进内地专业服务开放，以开放促改革，以竞争促发展，提高专业服务竞争力，促进专业服务贸易健康发展，推动产业结构转型与经济升级。

复习思考题

1. 请以某专业服务贸易部门为例，列举 GATS 规定的四种提供方式下的经济活动。
2. 简述国际法律服务贸易壁垒。
3. 简述国际市场上咨询机构的种类。
4. 分析制约我国专业服务贸易发展的因素。

第 9 章　国际服务外包

学习目标

本章介绍服务外包相关概念和知识，概括世界和主要经济体的服务外包发展现状，阐述我国服务外包发展历程、特征和趋势。

要求：
- 掌握服务外包的概念、内容与特征
- 了解主要经济体的服务外包发展特点
- 熟悉我国服务外包发展现状及特征

思政目标

在数字经济时代，服务外包产业数字化、智能化转型已是大势所趋。数字化推动了我国服务外包的进一步发展。本章分析我国大力发展服务外包的必要性，以及打造"中国式"服务外包品牌核心竞争优势的具体措施。

9.1　国际服务外包概述

随着全球经济的深入发展和产业结构的不断升级，世界服务贸易结构已发生了很大变化。信息技术浪潮与大数据时代促使服务外包逐渐成为服务贸易的重要形式。在全球价值链战略推动下，越来越多的企业集中内部优势资源全力发展自身的核心业务，通过整合利用企业外部优势资源的方式将价值链上的非核心业务外包，专注自己的核心竞争优势，实现降低成本，优化升级，提升核心竞争力，向价值链中高端延伸。

9.1.1　服务外包与国际服务外包

国际服务外包的供需双方形成的是一种新型的战略合作伙伴关系和服务供应链管理方式，明确国际服务外包的定义是拓展国际服务外包业务的关键。

1. 服务外包的定义

"外包"一词首次出现在加里·哈默（Cary Hamel）和普拉哈拉德（C. K. Prahalad）于

1990 年发表在《哈佛商业评论》上的"企业的核心竞争力"一文中。文中提出"外包是企业在内部资源有限的情况下,整合利用其外部专业化资源,以达到较低成本、提高效率、培养自身核心竞争力的目的,并增强企业对环境应变能力的一种新型经营管理模式"。美国外包问题专家迈克·柯贝特(Michael Corbett)将外包定义为,大企业或其他机构将过去自身从事的工作转移给外部供应商。经济学家贝赞可(Besanko)等人认为,很多传统功能由外部承包商来完成,传统功能不仅要通过内部进行协调,还要通过维持长久联系纽带的供应商和销售商等进行外部协调。

"外包"(Outsourcing)一词的英文本意是"从外部寻找资源"。它根据业务领域的不同分为制造业外包和服务外包两大类。制造业外包亦称蓝领外包,是企业将生产过程中非核心生产业务或加工方式外包给外部生产企业承担,发包企业专注核心生产业务,以降低生产成本、提高经济效益。服务外包亦称白领外包,是企业将价值链中原本由自身提供的非核心业务外包给外部专业服务提供商完成的经济活动。外包的理念随着经济的发展也在不断演化。通过探讨全球产业分工可以发现,外包的含义发展与全球产业转移的不同阶段息息相关:第一阶段,发达国家转移制造业,紧接着是制造业外包;第二阶段,服务业的转移和服务外包几乎同期发生,服务外包逐渐成为服务业转移的主要方式;第三阶段,跨国公司利用发展中国家的人力资源,向其转移研发部门;第四阶段,跨国公司转移地区总部。全球经济一体化及产业转移的全球变化推动了外包的发展,包括服务外包的发展。

> **知识小卡片**
>
> **《商务大辞典》对"服务外包"的定义**
>
> 管理学权威工具《商务大辞典》对服务外包的概念进行了标准化的论述:服务外包通常依据双方议定的标准、成本和条件合约,把原先由内部人员提供的服务转移给外部组织承担。传统的服务外包领域包括法律服务、运输、餐饮和保安服务等,正在增长的领域包括 IT 服务、培训、公关等。

2. 国际服务外包的定义

当"服务外包"被当作一种国际服务贸易时,它就具有了"国际服务外包"的性质。国际服务外包是现代服务业和国际服务贸易的重要组成部分,是全球产业分工合作的新型商务模式。国际服务外包是企业将非核心业务通过合同形式分包给境外其他企业承担的经济活动。国际服务外包是以"离岸"提供的形式进行的。

9.1.2 国际服务外包的内容

国际服务外包的内容包括信息技术外包(Information Technology Outsourcing,ITO)、业务流程外包(Business Process Outsourcing,BPO)和知识流程外包(Knowledge Process Outsourcing,KPO)三类。

1)信息技术外包

ITO 是指服务外包商以合同的方式委托信息技术服务外包提供商向企业提供部分或全部的信息技术服务功能,主要业务范围有三大类:

（1）系统操作服务，包括银行数据、信用卡数据、各类保险数据、保险理赔数据、医疗体检数据、税务数据、法律数据的处理与整合。

（2）系统应用服务，包括信息工程及流程设计、管理信息系统服务、远程维护等。

（3）基础技术服务，包括技术研发、软件开发设计、基础技术或基础管理平台整合或管理整合等。

2）业务流程外包

BPO 是指企业将自身基于信息技术的业务流程委托给专业化服务提供商，由其对指定业务进行管理、运作和维护，主要业务范围包括三大类：

（1）企业内部管理服务，即后勤服务、人力资源服务、工资福利服务、会计服务、财务中心、数据中心及其他内部管理服务等。

（2）企业业务运作服务，即为客户企业提供技术研发服务、销售及批发服务、产品售后服务、售后电话指导、维修服务及其他业务流程环节的服务等。

（3）供应链管理服务，即为客户企业提供采购、运输、仓库/库存整体方案服务等。

3）知识流程外包

KPO 作为 BPO 的高端业务类型，相比一般的服务外包具有高附加值和高利润率的特点，是外包企业的业务服务内容沿着价值链条向高端领域的不断延伸，进而进入基于知识型的、侧重流程创新、市场研发和业务分析为主的领域。具体业务范围包括专业策划服务、知识产权服务、专业培训服务、政策法规调研等。其他服务项目包括：知识产权研究，股票、金融和保险研究，数据研究、整合和管理，分析学（数据分析学/分析学）和数据挖掘服务，人力资源方面的研究和数据服务，业务和市场研究（包括竞争情报），工程和设计服务，设计、动画制作和模拟服务，辅助律师的内容和服务，医学内容和服务，远程教育和出版，医药和生物技术，研发（IT 和非 IT 领域），网络管理，决策支持系统。

> **知识小卡片**
>
> **BPO 与 KPO 的差异**
>
> BPO 与 KPO 之间的差异在于，BPO 业务仅仅是照章办事，如服务业中的呼叫中心和软件产业中的系统服务；而 KPO 业务可以创造价值，如制造业中的设计服务和服务业中的专利检索与人力资源管理。这也导致了两者之间的第二个差异，即 KPO 业务对于供应商的人员素质要求远远高于 BPO 业务。BPO 业务可以由经过短期培训的业务人员完成，KPO 业务则只有高素质的或经过正规教育的专业人员才能完成。

9.1.3 服务外包的类型与特征

1. 服务外包的类型

服务外包是外包的一种类型。服务外包按照不同的分类标准主要有以下几种分类。

1）按承接商的地理分布分类

按服务外包承接商的地理分布，可将服务外包分为三类：境内服务外包、离岸服务外包和近岸服务外包。

（1）境内服务外包（Onshore Service Outsourcing），又称在岸服务外包，是指服务外包的承接商与发包商来自同一个国家或地区，因而服务外包工作在一国（或地区）境内完成的外包方式。境内服务外包通常是代表国内制造企业的服务外包，其作用主要是在货物生产和其他服务投入过程中保持企业的服务优势，使制造企业在市场上保持竞争地位，即在上游（如可行性研究、风险资本、产品概念设计、市场研究等）、中游（如质量控制、会计、人事管理、法律、保险等）和下游（如广告、物流、销售、人员培训等）活动中，保持"上游"、"中游"和"下游"三个阶段的服务优势。境内服务外包范围十分广泛，涉及服务、人力资源管理、金融、保险、会计、物流、研发、设计等众多领域，是通常意义上生产性服务业的重要组成部分。

（2）离岸服务外包（Offshore Service Outsourcing），是指服务外包的发包商与承接商位于不同的国家或地区，服务外包工作须跨境完成的外包方式。离岸服务外包是企业充分利用国外资源和企业外部资源进行产业转移的一种形式，主要是跨国公司利用发展中经济体的低成本优势将服务外包给发展中经济体。近年来，作为全球外包业务集中市场的美国、欧洲、日本等发达经济体，与教育水平较高而工资水平较低的印度、爱尔兰、菲律宾和俄罗斯等国家之间的离岸服务外包业务正在蓬勃发展。据麦肯锡环球研究所估计，西方公司每向海外转移 1 美元业务，就能降低成本 58 美分，同质同量的服务外包可以平均节省服务费用 65%～70%。

（3）近岸服务外包（Nearshore Service Outsourcing），是指服务外包的承接商与发包商来自邻近的国家或地区，服务外包工作须跨境完成的外包方式。近岸国家可能会讲同样的语言，在文化方面比较相似，并且提供了某种程度的成本优势，因此服务外包发包商会选择来自邻近国家或地区的承接商。

境内服务外包和离岸服务外包具有许多类似的属性，同时也存在很大差异。境内服务外包更强调核心业务战略、技术和专门知识、从固定成本转移至可变成本、规模经济，重价值增值甚于成本减少；离岸服务外包则主要强调成本节约、市场占有、熟练技术劳动力的可用性，注重利用较低的生产成本来抵消较高的交易成本。在考虑是否进行离岸服务外包时，成本是决定性因素，技术能力、服务质量等因素次之。

2）按服务的性质分类

按照服务的性质，可将服务外包分为两类：生产与消费同时型服务外包、生产与消费非同时型服务外包。

（1）生产与消费同时型服务外包是指生产与消费同时进行的服务外包。呼叫服务是这种类型的典型代表。

（2）生产与消费非同时型服务外包是指服务的生产与消费在时间上是分开的服务外包，一般是先生产后消费。软件开发、研究与设计是这种类型的代表。

3）按外包方式分类

按外包方式，可将服务外包分为两类：整体服务外包与分项服务外包。例如，某个芯片生产公司，除芯片制造这个核心业务由自己完成外，非核心业务均外包，包括人力资源管理、办公室文案、财务会计及库存管理等；这些服务项目既可以整体包给某一个公司，也可以分项包给多个不同的公司。前者称为整体服务外包，后者称为分项服务外包。相比分项服务外包，整体服务外包要求发包商资金雄厚，有承担风险的能力。

4) 按外包业务类型分类

按照不同的服务外包业务类型，可将服务外包分成财务外包、研发外包、人力资源外包、物流外包、营销外包、专业服务外包、信息技术外包等。企业将财务、研发、人力资源、物流、营销、专业服务、信息技术等外包给外部更优秀、效率更高的机构或企业，可以达到降低成本、增强效率、提高质量的目的。

2. 服务外包的特征

人工智能、大数据、云计算、互联网+等新兴技术的快速发展，成为服务外包新的增长点，并呈现出新特点。服务外包不再只追求低成本，而是通过新一代信息技术与传统产业的有机融合，更加注重效率和价值的提升。服务外包的特征具体表现为，服务分工精细化、服务供给长尾化、服务层次核心化、服务外包离岸化、服务水平高端化。

1) 服务分工精细化

服务外包属于企业产品（物品和服务）链条中某个区段或环节内分工的外包，是专业化分工协作进一步精细化和向纵深发展的表现。其特征为，微观企业为了实现利润最大化，将产品生产过程包含的不同服务种类、区段和流程，拆散分布到相同或不同空间、地区的不同服务企业中来完成。该行为不仅在理论上打破了服务不可贸易的魔咒，还从宏观层面上形成了服务业专业分工从行业分工、服务产品分工向工序、区段和环节分工转化的新格局，也形成了更加精细化的服务分工新体系。把服务项目交给他国企业来完成的新服务外包运作方式，已成为国际服务贸易分工中的新亮点。

2) 服务供给长尾化

服务外包的接包方可能会把其中一块或多块业务转包给第二个服务企业，第二个接包企业也可能把部分业务分给第三个乃至第四个企业，以此衍生出服务外包业务环环相扣的一级接包方、二级接包方、三级接包方和四级接包方等多级接包主体结构。由于多级接包企业可能分布于不同地区，甚至不同国家，使服务供给链条从一个地区向另一个地区、从一个国家向另一个国家延伸，导致了服务外包的长尾化。服务供给长尾化是服务外包全球化的表现，它使发包企业生产经营链条中的投入产出关系在组织结构空间分布上形成了纵向化链式结构。相应地，一种产出过程所实现的价值增值也拓展成了价值链式结构，显现出长尾化趋势。

3) 服务层次核心化

现代服务外包已经摆脱了传统服务外包只发包企业非核心服务业务认识上的束缚，除将诸如餐饮、电脑修理和简单的打字复印发外包外，也把一些核心关键性服务业务发包出去，从而使服务外包业务在发包企业的业务位置和受关注程度上发生了深刻变化，如国际汽车业巨子雪佛兰和国内汽车业新秀奇瑞都曾把车型设计委托给外部设计厂商，宝洁、英国石油公司也把财务会计、人事管理等部门职能不同程度地转移给埃森哲服务厂商。

4) 服务外包离岸化

现代服务外包的发展还呈现出国际化趋势，大量的服务业外包由在岸（On-shoring）向离岸（Off-shoring）发展。国际服务外包把地理位置分散、信息资源互补的国家和区域联系到一起，是深化国际产业分工、优化产业结构的重要手段。进入 21 世纪以来，不仅全球服务业离岸外包规模迅速扩大，业务外包领域也已从软件、信息技术服务、医药等高技术行业延伸到商业流程、供应链管理等服务链条的各个环节。不同行业、不同规模的企业都将服务离岸外包作为国际化的重要战略加以实施。基于服务业高附加值的特点，这种由国内到国际的空间拓展，促使跨国公司大量配置国际服务业资源，提高了产业利润。与此同时，离岸外包交易方式也在不断拓展。传统的外包方式大多限于甲、乙双方之间，即乙企业承接甲企业产品，负责生产加工并向甲企业交货。如今，由于承包商的规模不断扩大，承接外包服务的渠道增多，大规模的总承包商会更多地进行转包、分包，使得外包业务链条不断扩展。

5）服务水平高端化

服务外包属于广义的服务业，早在亚当·斯密时期，现代意义上的传统服务外包就已经存在。但是，引起理论界广泛关注的是，20 世纪 80 年代以后伴随着 IT 产业大发展而出现的以新技术、新业态和新服务方式为表现形式的，属于现代高端服务业重要组成部分的现代服务外包。它具有信息技术承载度高、附加值大、资源消耗低、环境污染少、高知识品位、吸纳大学生就业能力强、国际化水平高等特点。由于现代服务外包与 IT 产业的发展紧密相连，现代服务外包也被称为基于信息技术的服务外包。从外包对象上看，信息革命成果的商业性普及推广，使 IT 服务及软件生产成为现代服务外包的主要对象，知识含量高的人事管理、财务会计、研发设计等也成为服务外包的内容，发达国家大型企业节能减排管理也呈现外包化。新兴 IT 服务和流程外包已形成数以千亿美元的市场规模，并以高于 GDP 的增长速度显著上升。

9.1.4 国际服务外包效应

国际服务外包效应包括宏观经济效应、贸易投资效应、就业收入效应、技术创新效应四大效应。

1）宏观经济效应

对发包方（发达国家）而言，服务型跨国公司利润的增加，有助于降低通货膨胀、提高生产率，同时还能刺激企业和消费者的支出、活跃本国经济、形成辐射效应。

对承包方（发展中国家和地区）而言，国际服务外包的发展有助于其自身服务业水平和竞争力的提高，还会促进服务出口，有利于出口导向型行业的发展。当然，应该注意的是，发展中国家在承接发达国家的服务外包时大多承包的是非核心技术服务，其业务或流程处在价值低端。

2）贸易投资效应

作为服务产品的跨境交易，国际服务外包加深了全球化分工，扩大了服务进出口市场，一定程度上改变了国家间的传统贸易模式。国际服务外包的出现和迅速发展不仅促进了发包方的国际服务贸易，同时大大提升了承接国家或地区的服务贸易竞争力和发展水平。

国际服务外包的投资效应主要体现在两个方面：就承包方而言，服务外包会吸引投资流入，进而推动本国或本地区的产业扩张；就发包方而言，发达国家跨国公司可以降低成本，提高效率，集中力量发展自身竞争力更强的核心业务。

3）就业收入效应

国际服务外包增加了承包方的劳动力需求，为其提供了更多的就业机会，尤其是在劳动密集型的外包领域中，如餐饮业、物流业。国际服务外包可以提高发包方（跨国公司）的生产效率和核心竞争力，反过来促使企业购买新设备和扩大规模，从而增加就业机会。

4）技术创新效应

国际服务外包可以刺激发包方进行服务创新。通常情形下，发包方只是将劳动密集型服务和高新技术服务中属于低技术密集型的部分对外发包，而在国内集中进行具有竞争力的技术创新和附加值更高的服务创新。

对承包方而言，发包方优质的技术和管理要素通过诸多形式扩散到承包方，加快了承包方国家或地区的技术进步。同时，服务业的技术外溢效应更大，承包方更容易学习发包方的先进技术和管理经验。

9.2 主要经济体的服务外包

随着全球工业化水平的逐步提高，市场对高技术产品的需求快速增长，而与生产活动配套相关的高附加值的服务活动也日益重要。然而，高附加值的生产性服务业内包往往要求企业具有较强的资本及人才储备，这在市场瞬息万变的今天，潜在的风险越来越大，服务外包正是在这种情况下不断发展的。观察世界范围内的服务外包活动，不难发现一些共性及动态趋势。

9.2.1 世界服务外包总述

世界服务外包具有以下五大特点：

（1）规模迅速扩大，区域化分布显著。全球服务外包市场形成了以美国、欧洲、日本等发达经济体为主体的离岸服务外包发包国，以印度、中国、菲律宾等亚洲国家和中东欧、爱尔兰等国家和地区为主体的离岸服务外包承接国的格局。这一市场格局为发达国家和发展中国家的经济发展带来了新的空间和机遇。

（2）由价值链低端向高端发展，KPO业务兴起。当BPO发展到成熟阶段时，外包的内容就逐渐从低端通向高端，智力、知识的作用日益突出，KPO的外包模式应运而生。KPO越来越成为服务外包行业内新的经济增长点，也代表着未来服务外包业的发展趋势。

（3）外包内容从非核心业务向核心业务转变。全球经济的迅猛发展，使得社会分工越来越细，部分企业需要强大的科研开发能力与人力资源储备支撑核心业务，而发展中国家的飞速发展已具备了成本优势和人力资源优势，以及良好的制度与法规政策倾斜等，此时企业将非核心业务外包扩展为将核心业务也分包出去，极大地缩小了产品生命周期。

（4）反向外包渐成趋势。所谓反向外包，就是服务外包提供商在发包企业所在的国家或地区建立子公司或离岸中心，以寻找发包客户，开拓市场。通过反向外包，服务提供商在本土以外建立离岸中心或外包基地，吸引当地的优秀员工并开辟新市场，进一步扩大其实力，以成长为具有全球竞争力的服务型跨国公司。

（5）信息技术推动服务外包改革。在大数据、云计算、区块链、移动互联网为代表的新技术变革下，技术模式、服务模式、运营交易模式、交付定价模式、商业模式等都将发生颠覆性变化，这将推动服务外包企业在技术创新、人力资源、商务模式等方面增加投入，形成新的服务外包业务内容、业务流程和交付模式，为服务外包产业发展提供新的动力。

9.2.2 美国的服务外包

美国是全球最主要的离岸服务外包发包国，长期处于领先地位。美国企业真正开展业务外包是在 20 世纪 80 年代以后，最早、最著名的外包事件是柯达公司的服务外包。目前美国 90%的公司至少将一项企业业务外包，最主要的目的在于降低成本。2020 年，世界排名前七的软件外包商中有六家来自美国，它们是 IBM、甲骨文公司、微软、埃森哲、惠普、雅虎。只有排在第五的是来自德国的 SAP，该公司是用户/服务器商业应用领域世界领先的供应商。

> **知识小卡片**
>
> **柯达的"服务外包"**
>
> 1989 年，柯达公司将信息部门的管理、运营、维护统一委托给了 IBM 等两家公司。当时柯达面临计算机设备投资的增加和从自动相机领域撤出等问题，在解决这些问题时柯达选择了部分业务外包。柯达与 IBM 的契约为 10 年，合同总额达 10 亿美元。柯达在实行业务外包的同时，将计算机设备出售给 IBM，将信息部门的 350 名员工也转籍到 IBM。这些措施使柯达信息部门的计算机关联投资减少了 90%以上，年运营成本降低了 20%。这个历史性的业务外包事例被称为"柯达效应"，它也引发了之后的业务外包潮。

美国企业通过国际服务外包，将部分业务转移至印度、中国、马来西亚、菲律宾等亚洲国家和墨西哥等拉美国家，利用承包国政府支持、人才数量和质量优势、市场潜力、文化背景等有利条件，寻求最低成本、追逐最大利润。从长远看，服务外包将降低美国国内通货膨胀的风险，改善经济环境，促进投资。此外，美国企业在发包选择时充分考虑了出口管制改革、数据隐私保护、移民政策等因素。

具体来说，美国离岸服务外包市场具有以下特点：①全球化资源配置。美国服务外包发展相对成熟，拥有世界上最先进和最完善的服务外包产业链。美国很多大型企业具有很强的全球化资源配置能力，在全球范围内设立分支机构或选择服务供应商，通过跨国公司的全球化运作，充分利用世界各地的资源，特别是人力资源的优势，优化配置资源，如 IBM、波音等企业。②服务外包管理体系完善。美国发包方拥有成熟的供应商选择标准和信用评价体系、服务外包流程管理机制、软件外包成熟度评估模型等管理体系，可以帮助服务外包接包方完成从需求分析、服务流程设计、外包服务提供和管理等全过程的服务。此外，咨询机构每年都会发布全球服务外包领域的研究报告，对产业进行跟踪研究和趋势判断，对发包商提供完善的咨询服务。

9.2.3　欧洲的服务外包

欧洲的服务外包支出额居全球第二位。欧洲企业要在全球经济中展开竞争，就需要更强的扩展能力和可盈利能力，这便产生了打碎传统垂直整合经营模式的一般趋势，整体的外包业务呈现积极态势，近几年欧洲服务外包市场更是飞速发展。基于语言和文化、人才数量和成本、创新能力、信息安全、地理相近等因素的考虑，近岸服务外包是EMEA地区（欧洲、中东和非洲地区）服务外包市场的主要方式。英国、德国、法国、奥地利、瑞士是该地区主要的发包国家，印度、东欧、爱尔兰、中国等国家和地区是该地区主要的发包目的地。

具体来说，欧洲服务外包市场具有以下特点：①离岸服务外包市场规模增长明显。由于发展中国家劳动力的知识技能水平不断提高，与西欧文化融合度不断加强，离岸外包发展良好，尤其是IT服务外包规模较大。②以"近岸转移"交易模式为主。欧洲各国之间业务往来频繁，分工更加细化，近岸服务外包发展迅速，其主要原因是地理上相近的国家间在教育、文化和经济上具有趋同性，可以有效降低服务外包双方的沟通和交易成本。③西欧与中东欧IT服务关系较强。欧洲主要发包国集中在英国、德国、荷兰、芬兰、丹麦等国家，中欧、东欧和北非地区为主要接包国。④注重较长期的战略合作。欧洲企业外包往往将更为重要的研发部分外包出去，外包订单的期限也更长，以构建更具战略性的合作。⑤成本和人才是外包的主要动因。西欧各国劳动力资源匮乏，离岸服务外包为其提供了人员补充，利用外包模式可有效降低运营成本。

9.2.4　日本的服务外包

日本是全球第三大离岸发包市场。基于成本、人才、语言、市场、信息安全、文化相容、接包地政府政策、企业发展战略等因素的考虑，日本服务外包业务主要发包至印度、中国、马来西亚、菲律宾、泰国等亚洲国家。日本离岸外包业务主要在信息服务和软件产业领域，大多是对接包方依赖性较弱的应用软件开发外包，合同期较短，比较容易转移回国内。近年来，日本国内经济政策和政治因素对离岸发包产生了一些消极影响。

具体来说，日本服务外包市场具有以下特点：①优化的服务外包模式。作为总接包商的日本企业，它们只将技术含量和附加值较低的低端业务外包给发展中国家。②企业大多具有离岸发包经验。③发包企业重视在国外设立研发机构。④成本和人才是离岸服务外包的主要动因。大多数日本企业是为了削减成本而采用离岸服务外包的，有的企业则认为实施离岸服务外包是为了"弥补日本人才的不足"。

9.2.5　印度的服务外包

印度是国际服务外包的主要承接国，积累了很多成功经验。印度服务外包始于20世纪90年代。当时，一些全球性公司为降低成本、提高生产效率，尝试将后台业务集中化处理并转移到低成本国家，如渣打银行全球共享服务中心、通用电气等相继将后台中心转移至印度。之后，上述公司前台业务也向印度转移。20世纪90年代初，印度实施全面的自由化经济改革，印度政府开始对软件产业及软件外包、服务外包产业给予全面的政策支持,服务外包产业获得了迅速发展的机会。印度服务外包产业的发展经历了以下四个阶段:第一阶段(20世纪90年代初—1998年),服务外包业务主要集中在为大型金融、保险等公司提供数据录入、呼叫中心等后台服务;第二阶段(1998—2000年),后台服务范围延伸,部分前台业务也陆续转移到印度;第三阶段(2001—2004年),外包业务领域扩张,从简单录入扩张到高端研发、分析功能,服务外包内容呈复杂化和高端化;第四阶段(2005年至今),印度外包承接商开始并购某些欧美公司。经过近二十年的发展,印度的外包产业迅速发展起来。就印度居领先地位的BPO而言,印度服务企业正逐渐在美国开设分支机构或采取并购方式,为当地创造就业机会,并形成了一种反向外包趋势。

印度服务外包具有竞争优势主要表现在以下几个方面:①人力资源优势。这是服务外包产业保证竞争力的根本因素之一,印度的英语教育体系培训出来的大量优秀毕业生是服务外包企业赖以成功的基础,而相对低价的人力成本是印度外包企业的竞争力所在。印度拥有600多万名专业人士从事软件开发设计,从事调查、分析等高端业务人员大都具备硕士以上学历。印度政府强调职业教育与实践紧密结合,形成了多层次的人才培养体系和较合理的服务外包人才结构。②与西方相近的文化和制度。印度曾是英国殖民地,受英国文化影响深远,拥有与欧美相近的政治制度、法律制度、教育文化体系和商业规则,服务外包从业人员的能力和诚信意识在国际上赢得了良好口碑。③企业国际化程度较高。印度知名外包企业众多,并纷纷在境外成立离岸交付中心,派出大量印度员工到接包国提供服务。依托充足的人力资源、低廉的人力成本、优惠的产业政策和完善的知识产权保护制度,印度始终保持着全球最大的离岸接包国地位。其他诸如政府鼓励产业发展、法律法规与国际接轨等措施也保障了印度服务外包产业得以持续发展。

9.3 我国的服务外包

我国服务外包产业对国民经济和社会发展的贡献稳步增大,在实施创新驱动战略和提高对外开放水平中的重要作用进一步提升,逐步成为新时代生产性服务业和对外贸易高质量发展的新引擎。

9.3.1 我国服务外包的发展历程

我国服务外包从无到有,规模不断扩大,领域逐步拓宽,业务范围主要涉及电子信息产业、生产性服务业及文化创意产业,服务对象涉及日本、韩国、欧洲、美国、印度等国家和地区。在全球服务外包市场分布中,我国所占市场份额还比较小。在国家加快推动经济转型的战略指引下,服务外包产业将随着服务业的整体发展而得到不断提升。

在国家政府部门一系列支持政策、宏观经济快速发展、技术进步,以及国内企业外包需求和承接外包能力因素的推动下,我国外包服务行业发展十分迅速,外包在全球服务外包市场占据重要地位。《中国外包品牌发展报告2019》显示,2010年中国国际服务外包业务规模占全球服务外包市场比重约达17%,跃升为第二大全球服务外包承接国。据商务部统计,2021年我国服务外包产业继续保持较快增长,全年承接离岸服务外包合同额首次突破1万亿元人民币(币种下同),实现了"十四五"的良好开局。从产业规模看,2021年我国企业承接服务外包合同额达 21341 亿元，执行额达 14972 亿元，同比分别增长 25.4% 和 23.6%。其中，承接离岸服务外包合同额首次突破 1 万亿元，达到 11295 亿元，执行额达 8600 亿元，同比分别增长 16.0%和 17.8%（以美元计算，2021 年承接服务外包合同额为 3224 亿美元，执行额为 2265 亿美元，同比分别增长 30.9%和 29.2%。其中，承接离岸服务外包合同额为 1717 亿美元，执行额为 1303 亿美元，同比分别增长 22.3%和 23.2%）。从国际市场看，我国承接美国、欧盟离岸服务外包执行额分别为 1994 亿元和 1154 亿元，同比分别增长 28.6%和 18.6%。我国承接"一带一路"国家离岸服务外包合同额达 2261 亿元，执行额达 1616 亿元，同比分别增长 25.7%和 18.7%。

9.3.2 我国服务外包发展的特征

我国的服务外包起步较晚，但发展迅速。通过不断增强企业研发创新能力和国际接包能力，在保障原有的美国、日本等国服务外包市场外，我国积极开拓欧盟、"一带一路"沿线、新兴经济体等国际市场，有效降低外部不确定性因素的影响，离岸服务外包实现较快增长。具体来讲，我国的服务外包发展具有以下几个特征。

1）主要以信息技术外包为主，外包形式逐渐多样化

纵观服务外包在我国的发展状况，我国大部分企业选择软件外包和基于信息技术的业务流程外包作为提供服务外包的主要方式。除东软集团、浪潮集团等为代表的较大软件外包接包商外，我国还有多家规模大小不等的软件外包接包商，这些企业带动了我国服务外包产业的发展。

2）业务流程外包和知识流程外包逐渐兴起和发展

在全球服务外包浪潮的推动下，加之跨国公司纷纷入驻我国，我国发展业务流程外包的成果比较显著。除 ITO 和 BPO 外，随着服务外包方式向其他行业的不断渗透和国际跨国公司服务外包业务需求的不断增长，我国还出现了像金融、保险、财务、法律、人力资源管理等服务外包方式，并且形成了一定规模的服务外包市场。我国很多软件企业还通过与外资公司合资合作，利用外资公司雄厚的技术实力、强大的品牌优势及丰富的国际市场资源和经验，开拓服务外包的国际市场，如中软、浪潮、创智等公司同微软等大公司结为合资伙伴。

此外，以数字技术为代表的新一代科技革命蓬勃发展，推动服务外包产业新业态、新模式不断涌现。近年来，先进制造业与现代服务业的融合加深，承接委托研发、设计业务增长，以知识为核心要素的服务外包占比不断提高，呈现出知识流程外包比重持续上升、信息技术外包逐渐下降、业务流程外包保持稳定的发展趋势。据商务部统计，2021 年我国企业承接离岸信息技术外包、业务流程外包和知识流程外包的执行额分别为 3631 亿元、1308 亿元和 3661 亿元，同比分别增长 13.3%、11.1%和 25.3%。

9.3.3 我国发展服务外包的措施

世界服务外包发展面临巨大挑战。一方面，服务外包产业竞争加剧。美欧等发达经济体运用资本、技术、管理等优势，加强对全球范围内资源配置的掌控能力；新兴经济体纷纷将服务外包作为战略重点，加入全球服务市场竞争中。另一方面，保护主义等负面影响

增加了服务外包的风险,给全球服务市场发展带来更大的不确定性。尽管我国在服务外包业的发展上面临诸多问题,但我国自身的优势和潜力巨大。尤其是同印度、爱尔兰等国际领先外包地相比,我国具有人才和成本优势,以及不断增长的国内 IT 服务市场、高质量和大规模的基础设施、大规模的制造业基础、已有大量服务型跨国公司进入我国市场等优势。

为推动我国服务外包发展,打造"中国服务"品牌的核心竞争优势,可采取以下措施:

(1) 制定服务外包产业发展的战略规划。作为后起国家,我国应当积极吸取先行国家的发展经验和教训,加强对我国服务外包业的战略规划,实现统筹发展,少走弯路;同时推动服务外包与国内需求、货物贸易及双向投资协同发展,形成离岸、在岸外包齐头并进的新局面,促进服务外包规模增长、结构优化、价值链地位提升。

(2) 扶持服务外包产业。除对软件外包业的支持政策外,我国还应出台对商业流程外包业的鼓励政策。同时,为了促进承接离岸国际业务的发展,我国还应大力加强对知识产权和数据安全的保护,不断细化相关的法规条例,以此打消海外发包商的顾虑。考虑到我国服务外包产业仍属于新兴产业,政府还应当加大融资上的支持。除以上各方面的配套政策外,还应为服务外包企业提供共性技术支撑,大力建设云服务、检验检测、统计监测、信息共享、品牌建设推广、人才培养和引进、贸易促进、知识产权等公共服务平台。

(3) 鼓励服务型跨国公司投资。我国应大力引进国外先进的服务外包提供商,鼓励其来华设立服务外包企业,以此带动我国服务外包整体水平的提升。目前,一些知名跨国公司已纷纷在我国设立了外包基地,如美国的惠普公司、印度的塔塔咨询公司等。

(4) 培养一支专业人才队伍。由于全球服务业外包涉及 IT 服务、人力资源管理、金融、保险、会计、服务、研发、产品设计等众多领域,对人才素质要求较高,我国应当根据外包产业的发展需求,积极改进人才培养方式,解决人才不足造成的"瓶颈"问题,建立全国性服务外包人才保障体系。

(5) 鼓励本土外包服务企业的发展。我国本土服务外包企业的总体实力不强,与行业领先者相比,无论在规模还是在人员素质上都有不小的差距。针对这些差距,我国可以通过兼并、参股、战略合作和联盟等资本运作方式,加快提升自己的实力。同时,加大技术创新力度,积极拓展国际市场,提升国际市场份额,为我国"走出去"的企业提供云服务。总之,只有本土企业得到较大发展,我国的服务外包产业才能真正提高竞争力。

本章小结

1. 外包含义的发展与全球产业转移的不同阶段息息相关:第一阶段,发达国家转移制造业,紧接着是制造业外包。第二阶段,服务业的转移和服务外包几乎同期发生,服务外包逐渐成为服务业转移的主要方式。第三阶段,跨国公司利用发展中国家的人力资源,向其转移研发部门。第四阶段,跨国公司转移地区总部。产业转移的全球变化推动了外包发展,包括服务外包的发展。

2. 按照服务外包承接商的地理分布,可将服务外包分为三类:境内服务外包、近岸服务外包和离岸服务外包。各类定义性质各有不同。其中,近岸服务外包和离岸服务外包均属国际服务外包。

3. 服务外包主要分为信息技术外包（ITO）、业务流程外包（BPO）和知识流程外包（KPO）三类。其中，ITO 是指向客户提供软件开发和信息技术服务，BPO 是指向客户提供物流、采购、人力资源、财务会计、客户关系管理、其他管理或面向消费者的业务功能等服务，KPO 专注于诸如知识产权管理、医药生物研发及芯片设计等需要极高专业技能和投入领域的服务。

4. 全球服务外包市场形成了以美国、欧洲、日本等发达经济体为主体的离岸服务外包发包国，以印度、中国、菲律宾等亚洲国家和中东欧、爱尔兰等国家和地区为主体的离岸服务外包承接国的格局。这一市场格局为发达国家和发展中国家的经济发展带来了新的空间和机遇。

5. 我国的服务外包发展具有起步晚、发展快、主要以软件外包为主、外包形式逐渐多样化、发展业务流程外包的成果比较显著等特征。为推动我国服务外包发展，打造"中国服务"品牌的核心竞争优势，我国应加强对服务外包产业发展的战略规划，加大对服务外包业的扶持力度，鼓励跨国公司投资我国服务外包行业，培养一支专业人才队伍，培育国内服务外包市场，鼓励本土外包服务企业的发展。

复习思考题

1. 国际服务外包兴起的动因是什么？
2. 国际服务外包的内容有哪些？
3. 影响发展中国家服务外包的因素有哪些？
4. 国际服务外包效应对发包国有什么影响？
5. 我国在承接服务外包中的优势和劣势有哪些？

参考文献

[1] 鲍晓华，高磊. 中国专业服务贸易：发展现状、国际经验及政策建议[J]. 外国经济与管理，2014，36（9）．

[2] 陈靓，武雅斌. 全球价值链下服务贸易规则的新发展——美加墨协定（USMCA）的视角[J]. 国际贸易，2019（2）．

[3] 陈霜华. 国际服务贸易[M]. 上海：复旦大学出版社，2021．

[4] 陈宪，殷凤. 国际服务贸易[M]. 2版. 北京：机械工业出版社，2020．

[5] 陈宪. 国际服务贸易：原理、政策、产业 [M]. 上海：立信会计出版社，2000．

[6] 马克思，恩格斯. 马克思恩格斯全集（第26卷，第1册）[M]. 中共中央马克思恩格斯列宁斯大林著作编译局，译. 北京：人民出版社，1972．

[7] 段子忠，林海. 服务贸易协定（TISA）谈判追踪[J]. WTO经济导刊，2016（6）．

[8] 巴斯夏. 和谐经济论 [M]. 许明龙，等译校. 北京：中国社会科学出版社，1995．

[9] 韩玉军. 国际服务贸易 [M]. 沈阳：东北财经大学出版社，2009．

[10] 胡焰初. 国际教育服务贸易的演变[J]. 武汉大学学报（人文科学版），2006（4）．

[11] 黄健忠，刘莉. 国际服务贸易教程[M]. 2版. 北京：对外经济贸易大学出版社，2016．

[12] 靳希斌. 国际教育服务贸易研究 理论、规则与行动 [M]. 福州：福建教育出版社，2005．

[13] 李江帆. 劳动价值论的新发展—服务价值论[J]. 经济学家，1996（2）．

[14] 李梅. 全球化新变局与高等教育国际化的中国道路[J]. 北京大学教育评论，2021，19（1）．

[15] 李小牧，王海文. 国际服务贸易 [M]. 北京：电子工业出版社，2012．

[16] 栗丽. 国际服务贸易[M]. 2版. 北京：中国人民大学出版社，2020．

[17] 刘东升. 国际服务贸易[M]. 3版. 北京：首都经济贸易大学出版社，2017．

[18] 马海龙. 旅游经济学 [M]. 银川：宁夏人民教育出版社，2020．

[19] 理查德·诺曼. 服务管理：服务企业的战略与领导[M]. 3版. 范秀成，卢丽，译. 北京：中国人民大学出版社，2006．

[20] 迈克尔·波特. 国家竞争优势 [M]. 李明轩，邱如美，译. 北京：华夏出版社，2002．

[21] 全锐，张宏程. 国际服务贸易 [M]. 天津：天津大学出版社，2013．

[22] 饶友玲，张伯伟. 国际服务贸易 [M]. 3版. 北京：首都经济贸易大学出版社，2019．

[23] 韶泽，婧赟. 国际服务贸易的相关理论[J]. 财贸经济，1996（11）．

[24] 世界贸易组织秘书处. 乌拉圭回合协议导读 [M]. 索必成，胡盈之，译. 北京：法律出版社，2000．

[25] 汪素芹. 国际服务贸易[M]. 3版. 北京：机械工业出版社，2016．

[26] 王春梅. 中国旅游服务贸易国际竞争力研究[J]. 学术论坛，2013，36（7）．

[27] 王海文. 国际服务贸易 [M]. 北京：清华大学出版社，北京交通大学出版社，2019．

[28] 王婧. 论WTO多哈回合服务贸易谈判：中国的立场和策略 [M]. 北京：对外经济贸易大学出版社，2013．

[29] 王立勇，马光明，王桐. 中国教育服务贸易七十年：成就、经验与未来发展对策[J]. 国际贸易，2019（11）．

[30] 魏巍，冯琳. 国际服务贸易[M]. 6版. 大连：东北财经大学出版社，2021．

[31] 向巍. 国际服务贸易 [M]. 北京：电子工业出版社，2021.

[32] 杨圣明，刘力. 服务贸易理论的兴起与发展[J]. 经济学动态，1999（5）.

[33] 于刃刚. 配第一克拉克定理评述[J]. 经济学动态，1996（8）.

[34] 张俊娥，董晓红. 从 USMCA 看中美数字贸易规则领域的分歧及中国应对策略[J]. 对外经贸实务，2021（2）.

[35] 张湘兰，张辉. WTO 海运服务贸易法初探[J]. 法学评论，2002（3）.

[36] 赵春明，蔡宏波. 新编国际服务贸易教程 [M]. 北京：清华大学出版社，2019.

[37] 赵春明. 国际教育服务贸易发展与人才跨国流动研究 [M]. 北京：经济科学出版社，2015.

[38] 赵瑾等. 国际服务贸易理论前沿与政策变化 [M]. 北京：中国社会科学出版社，2018.

[39] 郑兴无. WTO 与航空运输业的开放 兼论 APEC 区域航空运输业的开放 [M]. 北京：经济管理出版社，2000.

[40] 朱福林. 中国数字服务贸易高质量发展的制约因素和推进路径[J]. 学术论坛，2021，44（3）.

[41] 邹春萌. 东盟区域服务贸易自由化研究 [M]. 北京：社会科学文献出版社，2012.